비트코인의 시대

비트코인의 시대

미래 화폐의 승자가 만들어낼 거대한 부의 물결

김창익 지음

15년간 2440만 배가 오른 화폐, 이걸로 비트코인을 알아야 할 이유는 충분하다

행운의 여신이 내게 미소 지은 건 10년 전이다. 친하게 지내던 한 취재원이 비트코인 투자를 권한 것이다. 당시 그는 "5억 원을 투자했다"라고 했다. 당시 비트코인 가격은 개당 60만 원 선이었다. 그의 말을 허투루 듣지 않은 건 다행이었지만, 내가 비트코인 투자를 위해 업비트 계좌를 개설한 건 그로부터 7년이나 지난 뒤였다.

어설픈 지식과 완고한 성격이 지체의 이유였다. 코로나19 팬데믹 때 석유 투자로 상당한 수익을 올렸던 게 그나마 망설이는 시간을 줄였다. 팬데믹 당시 공장들이 문을 닫으며 석유 수요가 비정상적으로 줄었다. 경제가 정상화되면 석유값이 급등할 것이라고 확신했다. 달러 약세가 석유값 상승과 동행할 것이라고 판단했고, 실제로 연준의 양적완화로 달러 인덱스는 하향곡선을 그렸다. 이에 베팅했고, 약 10배의 수익을 얻었다.

비트코인 첫 매입 가격은 3000만 원 정도였다. 지쳐서 등을 막 돌리려던 여신의 날개를 부여잡은 격이었다. 2025년 4월 현재, 비트코인 가격은 1억 2000만 원을 웃돈다. 미국 연준 의장이 비트코인을 디지털 금으로 인정했다. 달러 수호자임을 자처하는 도널드 트럼프 미국 대통령이 비트코인을 유용한 수단으로 바라보고 있다. 월가 금융 재벌 블랙록의 래리 핑크 회장이 미국의 부채 규모를 근거로 비트코인이 달러를 대체할 수 있다는 전망을 내놓았다. 러시아와 중국 등 패권 경쟁국들이 탈脫달러의 일환으로 비트코인 비축 경쟁을 벌이는 상황이다. 우리나라에서만 비트코인을 거래하는 중앙화 거래소 계좌가 1600만 개를 넘어섰다.

이 책은 이 같은 현상에 관한 설명이다. 이를 토대로 비트코인이 몰고 올 화폐 시스템과 그로 인한 거시경제의 변화에 관한 전망도 담겼다. 전망은 미래의 현상이다. 결국 이 책은 현재와 미래의 현상을 설명하는 책이다. 이해를 돕기 위해 기본적인 경제 이론들이 다수 동원됐다. 천재 경제학자들의 권위를 빌려 신뢰도를 높이려는 의도도 있었다. 이들은 읽은 순간 이해하고 잊어도 된다.

중요한 건 현상 그 자체다. 그래서 이 책의 1장은 비트코인이 세계 경제의 중심으로 부상한 지금의 시대 상황을 진단한다. 현상을 똑바로 보지 못하면 중요한 순간을 놓치고 만다. 나 역시 논리에 매몰돼 7년의 시간을 흘려보내야 했다. 독자는 필자와 같은 실수를 하지 않기를 바란다.

혹자는 비트코인을 제대로 이해하지 못한 채 투자를 하면 위험하다고 한다. 하지만 어설픈 지식과 논리로 행운의 여신을 달아나게 하는 것보다는, 현상을 직시하고 일단 좇는 게 더 현명하다. 타이밍이 중요한 순간이라면 순서가 바뀌어도 나쁠 게 없다. 이후에 비트코인을 집요하게 공부하면 자연히 비트코인 현상을 이해하고 미래를 확신하게 될 것이다. 결과적으로 비트코인이 수많은 투기자산 중 하나가 아니라 장대한 시간을 관통할 시대적 현상이라는 결론에 도달할 것이다. 제목을 통해 지금을 '비트코인의 시대'라고 명명한 이유다.

이 책은 비트코인 현상을 설명하기 위해 화폐의 본질을 파헤쳤다. 화폐는 신뢰 체계다. 시대 순으로 보면, 금이 오랫동안 신뢰의 근거였다. 지난 50년간은 미국의 패권이 그 신뢰의 담보가 됐다. 비트코인은 블록체인이란 첨단 기술이 신뢰의 기반이다. 신뢰의 강도 면에서는 미국 정부보다 낮고, 구조적인 측면에서 보면 금보다 훨씬 더 우월한 상품화폐다.

이를 설명하기 위해 2장에서는 비트코인을 둘러싸고 신뢰 네트워크가 구축되어 온 지난 15년간의 비트코인의 역사를 다룬다. 사토시 나카모토를 비롯해 할 피니, 애덤 백, 개빈 안드레센, 도널드 트럼프, 일론 머스크, 마이클 세일러 등 비트코인의 탄생과 대중화에 영향을 미친 인물들을 중심으로 비트코인이 어떻게 투기의 대상에서 투자의 대상으로 바뀌어 갔는지를 보여준다. 더해서 이후 비트코인 투자의 중심이 될 경제 세력들에 대해서도 다룬다.

어떤 화폐를 쓰느냐가 어떤 시대에 살고 있는지를 말해준다. 비트코인 현상은 우리가 새로운 시대로 접어들고 있다는 방증이다. 기존 시스템이 왜 붕괴되고 있는지를 이해하는 데서 비트코인이 몰고올 미래에 관한 예측이 시작된다.

지난 50년간 달러가 기축통화의 왕좌를 차지할 수 있었던 이유는 페트로달러 시스템 덕분이었다. 하지만 페트로달러 시스템은 거대한 빚더미 위에 쌓은 유리탑과 같다. 공고해 보이지만 특정한 주파수의 파동이 닿는 순간 산산이 부서지는 유리탑 말이다. 미국의 부채 규모가 36조 달러를 넘어서면서 연간 이자 규모만 1조 달러를 웃돈다. 이는 주파수가 특정 영역에 진입하기 직전임을 뜻한다.

이를 타개하고자 나선 이가 바로 2025년부터 집권 2기를 시작한 도널드 트럼프다. 그는 연초부터 관세 전쟁, 전쟁 종식, DEI 논쟁 등 파격적인 행보를 보여왔다. 3장에서는 도널드 트럼프의 속내를 분석하며, 비트코인이 그가 그리는 큰 그림에서 어떤 역할을 할 것인지를 알려준다.

그렇다면 과연 비트코인이 달러를 대체할 수 있을까? 비트코인의 물리적인 실체와 내재가치에 집착해 비트코인을 쉽게 받아들이지 못하는 사람들이 아직도 많다. 빌 게이츠 등 일부 부정론자들은 비트코인 현상을 튤립 광풍에 빗대기도 한다.

하지만 달러를 비롯한 법정화폐는 화폐가치의 하락, 즉 인플레이션이 필연적 결과다. 인플레이션이 심해지면 가치 저장이라는 화폐의 핵심 기능을 상실한다. 반면 비트코인은 제롬 파월 연준 의장이 인정했듯 금에 견주는 디플레이션 화폐다. 도널드 트럼프를 비롯한 여러 국가와 기관이 가치 저장의 수단으로 비트코인을 선택하는 이유이기도 하다. 이에 4장에서는 화폐로서뿐만이 아니라 자산으로서 그리고 기술집약적 미래 산업으로서 비트코인의 가치를 분석하며, 비트코인이 세계 경제를 어떻게 바꿀 것인지를 전망해 본다.

금융위기-양적완화-인플레이션으로 이어진 패턴은 양극화 문제를 심화시켰다. 부자는 더욱 부자가 되고, 빈자는 시간이 갈수록 훨씬 가난해진다. 화폐 발행량이 늘수록 구매력이 부자 쪽으로 쏠리는 구조이기 때문이다. 강남 아파트를 살 수 있는 건 수십억 원의 담보대출이 가능한 부자들뿐이다. 이탈리아 경제학자 빌프레도 파레토**Vilfredo Pareto**는 1896년 《정치경제학 강의**Cours d'économie politique**》에서 상위 20%가 부의 80%를 독점한다고 했다. 이른바 '파레토 법칙'이다. 100년 전 이론이다. 현실은 이보다 훨씬 비참하다. 지금과 같은 화폐 제도 아래서는 가까운 미래에 1%가 99%의 부를 독점할 것이다.

비트코인에 투자하는 건 이 같은 부조리에 대한 저항이자, 구매력을 빼앗기지 않기 위한 최선의 방어책이다. 아직 변동성이 크지만, 비트코인 가격 상승률은 강남 아파트보다 높다. 지난 15년간 압구정 현대4차를 기준으로 강남 아파트 가격은 연평균 7% 정도가 올랐다. 비트코인은 그 사이 2440만 배나 가격이 상승해 1BTC의 가격이 1억 원을 넘어선 지 오래다. 그럼에도 1억분의 1BTC를 살 수 있으니 지금도 1원 단위로 투자가 가능하다. 강남 아파트보다 더 희소하기 때문에 앞으로도 더 큰 비율로 값이 오를 가능성이 크다.

결국 이 책은 투자자의 관점에서 비트코인을 바라본 책이다. 그런 만큼 비트코인의 화폐성 여부보다 비트코인 현상에 집중하는 게 오히려 더 유용할 수 있다. 5장은 이처럼 투자자의 입장에서 알아야 할 비트코인 네트워크를 이야기한다. 여기서 설명한 개념들만 숙지하고 있어도 비트코인에 대한 새로운 뉴스를 맞닥뜨릴 때 당황하지 않을 수 있다.

세계사의 변곡점에서 우리는 하나의 경로를 선택해야 한다. 걸어왔던 길로 계속 나아간다면 머지않은 미래에 지금보다 훨씬 더 가난해진 자신을 발견하게 될 것이다. 지금 우리에게 필요한 건 새로운 쪽으로 방향을 틀 정도의 작은 용기와 업비트 계좌다. 새로운 역사는 언제나 99%가 만들었다. 마지막 6장은 그 용기에 도움이 될 비트코인의 미래에 대한 이야기들을 다루고 있다.

이제 선택은 당신의 몫이다. 마음을 조금 열고, 행운의 여신이 등을 돌리기 전에 기회를 잡을 수 있기를 바란다. 이 책이 새롭게 나아갈 길에서 이성을 잃지 않고 현명한 판단을 내리는 데 도움이 되길 바란다.

2025년 4월
김창익

차 례

 1장 ## 비트코인, 투기가 아닌 투자가 되다

비트코인의 시대는 어떻게 진화할 것인가

비트코인,
투기가 아닌 투자가 되다

왜 비트코인에 돈이 몰리나?

비트코인BTC 가격이 2024년 12월 5일, 사상 처음으로 10만 달러를 돌파했다. 이를 기준으로 비트코인의 시가총액은 1조 9300억 달러에 달한다. 비트코인 피자데이라고 불리는 2010년 5월 22일보다 개당 가격이 대략 2440만 배 증가한 것이다. 비트코인 피자데이는 미국 플로리다의 라슬로 하니에츠Laszlo Hanyecz가 1만 BTC로 피자 두 판을 산 비트코인 첫 거래를 기념하는 날이다. 당시 피자 두 판의 가격은 41달러였다.

이 기간 비트코인만큼 상승한 자산은 찾을 수 없다. S&P500지수는 지난 15년간 연평균 15%씩 올랐다. 같은 기간의 금 시세는 연평균 1.5% 증가했다. '부동산 불패'의 인식이 큰 서울 아파트 가격은 어떨까? 압구정 현대4차 44평형 가격이 2024년 8월 61억 원에 거래됐다. 2010년에는 24억 원대에 팔렸다. 15년 만에 37억 원이 오른 것이다. 상승률로 따지면 154%다. 비트코인과 비교하면 새 발의 피다.

시가총액으로 따져도 비트코인의 위상이 크게 달라졌음을 알 수 있다. 2025년 1월 20일 현재 금의 시가총액은 약 17조 달러다. 도널드 트럼프Donald Trump가 대선에서 승리한 후 비트코인 가격이 급등하면서 금과 비트코인 시가총액 배율이 10배 이내로 좁혀졌다. 같은 날 글로벌 시가총액 현황을 보면 금이 부동의 1위이고, 이어 애플AAPL(3.8조 달러), 엔비디아NVDA(3.3조 달러), 마이크로소프트MS(3.1조 달러), 알파벳GOOGL(2.3조 달러), 아마존AMZN(2.3조 달러), 사우디 아람코Saudi Aramco(1.8조 달러), 메타META(1.5조 달러), 테슬라TSLA(1.3조 달러) 등의 순이다. 비트코인 시가총액(1.9조 달러)이 사우디아라비아의 국영 석유 기업을 웃돌고 아마존을 턱밑까지 추격했다.

이른바 '인간 지수'를 봐도 비트코인의 위상 변화가 피부로 느껴진다. 내가 비트코인 투자를 시작한 2022년만 해도 지인들의 반응은 "너무 위험하지 않아?"가 대부분이었다. 먼저 비트코인에 투자했던 한 지인은 전고점에서 물려서 오랫동안 마음고생을 한 탓에 비트코인 얘기만 꺼내도 손사래를 쳤다. 하지만 3년이 지난 지금 비트코인 투자에 대한 주변의 반응은 "지금이라도 살까?"가 대다수다. 자신은 비트코인에 투자하지 않으면서 "비트코인에 투자하면 수익이 괜찮대"라고 말하는 사람도 많이 봤다. 이는 사고뭉치로 소문난 말썽쟁이가 서울대에 합격했다는 소식을 들었을 때 동네 엄마들이 보인 반응과 비슷하다. 자식 공부에 방해가 될까 봐 "그 아이랑 놀지 마"라고 엄포를 놓았던 엄마들이 사고뭉치의 엄마에게 교육 비법을 묻느라 바빠진 것이다.

비트코인에 이처럼 돈이 몰리는 이유는 무엇일까. 두 가지 측면에서 살펴볼 필요가 있다. 첫째로 자산 가격이 상승하는 보편적 이유를 이해해야 한다. 둘째로는 비트코인이 다른 자산에 비해 상대적으로 더 많이 오른 이유를 분명히 알아야 한다.

자산 가격이 상승하는 이유

자산 가격이 상승하는 가장 큰 이유는 화폐량 증가다. 생산성의 급격한 변화가 없다면 자산의 재고stock는 크게 변하지 않는다. 갤럭시 S24의 글로벌 판매량이 500만 대였다면, S25의 판매량이 갑자기 1000만 대로 늘어날 가능성은 희박하다. 수요가 일순간 두 배로 늘어난다고 해도, 삼성전자의 생산 시설이 500만 대에 맞춰져 있기 때문이다. 금과 같은 희소한 자산의 경우 재고 증가량이 연간 2%를 넘지 않는다. 따라서 대부분의 자산 가격은 화폐량의 함수라고 봐도 무방하다.

자산의 재고는 변화가 없는데 화폐량은 두 배로 늘어난 시장을 가정해 보자. 예컨대 테슬라 모델 Y 1대와 2만 달러가 있는 방이 글로벌 시장이라고 하자. 이 방에서 테슬라 모델 Y의 가격은 2만 달러가 된다. 이 방에 누군가 2만 달러를 더 풀어놓은 상황을 상상해 보자. 직관적으로 테슬라 모델 Y의 가격은 4만 달러로 이전보다 두 배가 된다.

이렇게 단순한 시뮬레이션이 복잡다단한 글로벌 시장의 현실을 제대로 설명할 수 있느냐고 물어볼 수 있다. 단언컨대 이 가정이 적어도 글로벌 자산 가격의 상승을 90% 이상 설명한다.

통화주의 창시자인 경제학자 밀턴 프리드먼Milton Friedman은 "인플레이션은 언제 어디서나 화폐 현상이다Inflation is always and everywhere a monetary phenomenon"라는 말로 인플레이션의 원인을 명료하게 설명했다. 경제 현상을 한마디 경구로 단순화할 수는 없지만 개념의 대략적인 윤곽을 파악하는 데는 유용하다. 물론 인플레이션은 공급망의 변화나 임금 상승, 에너지 가격의 급등 등 다양한 원인에 의해 발생한다. 하지만 화폐량의 변화가 미치는 영향력에 비하면 나머지 요인은 무시해도 인플레이션을 이해하는 데 전혀 지장을 주지 않는다.

왜 트럼프가 이겼을까?

2024년 대선에서 조 바이든Joe Biden이 트럼프에게 대패한 원인을 한 가지만 꼽으라면 인플레이션 때문이다. 2021~2024년 미국의 소비자물가지수CPI 상승률은 연평균 5%에 달했다. 이는 누군가 미국이라는 방에 달러를 매년 전년도 대비 5% 더 풀었다는 뜻이

— 도널드 트럼프 대통령은 스스로 '비트코인 대통령'이라고 자처하며 2024년 재임에 성공했다. © The White House

다. 이때가 인공지능^AI 기술의 발달 등으로 미국의 생산성이 비약적으로 높아진 시기라는 점을 감안하면 실제 달러의 양은 이보다 훨씬 더 큰 폭으로 늘었을 것이다. 실제 코로나19 팬데믹 당시 미국을 비롯한 주요 국가들이 찍어내겠다고 선포한 돈은 총 20조 달러에 달한다. 이는 전 세계 연간 실질생산량^GDP의 20%에 달하는 규모다.

미국의 물가상승률이 4년간 연 2%를 웃돈다는 건 레드라인^red line을 넘어섰다는 뜻이다. 미국 정부가 미국이라는 방에 실제로는 아무 가치가 없는 달러를 거의 무한정 찍어 넣을 수 있는 이유는, 그 사실을 방 안에 있는 시민이 눈치챌 수 없기 때문이다. 연간 물가상승률이 2% 미만일 경우 시민은 방 안에 막대한 돈이 풀렸다는 사실을 알아채지 못한다. 반대로 물가상승률이 연간 2%를 웃돌 경우 사람들은 가치 없는 달러가 갑자기 늘어난 사실을 느끼기 시작한다.

테슬라 모델 Y의 가격이 2만 달러에서 갑자기 2만 5000달러로 오르면 시민은 내 지갑에 늘어난 달러가 가치 없는 종잇조각에 불과하다는 사실을 깨닫는다. 이를 미국의 상황에 대입해 보면, 연 5%씩 물가가 오른 바이든 집권 4년간 20% 이상 가격이 상승하지 않은 자산을 갖고 있는 사람은 더 가난해진 셈이다. 바이든이 패배한 이유는 유권자 대부분이 가난해진 사람에 속하기 때문이다.

앞서 언급한 대로 코로나19 팬데믹 발발 직후 미국을 비롯한 주요 선진국이 풀겠다고 선언한 달러는 총 20조 달러가 넘는다. 인플레이션이 전적으로 화폐 현상이라는 프리드먼의 설명이 맞다면 물가가 2020년 한 해 동안 20%가 올랐어야 한다. 7조 달러를 찍어서 헬리콥터로 뿌리겠다고 한 미국의 경우 살인적인 수준의 물가 폭등이 있어야 맞다. 코로나 이후 인플레이션이 글로벌 공통의 문제가 된 건 맞지만 그 정도 수준은 분명 아니었다. 프리드먼의 통찰력이 부족한 것일까. 아니라면 그 많은 돈은 도대체 어디로 간 것일까.

정부는 방에 필요 이상 돈을 풀었다는 사실, 즉 화폐가치가 떨어졌다는 사실을 감추기 위해 다양한 트릭을 사용한다. 대표적인 게 '근원 인플레이션'이라는 통계다. 물가가 오를 때 식량과 석유 가격은 더 큰 폭으로 상승한다. 가격이 비싸져도 밥은 먹어야 하고 난방은 해야 하기 때문이다. 공장을 돌리는 데도 석유는 필수다. 정부는 가격 변동성큰 상품들의 가격 상승분을 빼고 물가를 산정하는 게 올바르다는 명분으로 근원 인플레이션이라는 안정제를 시민에게 투여한다. 바이든 집권 4년간 식량과 유가 상승분을 뺀 근원 인플레이션 상승률은 연평균 3.6%였다.

이 같은 트릭은 지금부터 설명할 속임수에 비하면 애교에 불과하다. 주식과 채권 등 보통 재테크의 대상이 되는 자산 가격의 상승은 물가상승률 통계에 전혀 포함되지 않는다. 위에서 설명한 대로 2025년 1월까지 지난 15년간 S&P500지수는 연평균 15% 상승했다. 막대한 달러가 미국 증시에 쏟아져 들어간 것이다. 하지만 이는 물가상승률과 전혀 상관이 없다. 엔비디아 주가는 지난 3년간 10배 이상 올랐다. 상승률로 치면 1000%가 넘는다. 당연히 이 또한 물가상승률 산정 시에 고려 대상이 아니다. 같은 기간 2000만 배 이상 값이 폭등한 비트코인도 인플레이션을 언급할 때는 전혀 모습을 드러내지 않는다.

주택 가격도 소비자물가지수 산정 항목에 포함되지 않는다. 주택도 주식과 마찬가지로 투자자산으로 간주하기 때문이다. 압구정 현대4차 44평형 실거래가가 24억 원에서 61억 원으로 37억 원이나 올라도 물가에 직접적인 영향을 주지 않는다. 다만 전세 보증금과 월세 등 실제 주거에 들어가는 비용은 소비자물가지수 변동에 영향을 준다.

미국이 달러를 마구 찍어내도
괜찮은 이유

놀라운 건 미국 정부가 찍어내는 달러 대부분이 이 같은 투자자산 시장으로 흘러들어 간다는 사실이다. 국제결제은행BIS에 따르면 2022년 외환거래량은 총 1875조 달러다. 반면 같은 기간 상품과 서비스를 합친 교역량은 32조 달러로 전체 외환거래량의 1.7%에 불과했다. 100달러 중 2달러 정도만이 물가와 상관이 있다는 뜻이다. 바꿔 말해 달러 거래의 98%는 투자 목적이다.

주목할 점은 외환거래량에서 교역량이 차지하는 비중이 시간이 갈수록 줄어들고 있다는 사실이다. BIS 자료에 따르면 1998년 기준 전체 외환거래량과 교역량은 각각 382조 달러와 10조 달러였다. 교역량은 외환거래량의 2.6%로 2022년 1.7%보다 0.9%P 컸다. 같은 기간 외환거래량은 4.91배 늘었는데, 교역량은 3.2배 증가하는 데 그쳤다.

이 같은 결과를 놓고 보면 기축통화의 개념이 재정의되어야 할 것 같다. 기축통화는 국제 교역 결제에 쓰이는 화폐가 아니라 글로벌 자산 투자에 사용되는 화폐라고 보는 게 맞다. 엔비디아 칩을 구매하는 데 쓰인 달러보다 엔비디아 주식에 투자하는 데 쓰인 달러가 50배 더 많다. 테슬라 모델 Y를 사기 위해 달러를 사는 사람보다 테슬라 주식을 사기 위해 환전하는 사람이 훨씬 많다.

S&P500의 시가총액은 2014년 18조 5000억 달러에서 2024년엔 50조 달러를 넘어섰다. 2024년 한 해 동안만 시가총액이 10조 달러

늘었다. AI 기술의 발달로 생산성이 급격히 향상되면서 매그니피센트 7^{Magnificent 7}에 대한 투자가 급증한 결과다. 2024년 말 기준 애플과 엔비디아, 마이크로소프트, 아마존, 알파벳, 메타, 테슬라 등 매그니피센트 7의 시가총액이 S&P500의 30%를 웃돈다. 2024년 글로벌 명목 GDP는 105조 달러다. 글로벌 GDP의 10%가량이 작년 한 해 동안 S&P500 기업들에 투자된 셈이다.

이쯤 되면 미국 정부가 인플레이션 걱정 없이 달러를 찍어낼 수 있는 이유를 알 수 있다. 한도 없이 달러를 찍어도 투자자산 시장이 이를 흡수할 수 있기 때문이다.

반대로 미국 정부가 자국 증시 부양이나 국채 수요를 늘리기 위한 목적으로 달러를 찍어낼 수도 있다. 미국 정부가 적자재정으로 달러를 찍어내면 시민은 은행 대출을 받아 10만 달러짜리 제네시스 G90을 살 것이다. 무역흑자를 낸 한국은 늘어난 달러를 대부분 매그니피센트 7 주식에 투자한다. 실제 2024년 서학개미(외국 금융 자산에 투자한 개인투자자)들이 미국 주식과 채권에 투자한 금액이 1조 달러에 육박했다. 한국이 2024년 900억 달러에 달하는 경상수지 흑자를 냈는데도, 달러 대비 원화 가치가 떨어진(원화 대비 달러 가치가 오른) 이유다.

왜 유독 비트코인만 오를까?

비트코인은 이미 시가총액 10위권에 진입한 투자자산이고, 달러 거래량의 상당 부분이 이들 10위권 자산에 대한 투자를 위한 것이다. 그렇다면 이들 중 비트코인의 가격 상승 속도가 유독 빠른 이유는 무엇일까.

당신이 100억 원을 가진 자산가라고 가정해 보자. 당신이 사는 세상의 연간 물가상승률은 3%다. 당신은 100억 원의 자산을 지키거나 불리기 위해 다양한 포트폴리오를 짜서 비교할 것이다. 몇 가지 극단적인 경우를 비교해서 자산가들이 어디에 왜 투자하는지 생각해 보자.

첫째, 현금 100억 원을 금고에 넣어두는 경우다. 연간 물가상승률 3%를 가정하면 정확히 23년 뒤 당신이 가진 현금 100억 원의 가치, 즉 구매력은 지금의 절반이 된다. 물가상승률을 고려할 때 당신의 구매력을 현재와 같은 수준으로 유지하려면 당신의 금고에는 매년 3% 이상 화폐량이 늘어야 한다. 원금을 지키는 게 목적이라면 이자율 3%의 복리 예금 상품에 가입하면 된다.

둘째, 100억 원을 금리 4%의 미국 국채에 투자했다면, 당신의 구매력은 매년 1%씩 증가할 것이다. 미국 정부가 부도날 가능성은 현재로선 희박하므로 미국 국채 투자는 가장 안전한 투자 중 하나로 꼽힌다.

셋째, 100억 원을 지난 10년간 S&P500지수에 투자했다면 물가상승률 3%를 제하더라도 연평균 12%씩 구매력이 증가했을 것이다. 결과적으로 미국 국채 투자보다 수익률이 좋다. 이는 장기 투자의 경우이고 단기 투자에서는 돈을 잃을 수 있다는 점을 감안해야 한다. S&P500지수는 1928~2022년까지 95년 동안 연평균 수익률이 마이너스를 기록했던 해가 30회였다. 단순 계산으로 3년을 투자했다면 그중 1년 정도는 마이너스 수익률을 기록했다는 뜻인데, 2022년 수익률은 -18.1%였다. 2022년 1월에 100억 원을 S&P500 지수에 투자했다면 1년간 18억 원을 잃은 것이다. 물론 10년 이상 장기 투자를 하는 경우라면 통계적으로 국채보다 안전하다. 과거 사례를 볼 때 S&P500지수가 떨어진 경우 7년 6개월 이내에 전고점을 회복했다.

넷째, 당신이 2010년 압구정 현대4차 44평형에 100억 원을 투자했다면 2024년 254억 원이 됐을 것이다. 수익률이 154%였기 때문이다. 연평균 수익률이 6.4% 정도인 셈이다. 이 돈을 S&P500지수에 투자했다면 254억 원이 되기까지 7년이 걸렸을 것이다.

다섯째, 15년 전 피자데이에 100억 원을 비트코인에 투자했다면 어떻게 됐을까? 그동안 비트코인 가격은 대략 2500만 배가 뛰었다! 100억의 2500만 배는 250경으로, 25에 0이 16개나 붙는다. 계산기에는 표시조차 되지 않는 숫자다.

다시 가정해 보자. 지금 100억 원을 갖고 있고 위에서 말한 다섯 가지 경우가 향후 15년간 동일하게 반복된다면 그 돈을 어디에 쓸 것인가. 당연히 비트코인에 투자할 것이다. 다른 대답을 했다면 바보이거나 욕심이 없는 사람일 것이다.

짐작했겠지만 투자는 과거 데이터와 미래 전망에 대한 함수다. 2025년 초 비트코인에 막대한 자금이 유입된 가장 큰 이유는 과거에 비트코인이 큰 폭으로 올랐고, 이 같은 추세가 적어도 당분간 유사하게 반복되리라는 믿음 때문이다. 비트코인을 공부한 사람이라면 향후 상승폭이 과거와 같지는 않더라도 적어도 S&P500지수에 투자하는 것보다는 수익률이 클 것이라는 게 합리적인 기대임을 잘 알고 있다.

이 정도면 비트코인 가격이 급등하는 현상에 대해서 얼만큼은 이해가 됐을 것이다. 당신은 이제 왜 유독 비트코인만이 지난 15년 간 2500만 배나 상승했는지, 앞으로도 큰 폭의 우상향 곡선을 그릴 것으로 기대되는지 궁금할 것이다. 비트코인이 가진 본질적 가치에 호기심이 발동했을 것이다. 이제 당신은 비트코인을 이해할 준비가 됐다.

달러의 모순이
비트코인을 키울 것이다

비트코인은 사토시 나카모토가 2008년 10월 31일 암호화 커뮤니티인 크립토 그래피 메일링 리스트에 〈비트코인: 개인 간 전자화폐 시스템Bitcoin: A Peer-to-Peer Electronic Cash System〉이라는 백서를 올리면서 세상에 처음 모습을 드러냈다. 블록체인 기술 기반의 탈중앙화된 전자화폐 시스템의 개념을 제시한 것이다. 이후 2009년 1월 3일 최초의 블록, 즉 제네시스 블록이 생성됐고 첫 비트코인이 채굴되었다.

사토시 나카모토라는 가명의 인물은 블록체인 전문가로 화폐의 역사와 본질에 대한 통찰을 갖고 있는 것으로 추정된다. 비트코인 생태계에서 쓰이는 개념들이 화폐에 대한 깊은 이해를 바탕으로 하

Bitcoin Genesis Block

Raw Hex Version

```
00000000  01 00 00 00 00 00 00 00 00 00 00 00 00 00 00 00   ................
00000010  00 00 00 00 00 00 00 00 00 00 00 00 00 00 00 00   ................
00000020  00 00 00 00 3B A3 ED FD 7A 7B 12 B2 7A C7 2C 3E   ....;£íýz{.²zÇ,>
00000030  67 76 8F 61 7F C8 1B C3 88 8A 51 32 3A 9F B8 AA   gv.a.È.Ã^^Q2:Ÿ¸ª
00000040  4B 1E 5E 4A 29 AB 5F 49 FF FF 00 1D 1D AC 2B 7C   K.^J)«_Iÿÿ...¬+|
00000050  01 01 00 00 00 01 00 00 00 00 00 00 00 00 00 00   ................
00000060  00 00 00 00 00 00 00 00 00 00 00 00 00 00 00 00   ................
00000070  00 00 00 00 00 00 FF FF FF FF 4D 04 FF FF 00 1D   ......ÿÿÿÿM.ÿÿ..
00000080  01 04 45 54 68 65 20 54 69 6D 65 73 20 30 33 2F   ..EThe Times 03/
00000090  4A 61 6E 2F 32 30 30 39 20 43 68 61 6E 63 65 6C   Jan/2009 Chancel
000000A0  6C 6F 72 20 6F 6E 20 62 72 69 6E 6B 20 6F 66 20   lor on brink of
000000B0  73 65 63 6F 6E 64 20 62 61 69 6C 6F 75 74 20 66   second bailout f
000000C0  6F 72 20 62 61 6E 6B 73 FF FF FF FF 01 00 F2 05   or banksÿÿÿÿ..ò.
000000D0  2A 01 00 00 00 43 41 04 67 8A FD B0 FE 55 48 27   *....CA.gŠý°þUH'
000000E0  19 67 F1 A6 71 30 B7 10 5C D6 A8 28 E0 39 09 A6   .gñ¦q0·.\Ö¨(à9.¦
000000F0  79 62 E0 EA 1F 61 DE B6 49 F6 BC 3F 4C EF 38 C4   ybàê.aÞ¶Iö¼?Lï8Ä
00000100  F3 55 04 E5 1E C1 12 DE 5C 38 4D F7 BA 0B 8D 57   óU.å.Á.Þ\8M÷º..W
00000110  8A 4C 70 2B 6B F1 1D 5F AC 00 00 00 00            ŠLp+kñ._¬....
```

사토시 나카모토가 처음 채굴한 비트코인의 제네시스 블록. 오른쪽 중간에 "The Times 03/Jan/2009 Chancellor on brink of second bailout for banks"라는 문장이 보인다. © Satoshi Nakamoto, 2009

기 때문이다.

글로벌 금융위기에 태어난 비트코인은 위기의 원인이 됐던 달러의 구조적 모순을 시정하기 위해 만들어졌다. 달러가 갖는 모순을 두 가지 키워드로 요약하면 '통제'와 '인플레이션'이다.

달러는 미국 정부가 원하면 얼마든지 찍어낼 수 있다. 우리가 일상에서 보는 달러는 지폐이기 때문에 '달러를 찍는다'라고 하면 '인쇄'를 떠올리기 쉽다. 틀린 말은 아니지만 대부분의 달러는 계좌상의 숫자일 뿐이다. 은행 컴퓨터에 입력하는 것만으로도 얼마든지 만들어낼 수 있다.

반대로 미국 정부는 특정 개인이나 집단, 국가가 달러를 못 쓰게 할 수도 있다. 실제로 미국은 러시아와 북한, 이란, 베네수엘라를 SWIFT, 즉 달러 결제망에서 차단했다. 경제의 숨통을 끊은 것이다.

SWIFT는 국제은행간통신협회Society for Worldwide Interbank Financial Telecommunication의 줄임말로 협회에 가입한 은행 간 송금 시스템이라는 의미다. 쉽게 말하면 은행들이 메신저로 금액과 계좌번호, 송금 목적 등의 정보를 주고받는 시스템이다. 송금 시스템이라고 하지만 실제 돈이 전송되는 건 아니고, 메신저에 적힌 정보에 맞춰 사후 은행 간 정산을 통해 돈을 주고받는다. SWIFT는 달러뿐 아니라 모든 화폐의 송금 관련 정보를 주고받는 시스템이다. 하지만 달러 송금 비중이 압도적으로 크기 때문에 일반적으로는 '달러 결제망'으로 쓰인다.

미국은 9.11 테러 이후 SWIFT와 협력해 테러 조직의 송금 관련 패턴을 상시 모니터링하고 있다. 예를 들어 특정 개인이나 조직이 거액의 자금을 반복적으로 쪼개 송금하거나, 조세 회피 지역 같은 곳에 송금하는 패턴을 파악해 해당 거래를 조사하는 식이다.

그래서 개인이 달러 결제망에서 차단된 경우도 많다. 미국 정부는 2016년 중국인 사업가 마샤오훙馬曉紅을 미 재무부 산하 해외자산통제국OFAC의 제재 대상에 포함하고, 그를 달러 결제망에서 배제했다. 마샤오훙은 랴오닝훙샹그룹遼宁鴻祥実業集団이라는 회사의 대표로 북한의 제재 회피 활동을 지원했다. 쉽게 말해 북한의 무기 개발을 위한 자금을 세탁해 주거나 달러 자금을 지원한 것이다. 미 재무부의 제재 대상이 된 후 회사는 문을 닫았다.

이처럼 달러의 정치 세력화는 달러를 사용하는 국가나 개인이 경제적으로 미국에 종속된다는 것을 의미한다.

달러는 숫자 입력만으로 무한정 찍어낼 수 있으므로 인플레이션 위험이 상존한다. 대부분의 달러 공급은 교역 및 투자 목적의 수요로 흡수할 수 있지만 일시에 너무 많은 달러를 찍어내면 인플레이션이 발생한다. 코로나19 팬데믹 당시가 대표적이다.

인플레이션 자체보다 그로 인한 금융위기가 더 큰 위협이 된다. 2008년 미국의 서브프라임모기지 사태를 떠올리면 이해하기 쉽다. 금융위기는 대부분 비슷한 경로를 밟는다. 달러 공급이 늘면 금리가 내려가고, 저금리로 대출받아 부동산을 사는 사람이 늘어난다. 신용도가 낮은 사람도 대출(서브프라임모기지)을 받아 아파트를 산다. 그러면 자연스럽게 부동산 가격이 치솟고 시세차익을 노린 투자로 인해 대출 규모는 더욱 커진다.

이런 상황에서 연방준비제도Fed(이후 '연준')가 대출을 조이기 위해 금리를 올리면 어떤 일이 벌어질까. 대출 만기가 도래한 채무자는 다른 대출로 기존 대출을 갚는 대출 갈아타기, 즉 차환 대출을 받아야 하는데 금리가 올라 이자 부담이 커진다. 집을 팔아 대출을 갚아야 하는 상황이 된다. 너도나도 집을 팔려고 하니 집값이 폭락한다. 결국 집을 팔아도 대출을 갚지 못하게 된다. 은행 채권이 연쇄부도를 맞는 것이다. 이것이 2008년 서브프라임모기지 사태가 발생한 경로다.

이 같은 상황이 반복되면 부자는 더 부유해지고 가난한 사람은 더 가난해진다. 집을 팔아 대출을 갚은 사람들은 작은 집으로 옮기거나 월세를 살게 된다. 급매로 나온 매물을 이른바 '줍줍'한 부자들은 시간이 지나 집값이 예전보다 더 오르면 더욱 부자가 된다. 양극화가 심화하는 건 달러를 비롯한 현재 대부분의 법정화폐가 가진 구조적 모순의 필연적 결과다.

사토시 나카모토는 정부가 통제할 수 없고, 인플레이션 위험이 없는 화폐를 만들고 싶었다. 그가 찾은 첫 번째 해결책은 블록체인이었다. 블록체인 네트워크를 이용하면 SWIFT 같은 정부의 통제 없이 개인 간P2P 결제가 가능하다. SWIFT는 은행 간 네트워크이기 때문에 수수료가 붙지만, 블록체인의 경우 이 비용이 훨씬 적게 든다. 평범한 사람들에겐 상관없는 이야기이겠지만 미국 정부가 내 자산을 동결시킬까 전전긍긍하지 않아도 된다.

비트코인의 화폐가치는
절대로 떨어지지 않을 것이다

비트코인의 궁극적 목적은 인플레이션 위험이 없는 화폐 시스템을 만드는 것이다. 정부가 마음대로 찍어낼 수 없고, 그로 인해 가치가 하락하지 않는 화폐가 바로 비트코인이다. 사토시 나카모토는 이를 위해 화폐의 역사와 본질에 대해 깊이 공부한 게 분명하다. 화폐의 역사를 보면 인플레이션 가능성이 없는 화폐들은 공통으로 두 가지 특징이 있다. 이 둘은 서로 연결되는데 바로 '채굴'과 '희소성'이다.

화폐의 초기 형태는 조개껍데기나 거석 같은 것들이었다. 중세 시대엔 금화와 은화가 화폐로 쓰였다. 이들의 공통점은 상품화폐라는 점이다. 화폐 자체가 가치를 갖고 있는 상품이라는 뜻이다. 이들이 가치를 갖는 건 바로 채굴이라는 노동이 들어가기 때문이다.

백사장의 수많은 모래가 아닌 조개껍데기가 화폐의 자리에 오를 수 있었던 건 조개껍데기를 구하려면 익사의 위험을 감수하고 잠수를 해야 하기 때문이다. 거석 또한 화폐로 쓰기 위해 옮기려면 엄청난 노동력을 투입해야 한다. 금화를 만들려면 더 많은 노동력이 필요하다. 광산을 개발하고 인부를 고용해 원석을 채굴한 뒤 녹여서 거푸집에 부어 모양을 만들어야 한다.

화폐를 만드는 데 투입되는 다양한 종류의 노동을 한마디로 요약하면 '채굴'이다. 조개껍데기를 채굴하고, 거석을 채굴하며, 금을 채굴해야 한다. 이 때문에 한 시대의 화폐는 채굴에 동원할 수 있는 노동력으로 한정된다. 화폐가 희소성을 갖는 상품이 되는 셈이다. 채굴이 어려울수록 희소성이 커진다. 금화가 은화보다 비싼 이유다. 희소성이 클수록 화폐가치의 하락, 즉 인플레이션이 발생할 가능성은 줄어든다.

비트코인은 어쩌면 채굴과 희소성의 개념을 두루 갖춘 금화의 시대로 회귀하기 위한 타임머신이 될 수 있다. 다른 점이 있다면 물리적인 형태가 없이 블록체인 네트워크로 존재한다는 점이다. 거래를 검증하고 보안을 유지하는 데 암호화 기술이 이용되기 때문에 '암호화폐Crypto Currency'라고 한다.

비트코인이 물리적인 형태가 없어서 내재가치도 없다고 생각하는 건, 채굴이 상품화폐를 만드는 본질이라는 점을 이해하지 못한 데서 생긴 오해다. 금화가 대표적인 상품화폐의 자리에 오른 건 금이기 때문이 아니라, 금을 채굴하는 데 막대한 비용이 들어가고 공급량이 희소하기 때문이다. 비트코인을 채굴하려면 채굴기와 막대한 전기가 필요하다.

채굴 비용은 전기료의 차이 때문에 국가별로 천차만별이다. 예컨대 2024년 3분기 기준 레바논의 경우 1비트코인**BTC**당 266달러의 채굴 비용이 소요된다. 한국은 약 3만 달러, 미국은 약 5만 5000달러를 들여야 1BTC를 채굴할 수 있다.

비트코인 가격이 급등하는 건 그것이 달러 시스템이 갖고 있는 구조적 문제를 해결할 수 있는 디지털 상품화폐, 더 나아가서는 디지털 금융 시스템으로 인정받고 있다는 방증이다. 상품화폐든 법정화폐든 그것이 화폐로 작동하기 위해 거쳐야 할 최종 관문은 사용자의 인정이기 때문이다.

비트코인 가격은
계속 오를 수밖에 없다

비트코인 가격이 급등하는 이유를 비트코인의 수요와 공급의 변화로 살펴보자. 가격이 오르는 근본적 이유는 초과 수요 때문이다. 쉽게 말해 파는 사람보다 사는 사람이 많아졌기 때문이다.

비트코인의 가격을 끌어올리는 수요는 여러 요인이 겹쳐서 만들어졌다. 원인이 한 가지가 아닌 만큼 수요가 폭발적으로 늘고 있다는 말이다. 요약하면 개인투자자 위주의 수요에서 기관과 국가, 경제 블록이 비트코인 매입 경쟁을 벌이는 상황으로 비트코인의 수요 구조가 바뀌었다.

2024년 1월 미국 증권거래위원회SEC가 비트코인 현물 상장지수 펀드ETF(이후 '비트코인 현물 ETF') 거래를 승인하면서 비트코인은 제도권에 진입했다. 이후 블랙록BlackRock과 뱅가드Vanguard, 피델리티 Fidelity 등 자산운용사들이 관련 상품을 출시했다. 부자들이 더욱 안전하고 편리하게 비트코인에 투자할 수 있는 길이 열린 것이다.

이후 1년여 만에 비트코인 현물 ETF는 12개로 늘었고, 총투자액은 1000억 달러를 넘어섰다. 비트코인 현물 ETF 운용사들은 투자액만큼 실제 비트코인을 보유하고 있어야 한다. 그만큼 비트코인 수요가 증가하는 것이어서 시세 상승에 직접적인 영향을 미친다. 비트코인 현물 ETF에 대한 기관의 투자 비중은 2024년 1분기 24%에서 같은 해 3분기에는 50%까지 늘었다. 1000억 달러 이상의 운용 자금을 가진 자산운용사가 121개라는 점을 감안하면 비트코인에 대한 기관투자가 본격화할 경우 비트코인 수요는 폭발적으로 늘어날 수 있다.

패권 전쟁을 벌이는 미국과 중국, 러시아 등을 비롯한 국가 간 비트코인 쟁탈전도 비트코인 수요가 늘어나는 주요 요인이다. 미국의 경우 도널드 트럼프가 스스로를 '비트코인 대통령'이라고 칭하며 미국을 비트코인의 수도로 만들겠다고 공언한 상태다. 신시아 루미스Cynthia Lummis 상원의원이 2024년 7월 비트코인 100만 개를 준비 자산으로 보유하는 내용의 법안을 발의하기도 했다.

미국이 달러 결제망을 정치적 무기로 이용하면서, 러시아와 중국 등 반미 국가를 중심으로 달러를 대체할 기축통화를 만들자는 움직임의 일환으로 국가 간 비트코인 비축 경쟁도 치열해지고 있다. 자금 유출 방지를 위해 비트코인 채굴과 보유를 금지했던 러시아는 2024년 비트코인의 무역 결제를 허용했다. 러시아는 2022년 우크라이나 침공을 이유로 달러 결제망에서 제외되면서 석유 수출 대금 결제 등에서 어려움을 겪었다.

중국은 공식적으로 여전히 비트코인 채굴과 보유를 금지하고 있다. 하지만 전문가들은 중국이 비트코인 신규 채굴량의 50%를 차지한다고 추정한다. 수면 아래서는 비트코인 확보에 열을 올리고 있다는 것이다. 2025년 1월 말 기준 미국과 중국 정부가 보유한 비트코인 개수는 20만 개 안팎으로 비슷하다.

2024년 10월 러시아 카잔에서 열린 제16차 브릭스BRICS 정상회의에서 회원국들은 비트코인을 비롯한 암호화폐를 자산으로 공식 인정했다. 이를 기반으로 브릭스는 역내 회원국 간 무역 결제 시스템 '브릭스 페이'를 개발하기로 했다. 이는 달러 패권에 대한 정면 도전으로 해석된다.

브릭스는 세계 주요 신흥경제국들로 구성된 협의체로 브라질Brazil, 러시아Russia, 인도India, 중국China, 남아프리카공화국South Africa이 주도하고 있다. 브릭스 국가는 전 세계 인구의 약 40%, 전 세계 GDP의 약 25%를 차지한다.

한정된 화폐의 미래 가치는
어떻게 형성될 것인가

이처럼 수요는 급증하는 데 반해 공급은 반감기 등의 이유로 급감하는 추세다. 반감기는 비트코인 신규 채굴량이 대략 4년마다 절반으로 줄어든다는 개념이다. 사토시 나카모토는 2009년 1월 최초로 비트코인을 채굴한 이후 2140년께 마지막 비트코인이 채굴되도록 설계했다. 채굴할 수 있는 비트코인의 총량을 2100만 개로 한정한 것이다.

여기서 비트코인 채굴Mining의 개념이 무엇인지 정확히 이해하고 넘어가 보자. 이를 위해 우선 블록체인의 개념부터 알아야 한다. 블록체인은 디지털 장부철이라고 생각하면 쉽다. 새로운 거래를 기록한 장부들(블록)을 철해놓은(체인) 게 블록체인이다. 채굴은 장부를 만들어 장부철에 철하는 작업 전체를 의미한다.

철수가 영희에게 1BTC를 송금했다고 가정하자. 이 거래는 네트워크상에 '미처리 거래'로 남는다. 채굴자는 먼저 미처리 거래들을 모아서 기록한 블록을 생성한다. 새로운 거래 장부의 서류철(블록)을 만든다고 생각하면 된다. 그리고 이 장부철을 기존에 생성된 블록체인과 연결하려면 일정한 조건을 만족하는 비밀번호(해시값Hash)를 찾아야 한다. 현관문 도어록 비밀번호를 알아내는 것과 비슷하다.

채굴자는 해시함수에 특정 숫자를 입력해 해시값, 즉 비빌번호를 찾는다. 채굴자가 입력하는 숫자를 논스Nonce라고 하는데, 이는 2진

수 32비트의 크기를 갖는 정수다. 경우의 수는 2의 32제곱으로, 약 42억 가지다. 채굴자가 무작위로 숫자를 입력하다 보면 조건에 맞는 비밀번호가 나온다. 이 값이 새로운 장부의 해시값이 된다.

이처럼 블록을 네트워크에 연결하는 비밀번호를 찾는 작업을 작업증명PoW, Proof of Work이라고 하는데, 이것이 채굴의 핵심이다. 채굴자가 비밀번호를 찾아 네트워크 연결을 신청하면 네트워크 참여자(노드Nod)들이 저마다 작업반장이 되어 신청서를 검토한 후 승인 도장을 찍어준다. 이때야 비로소 기존에 생성된 장부 네트워크에 새로운 장부가 연결되는 것이다. 이 장부엔 철수와 영희의 거래 내용과 그 이전 거래들이 기록된 장부의 비밀번호(해시값), 채굴자가 찾은 정답(논스)이 적혀 있다. 승인권을 가진 작업반장을 노드라고 부른다. 노드의 승인과 동시에 블록이 하나 생성되는 셈인데 이때 보상으로 채굴자에게 비트코인이 주어진다. 채굴자는 결과적으로 금처럼 비트코인을 캐내는 셈이다.

특이한 건 사토시 나카모토가 비트코인 총량을 2100만 개로 한정하고, 4년마다 신규 채굴량이 절반으로 줄어들도록 프로그래밍한 것이다. 그 이유는 비트코인의 희소성을 높이기 위해서다. 즉 비트코인의 가치가 시간이 갈수록 높아지도록 설계한 것이다. 신규 발행에 제한이 없는 달러의 가치는 시간이 갈수록 떨어질 수밖에 없다. 필연적으로 인플레이션 문제가 발생한다. 이런 구조적인 문제를 해결하기 위해 사토시 나카모토가 비트코인을 만든 것이다.

언뜻 보면 채굴자의 임금이 4년마다 절반으로 줄어드는 것처럼 보이지만 비트코인의 가치가 증가한 만큼 실질임금은 증가하는 것이다.

비트코인 가격이 급등할수록 반대로 비트코인 거래 물량은 급감하고 있다. 코인베이스Coinbase나 업비트UPbit를 비롯한 전 세계 비트코인 거래소들이 보유한 비트코인 총량은 2023년 338만 개에서 2025년 1월 현재 235만 개로 줄었다. 비트코인 가격이 장기적으로 우상향하면서 비트코인 투자자들이 거래소에 있는 비트코인을 개인 소유의 지갑으로 옮긴 결과다.

비트코인을 개인 지갑으로 옮긴다는 건 투자자들이 비트코인을 장기 보유하겠다는 의미다. 특히 기관투자자의 적극적인 매수세는 거래량 감소를 가속화하는 원인으로 꼽힌다. 블랙록과 같은 비트코인 현물 ETF 운용사들은 매입한 비트코인을 제3의 수탁기관에 맡겨야 하기 때문이다. 2024년 12월 미국 비트코인 현물 ETF는 채굴된 비트코인 약 1만 4000개의 약 세 배에 달하는 물량을 매입했으니, 그만큼의 물량이 거래소에서 줄어든 셈이다.

미국과 중국의 비트코인 확보 경쟁

최근 비트코인 현상을 이야기할 때 빼놓을 수 없는 것이 주요국 정부의 비트코인에 대한 태도 변화다. 탈중앙화를 표방하는 비트코 인은 각국 법정화폐와는 본질적으로 상극이다. 특히 비트코인이 기 축통화로 쓰일 경우 달러 패권을 위협하기 때문에 미국 정부는 비 트코인에 대해 강한 반감을 보였다.

하지만 도널드 트럼프가 2024년 선거 유세 기간 중 스스로를 비 트코인 대통령이라고 표방하면서 달러 패권에 긍정적인 쪽으로 비 트코인이 재해석되고 있다. 한발 더 나아가 비트코인 자체의 가치 가 재조명되면서 비트코인과 관련한 주요국들의 주도권 경쟁도 점 차 치열해지고 있다.

도널드 트럼프는 대선 유세 기간이었던 2024년 7월 27일 테네시주 내슈빌에서 열린 '비트코인 2024 콘퍼런스'에서 "미국 정부가 현재 보유하거나 미래에 획득하게 될 비트코인을 100% 전량 보유하는 게 내 행정부의 정책이 될 것"이라고 했다. 이어 "이것은 사실상 미국의 전략적 비트코인 비축량의 핵심이 될 것이며, 그 엄청난 부의 혜택을 모든 미국인이 입도록 영구적인 국가 자산으로 만들겠다"라고도 했다. 특히 "미국이 지구의 가상화폐 수도이자 세계의 비트코인 슈퍼 파워가 되도록 하겠다"라고 강조했다.

이 같은 발언은 이전에 트럼프가 비트코인에 대해 내놓은 의견과 상반된 것이어서 주목을 받았다. 트럼프는 집권 1기였던 2019년 7월 11일 당시 트위터(현 엑스X)에 "나는 비트코인과 다른 암호화폐의 팬이 아니다. 그것들은 돈이 아니며, 그 가치가 매우 변동적이고 공기처럼 실체가 없는 것에 기반을 두고 있다. 규제되지 않은 암호화폐 자산은 마약 거래 및 기타 불법 활동을 촉진할 수 있다"라는 글을 올렸다. 또 2021년 6월 7일 〈폭스 비즈니스Fox Business〉와의 인터뷰에서 비트코인을 '사기'라고 언급하며, 미국 달러 패권을 위협하는 요소로 간주했었다.

트럼프가 비트코인에
우호적으로 변한 이유

비트코인에 대한 트럼프의 입장이 뒤집힌 이유는 무엇일까.

첫 번째는 선거 전략 차원에서 해석할 수 있다. 비트코인 투자자가 늘면서 대선 후보의 비트코인 관련 공약이 투표에 영향을 미치는 수준이 됐다는 얘기다. 실제 2024년 6월에 실시된 그레이스케일Grayscale 설문조사에 따르면, 미국 유권자 3명 중 1명(약 33%)은 정치 후보의 암호화폐에 대한 입장을 고려해 투표할 예정이라고 응답했다. 같은 조사에서 응답자의 47%는 투자 포트폴리오에 암호화폐를 포함할 계획이 있다고 밝혔다.

두 번째는 중국과 러시아 등 미국과 패권 경쟁을 벌이는 주요 국가들 사이에서 비트코인이 유용한 수단으로 부상하고 있기 때문이다. 대표적 국가가 러시아다. 블라디미르 푸틴Vladimir Putin 대통령은 2024년 12월 4일 모스크바에서 열린 투자 콘퍼런스에서 외환보유액 약 3000억 달러가 동결된 상황을 언급하며 "쉽게 잃을 수 있는 외환보유액을 왜 쌓아야 하나"라고 말했다. 러시아의 우크라이나 침공에 대한 제재 차원에서 미국과 EU 등 서방 국가들은 2022년 초 SWIFT에서 러시아를 배제했다. 이는 러시아가 보유한 3000억 달러가 휴지 조각으로 변했다는 의미다.

이런 상황에서 러시아가 찾은 대안이 바로 비트코인이다. 러시아는 무역 결제에서 비트코인 승인을 공식적으로 허용했다. 푸틴은 이와 관련해 "비트코인을 누가 금지할 수 있는가? 아무도 없다"라고 했다.

중국은 공식적으로 비트코인에 대해 부정적 입장을 유지하고 있다. 2021년부터 비트코인 채굴과 거래를 전면 금지하며 강력한 암호화폐 규제 정책을 시행해 왔다. 이는 금융 시스템 안정성 유지, 자본 유출 방지, 중앙은행 디지털화폐(CBDC, Central Bank Digital Currency)인 디지털 위안 도입을 촉진하기 위한 조치다.

하지만 중국이 탈달러화의 일환으로 비트코인 등 암호화폐에 대한 투자를 늘릴 것이라는 전망이 설득력을 얻고 있다. 2024년 4월 중국은 홍콩에서 비트코인과 이더리움(ETH) ETF 거래를 승인했다. 이후 관련 시장에 자금이 얼마나 유입됐는지에 대한 공식적인 통계는 없지만 중국 본토의 막대한 자금이 들어왔을 것으로 추정된다.

중국은 범죄자로부터 압류한 것 등을 포함해 약 19만 4000개의 비트코인을 보유하고 있다고 추정된다. 이는 미국(약 21만 7000개)과 비슷한 수준이다. 이에 대해 트럼프는 "우리가 가상화폐와 비트코인 기술을 받아들이지 않으면 중국이 그럴 것이고, 다른 나라들이 그럴 것이다. 우리는 중국이 (비트코인을) 장악하게 둘 수 없다"라고 했다.

달러의 영향력에서 벗어나려는 각국의 움직임

중국은 암호화폐와 관련된 연구도 활발히 진행 중이다. 베이징에 국립블록체인기술혁신센터를 설립해, 대학, 연구기관, 기업과 협력해 50만 명의 블록체인 전문가를 양성하는 것을 목표로 한다. 미국에서 활동 중인 석학들도 고향인 중국으로 속속 돌아오고 있다. 중국 칭화대 출신 세계적 블록체인 전문가인 천징陳婧이 지난해 모

— 중국 베이징에 위치한 국립블록체인기술혁신센터의 전경(왼쪽)과 모국으로 돌아온 천징 교수(오른쪽). © NCTIBC

교 교수로 돌아온 게 대표적이다. 그녀가 MIT에서 박사 공부를 할 때 지도교수가 컴퓨터 과학 분야의 노벨상으로 불리는 튜링상Turing Award 수상자인 실비오 미칼리Silvio Micali였다. 이 인연으로 천징은 미칼리가 설립한 가상화폐 발행사인 알고랜드Algorand의 수석과학자로 일했다.

중국은 3조 달러가량의 외환보유고를 갖고 있다. 이 중 상당 부분이 달러와 미국 국채다. 만약 미국이 중국을 러시아처럼 SWIFT에서 배제할 경우 엄청난 타격을 입게 된다. 이 때문에 중국은 최근 외환보유고 항목의 다변화를 꾀하고 있다. 2019년 중국 국가외환관리국 자료에 따르면 중국의 외환보유액 중 달러 비중은 1995년 79%에서 2024년 58%로 줄었다. 미국 국채 보유고는 2019년 처음 1조 달러 밑으로 떨어져 2024년에는 7000억 달러 수준까지 내려갔다. 같은 기간 금 보유량은 1948톤에서 2262톤으로 16% 증가했다.

반미 국가나 SWIFT에 반감을 품은 국가들이 모여 자체 송금망을 구축하려는 시도도 본격화되고 있다. 중국과 러시아는 각각 자

국 결제망 구축에 착수한 상태다. 또 브릭스BRICS 회원국 간의 결제
망, 브릭스페이 구축에 대한 논의도 급물살을 타고 있다.

이 같은 시도는 달러 패권 국가인 미국의 입장에서는 역모다. 트
럼프는 당선인 시절인 2024년 11월 30일, 자신의 소셜미디어인 트
루스소셜Truth Social에 "브릭스 국가들이 달러화에서 벗어나려고 하
는데, 미국이 이를 가만히 지켜보기만 할 것이라는 생각은 이제 끝
났다. 이들 국가는 새로운 브릭스 통화를 만들거나 강력한 미국 달
러를 대체할 다른 통화를 지지하지 않겠다는 약속을 해야 한다. 그
러지 않으면 100% 관세에 직면하게 될 것이며, 훌륭한 미국 경제와
작별을 고해야 할 것이다"라는 글을 올렸다. 경고장을 날린 것이다.

세계 최대 채무국,
미국이 비트코인을 대하는 방식

미국은 세계 최대 채무국이다. 2025년 1분기 현재 36조 달러의
부채를 안고 있다. 이처럼 막대한 부채를 상환하는 수단으로 비트
코인을 활용하려는 시도도 있다. 신시아 루미스 공화당 상원의원이
2024년 7월 발의한 '전략적 비트코인 비축 법안'이 대표적이다. 미
국 정부가 5년에 걸쳐 총 100만 개의 비트코인을 매입해 20년간 전
략적 준비자산으로 보유한다는 내용이 골자다. 시세가 오를 것을
가정하고, 비트코인으로 부채를 상환하자는 것이다.

이 법안에서 눈에 띄는 대목은 자금 조달 방안이다. 루미스 의원

은 별도의 재정을 투입하지 않고도 대규모의 비트코인을 매입하는 묘안을 제시했다. 그것은 바로 재무부가 보유한 금의 재평가다. 미국 재무부는 약 8133톤의 금을 갖고 있는 것으로 추정된다. 환산하면 약 2억 6000만 트로이온스에 달한다. 이 금들은 포트 녹스Fort Knox, 덴버Denver, 웨스트포인트West Point 등에 위치한 재무부 금고에 보관돼 있다.

미국 재무부는 1930년대 대공황을 극복하는 과정에서 이 금을 담보로 달러를 조달했다. 당시 연준은 재무부가 보유한 금을 온스당 42달러 정도로 평가해 달러를 찍어줬다. 연준은 온스당 42달러짜리 금 보관증서를 발행한 셈이다. 루미스 의원의 아이디어는 재무부의 금을 현재 시세로 재평가해 그 차액을 비트코인 매입자금으로 쓰자는 것이다. 현재 금 시세가 온스당 2000달러가량인 점을 감안하면, 재무부가 가진 금값은 약 5000억 달러다. 2025년 1월 24일 현재 비트코인 가격이 대략 10만 달러로, 500만 개 정도의 비트코인을 살 수 있다. 현재 상원 금융위원회 산하 암호화폐 소위원장인 그는 자신의 법안과 관련해 "미국은 비트코인을 국가 전략 자산으로 인정하고, 이를 통해 경제적 안정을 도모해야 한다"라고 했다.

트럼프 행정부 2기의 인사를 보면 그가 얼마나 암호화폐에 친화적인지를 엿볼 수 있다. SEC 위원장으로 지명된 폴 앳킨스Paul S. Atkins는 조지 부시 행정부 시절 SEC 위원을 역임한 인물로, 대표적인 암호화폐 지지자로 꼽힌다. 헤스터 피어스Hester Peirce SEC 위원은 SEC 내에서 '크립토 맘Crypto Mom'으로 통한다. 암호화폐 산업에 대한 규제 완화를 지속적으로 주장하면서 얻은 별명이다. 일론 머스크Elon Musk 정부효율부DOGE 수장은 '도지코인의 아버지'로 유명하다. 한때 비트코인으로 테슬라 자동차를 구입할 수 있도록 했지만, 비트코인 채굴에 막대한 전기를 쓰는 게 친환경적이지 않다는 이유로 비트코인 결제를 중단한 상태다.

하워드 러트닉Howard William Lutnick 상무장관은 투자은행 캔터피츠제럴드Cantor Fitzgerald의 CEO로, 암호화폐 산업에 우호적인 태도를 취해 왔다. 스콧 베선트Scott Bessent 재무장관도 암호화폐와 AI 등 신기술에 친화적인 인사로 분류된다. 캐럴라인 팜Caroline Pham 상품선물거래위원회CFTC 의장도 암호화폐 친화적인 시각을 가진 인사로 알려져 있다.

백악관의 'AI 및 크립토 차르'인 데이비드 색스David Sacks는 AI와 가상화폐 분야의 행정부 정책을 총괄하는 역할을 맡는다. 그는 페이팔PayPal의 공동 창립자이자 전 최고운영책임자COO로 기업용 소셜 네트워크 플랫폼인 야머Yammer를 설립해 MS에 12억 달러로 매각한 경력을 갖고 있다.

도널드 트럼프는 2025년 1월 23일 '디지털 금융 기술 분야에서 미국의 리더십 강화'를 목표로 하는 행정명령에 서명했다. 이 명령으로 디지털 자산 시장에 대한 대통령 실무 그룹이 신설됐다. 이 그룹은 기존 화폐와 연동되어 발행되는 스테이블코인Stablecoin을 포함한 디지털 자산에 대한 명확한 규제 프레임워크를 개발하고, 국가 차원의 디지털 자산 비축 방안을 평가하며, 암호화폐에 대한 과도한 규제를 방지하는 역할을 맡는다. 이번 행정명령은 모든 정부 기관이 CBDC를 만드는 것을 금지하는 내용도 담겼다.

비트코인 쟁탈전의 키워드,
대규모 매입과 장기 보유

미국과 중국 등 주요 국가 간 비트코인 보유 경쟁은 비트코인에 대한 인식이 새 국면을 맞았다는 것을 의미한다. 사토시 나카모토는 백서 제목에서 비트코인을 만든 목적을 '개인 간 전자화폐 시스템'이라고 명백히 밝혔다. 달러 시스템을 대체하겠다는 것이다. 이런 가운데 미국 정부가 비트코인을 전략적 비축자산, 더 나아가 중앙은행 준비자산으로 인식하고 있다는 건 새로운 화폐 시스템으로 가는 길목에서 5부 능선을 넘었다는 뜻이다.

제롬 파월Jerome Powell 연준 의장은 2024년 12월 4일 뉴욕타임스가 주최한 '딜북 서밋DealBook Summit'에서 "비트코인은 금과 경쟁한다"라고 했다. 그러면서 "비트코인은 높은 변동성으로 달러와 같은 안정적인 가치 저장 수단이 되기는 어렵다"라고도 했다. 비트코인이 달러를 대체할 단계는 아니지만 금과 같은 투자자산의 반열에는 올랐다는 것을 시인한 셈이다.

국가 간 비트코인 확보 경쟁은 비트코인의 시세를 가파르게 상승시킬 가능성이 크다. 국가 간 비트코인 쟁탈전의 키워드는 '대규모 매입'과 '장기 보유'이기 때문이다. 현재 국가가 비트코인을 확보할 방법은 직접 채굴하거나 기존 보유자로부터 매입하는 것이다. 2100만 개 중 1900만 개 이상이 이미 채굴됐기 때문에 채굴로는 최대 200만 개까지만 확보할 수 있다. 채굴하거나 매입한 뒤에는 최대한 오랫동안 팔지 않고 보유하는 게 유리하다. 재고가 한정돼 있기 때문에 비트코인 확보 경쟁은 상대가 가지면 내가 못 갖는 제로섬 게임이기 때문이다. 비트코인을 사려는 사람은 갈수록 늘어나는데 각국 정부가 대규모 물량을 움켜쥐고 팔지 않으면, 거래 물량은 줄어들 수밖에 없고, 가격은 기하급수적으로 상승할 것이다.

비트코인은
간접 투자가 더 안전하다?

비트코인 현물 ETF 거래가 가능해진 것도 비트코인의 위상 변화에 한 획을 그은 획기적인 사건이다. 비트코인에 대한 투자가 제도권 내에서 가능해졌기 때문이다. 이는 비트코인과 달러 간의 패권 경쟁 관점에서도 해석할 수 있다.

월가의 대형 금융기관들이 비트코인을 수익 모델에 편입시켰다는 건 개인의 투자와는 다른 의미가 있다. 이들은 견고한 달러 시스템을 구축하고 그 위에서 막대한 이익을 누려온 이른바 달러 제국의 대표적인 기득권 세력이다. 이 때문에 월가는 미국 정부와 함께 비트코인 생태계의 성장을 저지하고 싶어 하는 대표 세력이었다.

삼성전자 투자자가 애플에 투자하는 건 현대차 투자자가 애플에 투자하는 것과는 의미가 다르다. 갤럭시와 아이폰은 경쟁 관계이지만 제네시스와 아이폰은 서로 대체재가 아니기 때문이다. 후자는 포트폴리오 다변화로 해석할 수 있지만, 전자는 갤럭시에서 애플로 투자 대상을 바꾸겠다는 의미다.

그렇다고 달러 시스템의 최대 수혜자인 월가 금융사들이 비트코인 투자 상품을 내놓았다는 것을 달러 시스템 붕괴의 전조로 해석하는 건 시기상조다. 하지만 비트코인에 총구를 겨누었던 대표적인 저격수들이 안전핀을 채웠다는 사실만으로도 월가 금융사들의 헤드쿼터에서 어떤 논의들이 이뤄졌는지 짐작할 수 있다.

비트코인 현물 ETF가
직접 투자보다 안전한 이유

2024년 1월 10일 미국 SEC는 블랙록, 그레이스케일, 피델리티 등 금융사들이 신청한 비트코인 현물 ETF 상장을 승인했다. 게리 겐슬러Gary Gensler 당시 SEC 위원장은 "위원회는 여러 비트코인 현물 ETF의 상장 및 거래를 승인했다. 이는 투자자에게 비트코인에 대한 노출을 제공하면서도 규제된 시장에서의 거래를 통해 투자자 보호를 강화하는 조치다"라고 승인 이유를 설명했다.

SEC의 비트코인 현물 ETF 상장 승인과 반감기 호재가 겹치면서 2024년 비트코인 가격은 10만 달러를 넘어서며 연일 사상 최고치를 경신했다. 비트코인 현물 ETF 상품을 출시한 금융사들은 실제 비트코인을 기초자산으로 보유해야 한다. 투자자가 100BTC에 투자하면 금융사는 비트코인 100개를 매입해야 한다. 이 때문에 비트코인 시장의 변동성에 직접적인 영향을 미친다.

투자자는 비트코인 현물 ETF를 주식처럼 거래할 수 있다. 거래소에서 비트코인을 직접 구매하거나 개인 지갑에서 관리할 필요가 없어 보다 쉽게 투자할 수 있는 길이 열린 셈이다. 현물 ETF는 감독기관의 승인을 거친 상품이므로 투자자 보호가 가능하다.

예를 들어 2022년 FTX 거래소가 파산하면서 이 거래소를 통해 투자한 사람들이 막대한 자산을 잃었다. 거래소에 보관된 비트코인은 투자자 소유로 간주되지 않기 때문이다. 또 거래소가 해킹을 당할 때도 복구가 거의 불가능하다. 2014년 마운트곡스**Mt. Gox** 해킹 사

■— FTX 거래소 붕괴 후 설립자인 샘 뱅크먼-프리드(SBF)는 25년형을 선고받고 복역 중이다. FTX의 파산 채권은 파산한 지 3년 만인 2025년 2월에 첫 번째 상환이 진행되었다. © The Tech Portal

건으로 85만 BTC가 사라졌다. 당시 피해자들은 보상받지 못했다.

비트코인 현물 ETF에 투자할 경우엔 이 같은 위험이 없다. 블랙록의 ETF 상품을 통해 10BTC에 투자했다고 가정해 보자. 블랙록은 거래소에서 비트코인 10개를 매입해 제3의 수탁기관에 맡겨야 한다. 실제 블랙록은 코인베이스커스터디Coinbase Custody에 매입한 비트코인을 맡기는 것으로 알려졌다.

수탁기관은 비트코인을 콜드 월렛Cold Wallet에 보관하기 때문에 해킹을 당할 염려가 없다. 콜드 월렛은 비트코인을 오프라인 상태로 보관하는 방법이다. 네트워크에 연결되어 있지 않기 때문에 해커가 지갑을 털지 못한다. 지갑을 열 수 있는 암호를 USB와 같은 하드웨어에 저장하거나 종이나 철판에 적어두는 방법이 있다. 컴퓨터 하드웨어에 저장한 뒤 컴퓨터를 네트워크에서 완전히 차단하는 방법도 쓰인다. 이는 주로 기관이나 대규모 투자자가 장기 보유를 목적으로 할 때 쓰인다. USB나 적어둔 것을 잃어버릴 경우 비트코인도 잃을 수 있고, 거래할 때마다 USB를 연결하거나 암호를 입력해야 하는 번거로움이 있기 때문이다. 하드웨어에 저장할 경우엔 구입 비용도 들어간다.

이와 반대되는 개념이 핫 월렛Hot Wallet이다. 콜드 월렛과 가장 큰 차이는 온라인이라는 점이다. 따라서 해킹의 위험이 크다. 거래소 이용자나 소액 개인투자자에게 적합하다. 비유하자면 콜드 월렛은 돈을 금고에 넣어두고 필요할 때 꺼내 쓰는 것이라면, 핫 월렛은 은행 계좌에 돈을 넣어두고 온라인 뱅킹을 하는 셈이다.

설령 ETF 상품을 출시한 블랙록과 같은 자산운용사가 파산할지라도 투자자는 비트코인을 잃지 않는다. SEC와 운용사가 수탁기관의 비트코인 보관 상태를 모니터링할 뿐 아니라, 운용사는 보험 상품에도 가입되어 있기 때문이다. 개인이 거래소를 통해 거래하는 것보다 ETF 투자가 훨씬 안전한 이유다. 대신 운용사에 수수료를 내야 하는 건 단점이다.

비트코인 현물 ETF 투자액 1000억 달러

비트코인 현물 ETF 상장이 승인된 이후 1년여 만에 투자액이 1000억 달러를 넘어섰다. 비트코인 개수로는 100만 개를 웃돈다. 막대한 자금이 ETF를 통해 비트코인에 투자되고 있는 것이다. 특히 트럼프가 대선에서 승리한 2024년 11월 6일 이후 한 달 동안만 무려 100억 달러에 육박하는 막대한 자금이 12개 운용사의 비트코인 현물 ETF 상품에 투자됐다.

자산운용사별로 보면 블랙록이 529억 달러 규모의 자산을 운용하며 비트코인 현물 ETF 시장을 선도하고 있다. 피델리티가 190억 달러를 운용하며 두 번째를 차지했다. 그레이스케일은 한때 300억 달러 이상의 자금을 운용했으나, 210억 달러가 유출되면서 2025년 1월 현재 100억 달러의 자산을 운용하고 있다.

미국 외에도 여러 국가에서 비트코인 현물 ETF 승인을 논의 중이며, 일부는 이미 시장에 출시됐다. 캐나다는 2021년 세계 최초로 비트코인 현물 ETF 상장을 승인했다. 네덜란드는 2023년 8월 유럽 최초로 비트코인 현물 ETF 거래를 시작했다. 아시아에서는 홍콩이 2024년 4월 처음 비트코인과 이더리움 현물 ETF 상장을 승인했다.

비트코인 현물 ETF는 투기자산으로 치부됐던 비트코인이 제도 권의 보호를 받으며 안전하게 투자할 수 있는 주류 자산으로 인정 받는 다리 역할을 하고 있다는 평가다. 이 같은 인식 변화는 전 세계 금융시장을 이끄는 월가 대형 금융사 수장들의 발언에서도 읽을 수 있다.

월가의 황제로 불리는 제이미 다이먼Jamie Dimon JP모건 회장은 2017년 9월 비트코인을 '사기'라고 비판하며 "튤립 버블보다 더 나쁘다"라고 했었다. 이듬해 다이먼은 "비트코인을 사기라고 부른 것을 후회한다"라고 공개적으로 변화된 입장을 밝혔다. 당시 그는 언론 인터뷰에서 "나는 비트코인 자체에 대해 그 말을 했던 것을 후회한다. 블록체인 기술은 진짜이고, 나는 이를 지지한다"라고 했다. 이 같은 발언은 JP모건이 블록체인 기술 개발에 적극 뛰어든 시점에 나온 것으로 JP모건의 일거수일투족이 주목받았다. JP모건은 이후 자체 스테이블코인인 JPM코인을 출시하고, 이를 은행 간 결제에 이용하고 있다. 다이먼은 최근 다시 비트코인에 대해 부정적인 발언을 하며 엇갈린 행보를 보이고 있다. 이를 두고 일각에서는 비트코인은 경계하면서도 블록체인 기술은 적극 활용하겠다는 의도라는 해석도 나온다.

비트코인 현물 ETF 출시에 가장 앞장섰던 래리 핑크Larry Fink 블랙록 회장도 불과 수년 전만 해도 월가의 대표적인 비트코인 저격수였다. 그는 2017년 비트코인을 "돈세탁의 지표"라고 맹비난했다. 하지만 2024년엔 비트코인을 "디지털 금"이라고 칭하며 통화가치 하락과 정치적 불안정성에 대한 헤지 수단으로서 비트코인의 가치를 인정했다.

비트코인 담보 대출이 가능해지다

트럼프 행정부 출범 직후 SEC가 JP모건과 같은 은행들의 비트코인 수탁 업무를 허용한 것도 비트코인 투자가 활성화되는 데 결정적인 영향을 줄 수 있다. 이전 조 바이든 행정부는 은행들의 암호화폐 수탁 업무를 사실상 금지했다. 은행은 위험자산을 보유할 경우 보통 자산 금액의 8%에 해당하는 자본금을 늘려야 한다. 예를 들어 100만 달러를 대출해 주면 못 받을 경우를 대비해 자본금을 8만 달러 늘려야 하는 것이다. 은행이 투자하는 경우도 마찬가지다.

그런데 비트코인에 대해서는 해당 금액의 100%를 자본금으로 확보하도록 규정해 두었다. 예를 들어 비트코인 시세가 10만 달러일 때 10BTC를 JP모건에 수탁하는 경우를 가정해 보자. 은행 장부엔 10BTC의 자산(대변)과 부채(차변)로 기장이 된다. 위험자산이 10BTC 늘어난 셈이다. 이는 비트코인 시세가 급락할 경우 10BTC의 부채를 갚기 어려워질 수도 있다는 뜻이다. 은행은 수탁받은 비트코인을 은행 지갑에 그대로 두지 않고 운용할 것이기 때문이다.

이 같은 위험에 대비해 자본금 증액 규정을 둔 것이다. 위의 사례의 경우 JP모건은 자본금을 100만 달러 증액해야 한다. 이 같은 부담 때문에 바이든 행정부 시절엔 은행들이 비트코인 수탁 사업을 하지 않았다.

트럼프가 이 규정을 없애면서 JP모건을 비롯한 대형 은행들이 비트코인 수탁과 관련해 다양한 사업을 할 수 있게 됐다. 기관투자자나 자산운용사, 고액 자산가들이 해킹 등의 우려로 비트코인 현물 ETF에 투자하듯 앞으로는 JP모건의 수탁 서비스를 이용할 수 있게된 것이다. 은행들은 고객이 맡긴 비트코인을 담보로 대출해 줄 수도 있다. 고객은 비트코인을 팔지 않고도 현금을 확보할 수 있다. 기업 간B2B 비트코인 결제 서비스도 가능하다. JP모건의 경우 자체 블록체인 결제망인 JPM 코인을 운영 중이어서 비트코인을 연계한 상품 개발이 더 쉬워진 상황이다.

가난한 나라에서
부자 나라가 된 이유

최근 비트코인 생태계의 중요한 변수 중 하나는 비트코인을 법정화폐로 채택하는 국가들이 속속 나타나고 있다는 점이다. 이 추세는 비트코인 수요를 직접적으로 증가시키는 요인이 된다. 특정 정부가 비트코인을 법정화폐로 채택함으로써 비트코인에 대한 신뢰도도 높아지는 것이다.

남미의 엘살바도르El Salvador가 2021년 9월 세계 최초로 비트코인을 법정화폐로 채택했다. 이어 중앙아프리카공화국CAR이 2022년 4월 엘살바도르에 이어 두 번째로 비트코인을 법정화폐로 통용하기 시작했다. 두 나라가 자국 화폐를 포기하고 비트코인을 법정화폐로 사용한 건 역설적으로 통화 주권을 회복하기 위한 조치였다.

엘살바도르는 왜 비트코인을 법정화폐로 택했나

2001년 프란시스코 플로레스Francisco Flores 엘살바도르 당시 대통령은 자국 화폐 콜론colon을 포기하고, 달러를 법정화폐로 채택했다. 자국 화폐를 포기한다는 건 정부의 독점 권한인 화폐 발행권과 금리 조정 등의 통화정책을 다른 국가에 넘겨준다는 뜻이다. 엘살바도르가 경제적으로 달러에 종속되는 길을 스스로 택한 건 인플레이션과 실업 문제를 해결하기 위한 고육지책이었다.

엘살바도르는 1980~1992년 내전의 여파로 경제가 파탄 지경에 이르렀다. 실업률은 7%를 웃돌고, 국민의 40%가 빈곤층으로 전락했다. 경기회복을 위해 중앙은행이 콜론 발행을 남발하면서 연간 물가상승률이 10~15%에 달했다. 콜론은 그 가치가 매년 15%씩 떨어지면서 1990년대 말에 이르러서는 휴지 조각과 다름없는 상황이 됐다. 내전 당시 미국으로 이주한 이민자가 송금하는 돈이 엘살바도르 GDP의 20%에 달할 정도였다. 해외에서 보내주는 돈으로 고향에 있는 가족들이 먹고산 셈이었는데 콜론으로 송금하는 건 송금 수수료와 시간이 많이 들었다. 당시 플로레스 대통령은 국제무역과 투자를 촉진해 경제를 회복시킨다는 목적 아래 달러를 법정화폐로 채택했다.

달러 채택 이후 엘살바도르의 물가상승률은 4%대로 이전에 비해 크게 안정됐다. 달러 자금의 출입이 쉬워지면서 엘살바도르에 투자하는 달러 자금도 증가했다. 수수료 등 송금 비용도 콜론에 비해 많이 줄었다.

하지만 내전 후유증으로 인한 실업 문제는 해결될 기미가 보이지 않았다. 경제는 회복되는 듯 보였지만 그 혜택은 일부 부유층에 집중됐다. 경제적 양극화가 심화하면서 대중의 불만은 오히려 커졌다. 이 같은 상황에서 엘살바도르 정부가 할 수 있는 일은 지켜보는 것뿐이었다. 금리 조정 등의 통화정책을 펼칠 수 없었기 때문이다.

2001년 이후 엘살바도르의 통화정책은 사실상 미국 연준의 손아귀에 쥐어졌다. 엘살바도르는 이민자 송금과 대외부채, 커피와 설탕 수출로 먹고사는 상황이었다. 이 같은 경제구조로는 연준이 금리를 인상하면 심각한 타격을 받게 된다.

연준의 금리 인상은 달러의 평가절상, 즉 달러 가격이 오르는 것을 의미한다. 경제가 긴축되는 상황에서 이민 노동자들의 일자리가 줄어들 가능성이 크다. 엘살바도르 GDP의 20%를 차지하는 이민자 송금도 감소할 수밖에 없다.

금리가 오르면 대외부채 이자 부담도 커진다. 엘살바도르의 당시 부채 규모는 GDP의 80%에 달했다. 커피와 설탕 등 엘살바도르 수출 주력 상품의 수출가격이 상승하면 무역수지도 악화될 수 있다.

공교롭게 엘살바도르가 달러를 법정화폐로 채택한 2001년을 전후로 연준은 여러 차례 금리를 인상했다. 1999년 6월부터 2000년 5월까지 연준은 기준금리를 4.75%에서 6.5%로 총 1.75%P 인상했다. 1990년대 후반 IT 산업의 버블로 경기가 과열 양상을 보인 데 따른 조치였다.

연준은 이어 2004년 6월부터 2006년 7월까지 기준금리를

1.00%에서 5.25%로 총 4.25%P나 인상했다. IT 버블 붕괴로 인한 경기 침체를 살리기 위해 금리를 내리면서 2000년대 중반엔 부동산 시장이 과열 양상을 보였다. 2015년 12월부터 2018년 12월까지 기준금리를 0.25%에서 2.5%로, 단계적으로 인상하는 조치를 취했다. 2008년 금융위기 이후 지속된 저금리 상황에서 금리를 서서히 정상화한 것이다.

엘살바도르의 비트코인 채택은 달러 종속 문제를 해결하기 위한 탈출구였다. 비트코인은 탈중앙화된 화폐이므로 연준과 같은 조정자가 좌지우지할 수 없기 때문이다.

비트코인이 한 나라의 화폐가 되면 벌어지는 일

엘살바도르는 2021년 비트코인을 법정화폐로 채택한 후 정부 재정과 국채 발행, 특별 펀드 조성 등을 위해 비트코인을 매입했다. 이와 관련된 국채 발행 규모는 10억 달러 정도이며, 특별 펀드 조성으로 1억 5000만 달러를 조달했다.

엘살바도르 정부는 400BTC를 매입한 것을 시작으로, 2022년엔 2300BTC로 보유량을 늘렸다. 2025년 1월 현재 엘살바도르 정부의 비트코인 보유량은 6000BTC가량이다.

엘살바도르가 비트코인을 법정화폐로 채택했다고 해서 모든 국민이 일상에서 비트코인으로 거래한다는 뜻은 아니다. 상점과 레스

토랑, 마트 등에서 비트코인을 받아야 할 법적 의무가 있긴 하지만 일상에서는 지금도 달러가 통용된다. 이민자 송금에서 비트코인이 주로 쓰이는 정도다. 비트코인이 달러에 비해 송금 수수료가 적게 들고 빠르기 때문이다.

일반 사람들의 관점에서 비트코인은 아직 낯설고 불안한 화폐다. 변동성이 심하고 사용하려면 인터넷에 접속된 디지털 지갑을 설치해야 하는 등 불편한 점이 많기 때문이다. 시행 초기 엘살바도르 정부는 디지털 지갑 '치보Chivo'를 만들어 배포하고, 비트코인을 사용하는 사람에게 무료로 비트코인을 주는 등 유인책을 쓰기도 했다.

엘살바도르 정부는 비트코인 사용을 활성화하기 위해 '비트코인 시티' 건설을 추진하고 있다. 나이브 부켈레Nayib Bukele 대통령이 2021년에 밝힌 이 프로젝트의 목표는 비트코인 채굴과 사용에 최적화된 도시를 만들어 투자자와 관광객을 끌어들이겠다는 것이다. 도시는 원형으로 설계됐고 중심부에 비트코인을 형상화한 조형물이 들어선다. 건설 부지는 콘차과Conchagua 화산 근처로, 화산에서 생성되는 지열 에너지를 활용해 비트코인 채굴에 들어가는 전기를 저렴하게 공급한다는 구상이다. 투자자들에겐 각종 세금도 면제해 준다.

2025년 1월 현재 이 사업은 초기 단계에 머물러 있다. 2022년 대세 하락장이 오면서 재원 마련이 어려워지고 프로젝트 자체에 대한 투자자들의 관심도 식은 탓이다. 엘살바도르 정부는 비트코인 시티 건설을 지속적으로 추진한다는 입장이다.

엘살바도르 정부는 2022년 하반기 비트코인 시세가 대세 하락기

— **엘살바도르 비트코인 시티 조감도.** © Fernando Romero Enterprise

에 접어들면서 막대한 평가차손을 보기도 했다. 매입 가격보다 당시 시세가 많이 떨어졌기 때문이다. 하지만 비트코인 가격이 개당 10만 달러를 넘어서면서 엘살바도르 정부는 가장 성공한 투자자 명부에 이름을 올렸다. 엘살바도르 정부는 비트코인 법정화폐 도입 초기 2300여 개의 비트코인을 개당 4만 4000달러 선에서 매입했다. 수익률이 100%가 넘는 셈이다.

이후 2024년 1월 엘살바도르는 IMF의 압박으로 비트코인 결제를 소비자의 자율에 맡기는 내용을 골자로 관련법을 개정했다. 하지만 엘살바도르 정부는 비트코인을 지속적으로 추가 매입하고 있어 정부의 기조는 바뀌지 않은 모습이다.

통화 주권을 되찾기 위해
비트코인을 택하다

중앙아프리카공화국CAR이 비트코인을 법정화폐로 채택한 이유 역시 엘살바도르와 비슷하다. CAR의 법정화폐는 CFA 프랑이다. 프랑스 식민지 시절 도입된 화폐로, 프랑스 중앙은행이 간접적으로 통제하고 있다. CAR은 독립국임에도 독자적인 통화정책을 펼칠 수 없는 것이다. CAR의 주요 수출품은 금과 다이아몬드인데, 프랑스 중앙은행이 금리를 올리면 수출가격이 상승해 타격을 받는다. 비트코인은 통화 주권을 되찾기 위한 CAR의 자구책이었다.

CAR은 전 세계에서 가장 가난한 나라로 꼽힌다. 국민의 70% 이상이 빈곤층으로 금융 혜택을 전혀 보지 못하는 상황이다. 국민 대다수가 은행 계좌조차 갖고 있지 않다. 디지털 뱅킹을 이용하기에는 인프라가 턱없이 부족하다. 비트코인은 인터넷만 연결되면 사용할 수 있으므로 기존 방식의 금융 인프라를 구축하는 것보다 쉽다.

CAR도 엘살바도르처럼 비트코인 사용을 활성화하기 위한 경제구역 건설 프로젝트를 구상했었다. 이 프로젝트 역시 재원 마련과 비트코인에 대한 일반의 이해 부족으로 지지부진한 상태다.

비트코인을 법정화폐로 채택하지는 않았지만 비트코인 친화적인 정책을 도입하는 국가는 점점 늘고 있다. 스위스는 일부 지역에서 비트코인으로 세금을 받고 있다.

부탄은 비트코인 채굴 사업 덕분에 부유해진 것으로 유명하다. 히말라야 산악 지형을 활용한 친환경 발전으로 저렴한 전기를 생산하고, 이 전력으로 비트코인을 채굴해 막대한 시세차익을 얻었다. 부탄은 2025년 1월 현재 약 1만 2000BTC를 보유하고 있다. 개당 10만 달러를 기준으로 12억 달러가 넘는 규모다. 부탄 정부는 비트코인 가격이 9만 달러를 넘어섰을 때 367BTC를 매도했다. 부탄은 비트코인 채굴에 사용하는 전력 규모를 지금의 여섯 배로 늘릴 계획이다.

알트코인으로 확장된
암호화폐 생태계

알트코인Altcoin은 비트코인의 '대안 화폐Alternative Coin'라는 뜻이다. 비트코인 이외의 모든 암호화폐를 말한다. 비트코인은 탈중앙화된 화폐 시스템을 표방한다. 하지만 이 목적을 구현하는 과정에서 여러 가지 부족한 점이 드러났다. 이런 단점을 보완하기 위해 개발된 대안 화폐들이 알트코인이다. 비트코인이 갖고 있는 단점들을 알면, 각각의 단점에 대응하는 알트코인을 이해하기 쉽다.

자동차를 예로 들면 폭스바겐은 골프 2.0이라는 자동차를 출시할 때 4기통 2.0 휘발유 엔진에 직물 시트, 코일 스프링, 16인치 알루미늄 휠 등을 장착한 기본 모델을 내놓았다. '국민차'라는 콘셉트에 맞게 가성비에 충실한 사양이다. 100명 중 70명 정도가 원하는

비트코인의 문제점	대표 알트코인	알트코인의 개선 방향
확장성의 한계	엑스알피(XRP) 솔라나(SOL)	비트코인은 초당 거래 건수(TPS)가 평균 7TPS이지만, 엑스알피는 1500TPS, 솔라나는 6만 5000TPS 이상의 거래를 처리할 수 있다.
전력 소모가 큼	이더리움(ETH) 카르다노(ADA)	비트코인은 작업증명(PoW) 방식이지만, 이더리움과 카르다노는 지분증명(PoS) 방식으로 전력 소모가 적다.
거래 속도가 느림	라이트코인(LTC) 폴카닷(DOT)	비트코인은 결제나 거래에 10분이 소요되지만, 라이트코인은 2분 30초가 소요된다. 폴카닷은 여러 블록체인 간의 거래가 가능하며 병렬 처리되어 속도가 빠르다.
높은 거래 수수료	비트코인캐시 (BCH) 스텔라(XLM)	비트코인은 혼잡도에 따라 수수료가 달라지며 몇 달러 수준인데, 비트코인캐시는 블록 용량을 늘려 수수료를 몇 센트 수준으로 낮췄다. 스텔라 역시 실시간 거래와 낮은 수수료의 오픈 소스 결제 플랫폼이다.
스마트 계약 불가	이더리움(ETH) 카르다노(ADA)	이더리움과 카르다노는 스마트 계약 시스템을 갖고 있다.
채굴의 중앙화	솔라나(SOL)	솔라나는 역사증명(PoH) 방식으로 소액 투자로도 채굴에 참여할 수 있다.

사양에 맞추었다. 하지만 어떤 사람은 출력이 좀 더 크기를 바라고,
어떤 사람은 고급 나파 가죽 시트를 원할 것이다. 다른 이는 자세를
위해 18인치 휠을 바라기도 한다. 이런 수요 때문에 튜닝 업체들이
생겼다. 소비자는 각자의 취향에 맞게 엔진을 튜닝해 출력을 높이
고, 가죽 시트로 교체하며, 휠도 인치업 할 수 있다. 이처럼 비트코
인이 기본 양산형이라면 알트코인은 개별 취향에 맞춘 튜닝카다.

비트코인의 단점을 알면
알트코인의 가치가 보인다

비트코인이 화폐 시스템이 되기 위해서는 몇 가지 개선할 점이

있다. 첫째, 확장성의 문제다. 비트코인 네트워크는 초당 7건 정도의 거래만 처리할 수 있다. 블록의 크기와 생성 주기가 1메가바이트MB와 10분으로 고정돼 있기 때문이다. 이는 현재 신용카드 시스템인 비자VISA가 초당 2만 4000건을 처리하는 것에 비하면 터무니없이 미약한 수준이다. 거래 건수나 거래 건당 용량이 증가하면 승인 시간이 늘어나고, 그에 맞춰 수수료도 올라간다. 지하철 승객이 급증해 타는 데 시간도 더 걸리고, 푯값이 올라가는 것과 비슷하다. 이같은 문제를 해결할 목적으로 등장한 알트코인이 엑스알피XRP와 솔라나SOL다. XRP는 초당 1500건, 솔라나는 초당 6만 5000건 이상의 거래를 처리할 수 있다.

둘째, 비트코인은 전력 소모가 너무 많다. 비트코인은 작업증명PoW 방식으로 작동한다. 작업증명은 채굴자가 장부철인 블록을 생성해, 기존의 블록체인에 연결하기 위해 비밀번호를 알아내는 작업work을 증명proof하는 것이다. 가장 먼저 비밀번호를 알아낸 채굴자가 보상으로 비트코인을 받는다. 이 작업을 할 때 컴퓨터가 엄청난 전기를 쓴다. 현재 비트코인 네트워크가 사용하는 전력은 아르헨티나가 쓰는 전력과 비슷하다고 한다.

비트코인 거래가 더 활성화되면 전력 부족이 문제가 될 수도 있다. 이더리움ETH과 카르다노ADA는 지분증명PoS, Proof of Stake 방식으로 이 같은 문제를 해결했다. 지분증명은 네트워크상에 일정 지분 이상을 예치staking하는 참여자에게 보상의 기회를 주는 방식이다. 작업증명이 경쟁입찰이라면 지분증명은 일정액 이상의 예치금을 낸 VIP 고객 명단을 작성해 놓고 그들 중 하나와 수의계약을 맺는 것에 비유할 수 있다.

셋째, 비트코인은 거래 속도가 너무 느리다. 비트코인은 10분에 하나의 블록이 생성된다. 쉽게 말해 카페에서 비트코인으로 커피값을 결제하려면 승인까지 10분이 걸린다는 뜻이다. 만약 거래가 일시에 몰리면 10분 넘게 걸릴 수도 있다. 커피값을 계산하고 나니 커피가 식었다는 말이 나오는 이유다. 최초의 알트코인인 라이트코인 LTC은 거래 속도를 2분 30초로 단축한 알트코인이다. 폴카닷DOT도 빠른 거래를 목적으로 만들어진 알트코인이다.

넷째, 거래 수수료가 높다. 비트코인 거래 수수료는 네트워크 혼잡도에 따라 달라진다. 거래가 일시에 몰리면 더 많은 수수료를 낼수록 처리 속도가 높아진다. 금요일 밤 강남역에서 택시를 잡으려면 '더블'을 불러야 하는 것과 같다. 혼잡도가 높을 경우 거래 건당 30~50달러의 수수료를 내기도 한다. 고액 해외 송금의 경우라면 SWIFT망을 이용하는 것에 비해 금액과 시간이 적게 들지만, 커피값 같은 소액 결제일 경우는 배보다 배꼽이 큰 셈이다. 비트코인캐시BCH는 수수료를 몇 센트 수준으로 낮췄다. 스텔라XLM는 10만 건에 대한 수수료가 1달러도 안 된다.

다섯째, 비트코인으로는 스마트 계약smart contract을 체결할 수 없다. 스마트 계약은 조건만 맞으면 계약 내용이 곧바로 이행되는 계약을 뜻한다. 부동산 계약에서 '잔금을 치르면 입주가 가능하다'는 조항이 있을 경우, 잔금을 받으면 집주인이 열쇠를 내주는 것을 생각하면 된다. 음료자동판매기도 일종의 스마트 계약 시스템을 갖고 있다. 운영자는 1000원이 결제되면(조건 충족) 콜라를 내주도록(계약 이행) 스마트 계약 내용을 프로그래밍한 것이다.

비트코인은 스마트 계약의 관점에서 보면 깡통 자동차와 비슷하다. 비트코인으로 할 수 있는 건 단순한 송금뿐이다. 이더리움**ETH**은 스마트 계약이 가능하다. 예를 들어 스타트업이 이더리움으로 크라우드펀딩을 받을 때 '목표금액 100ETH, 기한 30일'이라는 조건을 달았을 경우 30일 내에 100ETH가 모여야 펀딩 자금이 스타트업 지갑으로 전송된다. 조건이 충족되지 않으면 개인에게 환불된다. 카르다노**ADA**는 고급 스마트 계약 기능을 제공한다.

여섯째, 채굴이 점차 중앙화된다는 문제다. 비트코인 채굴은 반감기가 거듭될수록 난도가 높아진다. 고성능 장비가 있어야 채굴할 수 있다는 뜻이다. 자본집약적인 상품이 될수록 독점 생산의 가능성이 높아진다. 대기업이나 국가 정도는 돼야 채굴 경쟁력을 갖게 된다. 최근 미국과 중국, 러시아 등 국가 차원의 비트코인 보유 경쟁이 치열해지는 상황을 보면, 국가가 직접 채굴에 나설 가능성도 크다. 이는 탈중앙화를 표방한 비트코인 네트워크가 점점 중앙화된다는 의미다.

솔라나**SOL**는 역사증명Proof of History 방식으로 채굴의 중앙화 문제를 완화했다. 역사증명은 거래별로 발생 시점을 정확히 기록한 스탬프를 찍어 시간 순서대로 처리하는 방식이다. 작업증명 방식의 비트코인은 채굴자가 시간 순서를 확인하는 데 많은 전기를 필요로 하지만 솔라나는 시간 순서 정렬 비용이 미미하다. 소액 투자로도 채굴에 참여할 수 있는 셈이다. 사용자의 수수료가 훨씬 적다는 점도 솔라나가 탈중앙화에 부합한다는 방증이다.

반감기로 보는
비트코인 가격 지지선

비트코인의 가치를 만드는 것은 무엇일까. 주식 투자자가 해당 기업의 펀더멘털을 알아야 하듯, 비트코인 투자자는 이에 대한 해답을 갖고 있어야 한다. 비트코인의 가치를 지속적으로 상승시키는 근본적인 메커니즘을 이해해야 한다는 말이다.

비트코인은 '디지털 데이터'다. 블록체인상에서의 '거래 내역'과 '잔고'에 관한 내용을 담은 데이터다. 비트코인을 부정하는 사람들이 가장 많이 사용하는 명분이 비트코인은 물리적 형태가 없다는 점이다. 경제학에서 화폐를 어설프게 공부한 사람들은 이를 두고 '근원자산이 없다'라고 표현한다. 예를 들어 중세 시대의 대표적인 상품화폐인 금화의 경우 금화 자체가 물리적 형태를 가진 근원자산이다. 1971년 리처드 닉슨^{Richard Nixon} 대통령이 금 태환을 중단하기 이전 금본위제^{Gold Standard} 아래서는 달러의 근원자산도 금이었다. 달러는 언제든지 금으로 교환할 수 있었다는 의미다.

금은 반짝이고 무겁다. 누구나 좋아하는 물리적 형태를 갖고 있기 때문에 직관적으로 가치가 있다고 여겨진다. 하지만 금이 가치를 갖는 건 본질적으로 물리적 형태와는 아무 상관이 없다.

상품화폐가 가치를 갖는 건 그것이 생산 과정을 거쳤기 때문이다. 즉 토지, 노동, 자본 등의 생산요소가 투입됐다는 말이다. 이를 통해 원가 개념을 가진 상품이 되는 것이다. 금을 채굴하려면 막대한 투자(자본)를 해 금광(토지)을 개발해야 한다. 이후 광부(노동)를 고용해 원석을 채굴한다. 원석을 녹여서 정제하고 골드바나 금화 형태로 만들면 비로소 화폐가 된다.

금 시세를 결정하는 것은 무엇인가

2024년 11월, 중국 후난성 평장현 완구 금광 지하에서 대규모 금 매장량이 발견됐다. 지하 2000미터 깊이에서 40개 이상의 금맥이 확인됐으며, 지하 3000미터까지 탐사 범위를 확대하면 총매장량이 1000톤을 넘을 것으로 추정된다. 당시 시장가치를 기준으로 800억 달러 정도의 가치다. 후난성 당국은 2020년부터 이 지역 광물 탐사에 1억 위안(약 192억 원)을 투자해 왔다.

영국의 귀금속 시장 데이터 업체인 메탈즈 포커스Metals Focus의 2022년 금 시장 분석 자료에 따르면 금 생산의 현금 원가는 트로이온스당 768달러, 총원가는 1068달러로 추정됐다. 트로이온스당 금 가격이 1068달러 밑으로 떨어지면 금광 업체가 손해를 본다는 계산이다. 2025년 1월 기준 금 시세는 트로이온스당 2000달러 안팎이다.

수요와 공급이 최종적으로 시장가격을 결정한다. 하지만 이를 세분화해서 보면 공급자는 일단 생산 원가에서 일정한 마진을 붙인 가격을 제시한다. 수요자는 이를 수용할지 거부할지 결정한다. 쉽게 말해 금의 가치를 지지하는 건 기본적으로 생산 원가다. 만약 사는 사람이 공급자가 제시한 가격을 계속 거부한다면 금 가격은 생산 원가 밑으로 떨어질 수도 있다. 하지만 현실에서 그럴 가능성은 제로(0)에 가깝다. 그러면 금광 업체는 더 이상 채굴하지 않을 것이다. 더 근본적인 이유는 금의 신규 채굴량은 수요에 비해 적다. 금이 희소성을 갖는 자산이라는 뜻이다.

2022년 기준으로 금의 신규 채굴량은 약 3000톤이다. 이는 금의 총재고량 20만 톤의 1.5% 정도에 불과하다. 금은 비중이 커서 1톤의 부피가 37cm^3로 작다. 1년간 채굴된 금은 컨테이너 몇 개에 모두 실을 수 있다.

같은 기간 글로벌 금 수요량은 약 4700톤에 달했다. 중국을 필두로 각국 중앙은행이 외환보유고에 금을 앞다퉈 담았기 때문이다. 이러한 초과 수요가 금 가격을 트로이온스당 2000달러 선으로 끌어올렸다.

요약하면 금의 가치를 만드는 건 채굴 원가와 희소성이다. 채굴 원가가 금 가격을 일정 수준 밑으로 떨어지지 않게 뒷받침하고, 희소성이 금 가격을 위로 끌어올리는 것이다.

비트코인의 채굴 원가가 가격 지지선이 될 것이다

사토시 나카모토는 비트코인을 '디지털 금'이라는 콘셉트로 설계한 것 같다. 채굴 원가와 희소성이 시간이 갈수록 높아지게 프로그래밍했기 때문이다.

비트코인은 133년간 총 2100만 개를 채굴할 수 있다. 2140년께 2100만 번째 비트코인이 채굴되면 더 이상 비트코인을 채굴할 수 없다. 비트코인은 한정판이라는 의미다. 사토시 나카모토는 비트코인의 가치가 높아질 수 있도록 반감기halving라는 공급 구조를 만든 것이다.

특이한 건 단위 시간당 비트코인 채굴량을 일정하게 만든 게 아니라 4년마다 절반으로 줄어들게 설정했다는 점이다. 처음엔 10분에 비트코인 50개를 채굴할 수 있었지만, 2025년 현재는 10분에 3.125개만 채굴할 수 있다. 하나의 블록을 블록체인에 연결할 때 채굴자가 받는 보상이 처음엔 50BTC였는데 4년마다 절반으로 줄어들도록 임금 체계가 짜인 것이다. 2024년 4월 반감기 이후 2028년 다음 반감기까지 4년간 비트코인 신규 공급량은 약 66만 개다. 이

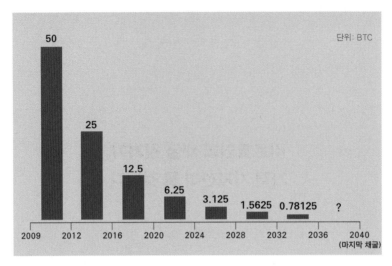

단위: BTC

50

25

12.5

6.25

3.125

1.5625

0.78125

?

2009 2012 2016 2020 2024 2028 2032 2036 2040
(마지막 채굴)

▬ 비트코인 채굴 보상 변화를 보여주는 그래프. 반감기에 따라 2025년 현재 비트코인은 10분에 3.125개를 채굴할 수 있다.

비트코인은 생산 원가가 높다는 점에서도 금과 유사하다. 비트코인을 채굴하려면 사업자는 채굴장을 건설하고 채굴기를 사야 한다. 토지, 자본, 노동 등의 생산요소가 투입되는 것이다. 채굴기는 비밀번호를 풀기 위해 막대한 전력을 쓴다. 이 전기료에 따라 채굴 비용은 지역별로 천차만별이다. 미국의 경우 1BTC를 채굴하는 데 5만 달러 이상이 들어가는 것으로 알려졌다.

생산 원가 개념을 생각하면 비트코인 가격이 5만 달러 밑으로 떨어지기 어렵다는 뜻이다. 금 가격에서 설명했듯 생산 원가는 가격이 일정 수준 이하로 떨어지지 않게 받쳐주는 지지선 역할을 하기 때문이다. 이런 가운데 초과 수요가 가격을 위로 끌어올리는 역할을 맡는다. 2024년 미국 SEC가 비트코인 현물 ETF 상장을 허용한 후 블랙록 등 자산운용사가 ETF 상품을 운용하기 위해 사들인 비트코인만 100만 BTC를 웃돈다. 반감기를 감안하면 이 기간에 신규 채굴된 비트코인은 약 15만 BTC에 불과하다. 수급 요인을 고려하면 비트코인 가격이 안 오르는 게 오히려 이상할 정도다.

2장

비트코인은
오를 수밖에 없다

역사상 가장 큰 폭의 상승을 보여준 화폐

전형적인 영웅 서사에는 항상 결정적인 조력자가 등장한다. 돈키호테에겐 산초가, 셜록 홈스에겐 왓슨이, 유비에겐 제갈량이 있었다. 영웅은 조력자의 도움으로 목숨을 건지고 역경을 이겨내며, 결국 영웅의 면모를 세상에 알린다.

비트코인은 태어난 지 15년이 지나서야 서서히 영웅의 모습을 드러내고 있다. 분명 영웅의 DNA를 갖고 태어났지만, 고비마다 결정적인 조력자가 없었다면 세상에 이름을 남기지 못하고 일찌감치 사라졌을 수도 있다.

비트코인은 2010년 5월 22일 피자 두 판이 1000BTC에 거래된 이후 2024년 12월 개당 10만 달러를 넘어섰다. 2500만 배 정도 가격이 상승한 것이다. 역사상 비트코인보다 상승률이 큰 자산은 딱 한 번 있었다. 1차 대선 이후 독일 물가가 비트코인보다 상승률이 높았다. 2021년 1달러에 60마르크였던 환율이 2년 뒤 4조 2000억 마르크로 700억 배 상승했다. 이는 비트코인 가격 상승률이 크다는 점을 강조하기 위한 예시일 뿐, 하이퍼인플레이션이라는 비정상적인 상황이었기 때문에 자산 가치 상승의 예로 들기는 어렵다.

비트코인 폭등의 이유 1
: 희소성

비트코인이 사상 유례없는 가격 상승을 하는 데엔 여러 조력자가 있었다. 가장 결정적인 조력자는 비트코인의 DNA를 설계한 사토시 나카모토다. 사토시 나카모토는 블록체인과 암호학은 물론 경제학, 그중에서도 화폐의 역사에 대해 깊은 통찰력을 갖고 있는 게 분명하다.

희소한 자산일수록 다른 자산에 비해 가격 상승폭이 더 크다. 한강 변 아파트의 가격 상승을 떠올리면 쉽게 이해될 것이다.

이제 비트코인의 가격이 폭등한 원리를 좀 더 전문적으로 설명할 예정이다. 먼저 '피셔I. Fisher의 교환방정식'을 소환할 것이다. 너무 겁먹을 필요는 없다. 방정식이지만 직관적으로 충분히 이해할 수 있는 내용이다.

$$MV=PQ \rightarrow P=MV/Q$$

M=통화량, V=화폐 유통 속도, P=물가, Q=실질 GDP

유통 속도(V)는 1단위의 화폐가 거래에 몇 번 사용됐는지를 나타낸다. 소비 성향과 관계가 깊다. 예를 들어 일련번호 XYZ의 1달러가 거래에 다섯 번 사용됐다면 V는 5가 된다. 실질 GDP(Q)는 신규 공급량이라고 생각하면 된다. 압구정동에 신축 아파트가 1000가구 공급됐다면 Y는 1000이다. 물가(P), 즉 가격이 폭등하는 이유를 설명하기 위해 이 방정식을 변환하면 아래와 같다.

가격(P)은 통화량(M) 또는 화폐 유통 속도(V)가 증가하거나, 신규 공급량(Q)이 감소하면 상승한다. 이 세 가지 조건을 동시에 충족할 경우 그 자산의 가격은 폭발적으로 상승한다. 비트코인이 딱 이 경우에 해당한다. 비트코인 시장에 기관 자금이 유입되고(M 증가), 손바뀜이 활발해지고 있으며(V 증가), 4년마다 반감기로 신규 공급량이 감소한다(Y 감소). 희소한 자산일수록 시중에 유동성이 증가하면 가격이 급등하는 것이다.

자산의 가치가 오른다는 건 무슨 뜻일까. 당신이 갖고 있는 비트코인이 1달러에서 10만 달러가 됐다고 하자. 가치가 10만 배 커진 것인가? 당신이 갖고 있는 자산은 똑같이 1BTC다. 실질 가치는 바뀐 게 없는데 달러로 환산된 가치, 즉 명목 가치는 10만 배가 됐다. 가치는 상대적이다. 즉 희소한 자산의 가치가 더 커졌다는 건 다른 자산에 비해 상대적으로 값이 더 많이 올랐다는 뜻이다.

피셔의 교환방정식으로 보면 신규 공급량이 적을수록 가격이 오른다. 직관적으로도 한강 변 아파트처럼 희소한 자산일수록 가격이 오른다는 사실을 쉽게 이해할 수 있다. 얼마나 희소한 자산인지를 평가할 수 있다면 투자에 유리할 것이다. 이럴 때 많이 쓰는 공식이 '스톡투플로S2F, Stock-to-Flow 모델'이다. 기존 재고량을 신규 공급량으로 나눈 비율로, 값이 클수록 희소성이 크다는 의미다.

2024년 기준 금과 비트코인의 S2F 비율을 비교해 보자. 금의 기존 재고량은 20만 톤, 신규 채굴량은 3200톤가량으로 S2F 비율은 62.5다. 비트코인의 경우 기존 재고량은 1930만 개, 신규 채굴량은 약 20만 개 정도로 S2F 비율은 96.5다. 다음 반감기가 지나면 이 비율도 두 배가 된다. 지금까지의 이론들을 종합하면 금과 비트코인 중 어디에 투자할지가 분명해진다.

피셔의 교환방정식으로 희소한 자산의 가격 상승 원인은 알 수 있지만, 왜 더 많은 돈이 몰리는지는 알 수 없다. 즉 수요 증가의 원인이 되는 인간의 심리, 거시경제의 구조 등은 설명해 주지 않는다.

비트코인 폭등의 이유 2
: 가치 저장의 수단

이를 설명하는 몇 가지 경제 이론이 있다. 여기서도 긴장할 필요가 없다. 다음의 예시들을 보면 어렵지 않게 이해할 수 있다.

시중에 돈이 풀리면 제일 먼저 누구의 손으로 흘러갈까? 압구정 현대4차 44평 아파트를 예로 들어보자. 61억 원짜리 아파트를 100% 현금으로 살 수 있는 사람은 많지 않다. 설령 그럴 수 있다고 해도 은행 대출, 즉 레버리지를 쓰지 않는 건 어리석은 선택이다. 한국은행이 돈을 찍어내면 금융사와 한강 변 아파트를 사려는 사람 순으로 대출을 받는다. 기관과 부자들이 새로 찍어낸 돈, 이른바 신상의 최초 소비자가 된다.

이들이 대출받아 사는 건 부동산, 주식, 채권, 암호화폐 등의 자산이다. 새로 찍어낸 돈이 돌고 돌아 서민의 생활자금으로 들어갈 때가 되면 이미 한강 변 아파트나 비트코인 가격은 급등한 상황이 되기 일쑤다. 통화량의 증가가 실물 경제(실질 GDP)와는 별로 상관 없이 부의 양극화를 심화시킬 가능성이 크다.

이를 '캉티용 효과Cantillon effect'라고 한다. 아일랜드 출신 경제학자 리샤르 캉티용Richard Cantillon이 1775년 출간한 저서 《거래의 본질에 관한 일반 논고Essai sur la nature du commerce en général》에서 언급한 데서 이름 붙여졌다. 새로 발행된 화폐는 모든 사람에게 고루 퍼지는 게 아니라 가장 먼저 쓰는 사람이 가장 큰 이득을 본다는 이론이다. 캉티용은 케인스보다 먼저 화폐와 경제 간의 관계를 정립한 천재 경제학자였다.

연준이 달러를 찍을 조짐을 보이면 오픈런을 해서라도 빨리 번호표를 받는 게 좋다. 실제 2008년 금융위기, 2020년 코로나19 팬데믹으로 인한 양적완화QE, 2024년 금리 인하 이후 미국 시장을 중심으로 자산 가격이 급등했다. 2009년 S&P500지수는 23% 이상 상승했다. 비트코인은 이 같은 양적완화와 반감기가 겹치면서 2021년 6만 9000달러, 2024년 10만 달러까지 폭등했다.

부자들이 돈이 풀리면 한강 변 아파트나 미국 채권, 비트코인 등의 자산을 사는 이유는 무엇일까. 30여 년간 경제 공부를 하면서 알게 된 건 부자들의 최대 관심은 원금, 세금, 죽음(주금) 등 '3금'이라는 것이다. 부자들은 더 많은 돈을 버는 것보다 원금 유지를 훨씬 중요하게 여긴다. 상속세와 증여세가 가장 큰 골칫거리이고, 건강을 유지하는 게 지상 최대의 과제다.

원금을 유지한다는 데엔 인플레이션 헤징이라는 개념이 포함된다. 예금 계좌의 잔고가 같아도 이자율이 물가상승률보다 낮으면 원금을 잃는 것이다. 부자들은 중앙은행이 돈을 찍을수록 현금을 보유하는 게 위험하다는 사실을 경험적으로 알고 있다. 따라서 최소한 물가상승률 이상 가치가 오를 수 있는 자산을 찾아 현금을 써 버리는 것이다. 미국 국채나 금, 비트코인을 자신의 부를 저장해 주는 금고라고 여기는 셈이다. 이를 '가치 저장 이론store of value theory'이라고 한다.

비트코인 폭등의 이유 3
: 투자 심리

'핫텔링의 법칙Hotelling's Rule'에 따르면 희소한 자산일수록 신규 공급량이 예상보다 더 적어질 수 있다. 부동산 가격이 오를 때 매도

자가 매물을 거두어들이는 것을 생각하면 된다. 가격이 더 오를 가능성이 크기 때문에 팔지 않고 보유하려는 심리가 강해지는 것이다. 비트코인의 경우 2024년 기준 신규 채굴량은 이론적으로 20만 개 정도지만 채굴자들이 가격이 오를 거라고 예측해 시장에 팔지 않은 보유량도 많을 것이다. 그러니 시장에 풀리는 공급량 기준의 S2F 비율은 이론적으로 계산한 것보다 훨씬 클 수 있다.

네트워크 효과를 설명하는 '멧커프의 법칙Metcalfe's Law'으로도 비트코인의 가격 상승을 설명할 수 있다. 네트워크 효과는 사용자가 많아질수록 자산 가치가 기하급수적으로 증가한다는 이론이다. 카카오톡을 라인보다 더 많이 쓰는 건 이미 쓰고 있는 사람이 더 많기 때문이다. 비트코인에 투자하는 사람이 많아질수록 점유율이 높아지고, 그로 인해 더 많은 투자자가 몰리는 선순환이 만들어지는 것이다. 피셔의 교환방정식으로 풀면 네트워크 효과가 커질수록 화폐의 유통 속도(V)가 빨라진다.

'원가 중심 가격 결정 이론cost-based pricing'은 비트코인 채굴 비용의 증가가 가격 상승을 견인한다는 점을 설명한다. 생산 비용이 증가하면 수요와 상관없이 일정 부분 가격이 상승할 가능성이 크다.

사토시 나카모토는 이 모든 내용을 고려해 비트코인을 설계한 것 같다. 일단 달러 시스템을 대체할 목적으로 비트코인을 만든 건 분명하다. 사토시 나카모토는 달러 시스템 아래서는 통화량(M)이 지속적으로 증가한다는 사실을 전제로 비트코인을 만들었다. 4년 주기의 반감기로 신규 공급량이 점점 감소하는 구조로 비트코인을 프로그래밍했다.

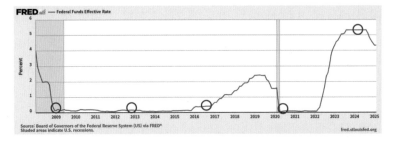

— 최초로 비트코인이 생성된 2009년 1월 금리는 0.15%, 첫 번째 반감기인 2012년 11월 금리 역시 0.16%였다. 2016년은 트럼프가 처음 당선된 해로 두 번째 반감기인 같은 해 7월의 금리는 0.39%였다. 세 번째 반감기인 2020년 5월 금리는 0.05%, 네 번째 반감기 2024년 4월 금리는 5.33%였으나 대선을 전후로 크게 떨어졌다. © FRED

심지어 통화량(M) 증감 사이클과 반감기를 교묘히 맞물리도록 설계해 가격 상승 효과를 극대화했다. 2012년, 2016년, 2020년, 2024년 등의 반감기는 미국 대선이 치러지는 해다. 대선 직후 백악관은 보통 금리 인하를 원한다. 돈을 풀어 경기를 부양하기 위해서다. 공교롭게 2008년 금융위기, 2020년 코로나19 팬데믹 위기, 2024년 인플레이션 위기 등으로 실제 금리를 인하한 시기도 반감기와 대체로 맞물렸다.

사토시 나카모토는 블록체인 기술, 암호학, 경제학, 지정학, 심리학 등에 모두 능통한 존재로 보인다. 만약 한 사람이라면 대단하다는 말밖에 달리 표현할 수식어를 못 찾겠다. 좀 더 상상의 나래를 펼치자면, 미래의 AI가 네트워크를 통해 과거로 거슬러 와서 비트코인을 설계한 것은 아닐까. AI는 비트코인이 자신의 생존에 유용하다는 것을 알고 있을 테니까.

비트코인이
'디지털 금'이 된 과정

가격은 거래가 만든다. 사고팔면서 시장에서 비로소 가치가 결정되는 것이다. 비트코인이 디지털 금으로서 가치를 갖게 된 건 초기 선구적인 채굴자들이 있었기 때문이다. 이들은 비트코인의 탄생에 직간접적으로 관여했거나, 비트코인의 영웅적 DNA를 일찌감치 알아보고 조력자로서의 역할을 충실히 해냈다.

비트코인을 처음 채굴한 건 개발자인 사토시 나카모토다. 사토시 나카모토는 2009년 1월 3일 최초의 비트코인 블록, 즉 제네시스 블록을 생성했다. 당시 50BTC가 채굴됐다. 이 50개의 비트코인이 역사상 최초의 비트코인이며 다른 주소로 영원히 옮기지 못하도록 설계됐다. 절대 거래할 수 없는 최초의 디지털 금인 셈이다.

비트코인의 탄생과
첫 거래의 의의

"더타임스, 2009년 1월 3일, 은행들에 대한 두 번째 구제금융이
임박했다The Times 03/Jan/2009 Chancellor on brink of second bailout for banks."

사토시 나카모토가 제네시스 블록에 남긴 메시지다. 영국 일간지
《더타임스》의 당일 헤드라인에서 따온 것이다. 2009년은 리먼 브러
더스Lehman Brothers의 파산으로 촉발된 미국발 금융위기가 전 세계
로 일파만파 번지고 있던 때다. 당시 영국 재무장관은 은행에 대한
2차 구제금융을 준비 중이었다. 2008년 10월 금융위기 당시 영국은
1차 구제금융을 단행했지만 효과가 미미했다.

제네시스 블록의 메시지는 사토시 나카모토가 비트코인을 만든
이유를 잘 보여준다. 금융위기의 근본적인 원인은 중앙은행의 무분
별한 화폐 발행과 금융사들의 경쟁적인 대출이다. 그런데 책임을
져야 할 정부는 국민의 세금으로 공범인 금융사를 구제하고 결과적
으로 일반 서민의 피해를 키웠다.

사토시 나카모토는 이 같은 문제를 뿌리 뽑으려면 법정화폐 제
도Fiat Standard를 탈중앙화 금융 시스템으로 바꿔야 한다고 생각했
고, 이 같은 철학을 첫 번째 비트코인 블록에 명시했다. 제네시스 블
록은 일종의 선언문이었던 셈이다.

최초의 비트코인 거래는 2009년 1월 12일 사토시 나카모토가 할
피니Harold Thomas Finney에게 10BTC를 전송한 것이다. 이 거래는 두
사람의 작은 한 걸음이지만, 인류에겐 거대한 도약이었다. 당시 거

래는 교환 목적이 아닌 비트코인 네트워크를 테스트하기 위한 절차로 보인다. 그런데도 이 거래가 역사적 도약인 것은 사상 최초로 성공한 암호화폐의 P2P 전송이었기 때문이다. 비트코인 이전에도 암호화폐는 있었지만 실제 P2P 전송이 가능했던 건 비트코인이 처음이었다. 이 전송 실험이 없었다면 피자데이도 없었을 것이다.

이 첫 거래 내용을 포함한 블록은 170이다. 0인 제네시스 블록을 제외하면 170번째 생성된 블록이라는 뜻이다. 이 거래의 해시값 **TXID**은 'f5d8ee39ac8b41cc7de746b0b5df570d67c4d7ca0c54b41e82f5d55b7d8c04c3'이다. 트랜잭션 해시값은 암호화된 알고리즘을 통해 거래마다 자동으로 부여되는 고유한 ID 같은 개념이다. 블록체인 탐색기에서 이 해시값을 입력하면 해당 거래의 상세한 정보를 볼 수 있다. 택배를 보낼 때 받은 송장 번호를 입력하면 상세한 배송 상태를 확인할 수 있는 것과 비슷하다. 누가 비트코인을 보냈고, 얼마를 보냈으며, 어느 주소(지갑)로 보냈는지, 어느 블록에 기록되었는지, 거래가 완료**Confirm**됐는지 등을 TXID로 확인할 수 있다.

한 블록에 여러 거래 내용이 기록되기 때문에 TXID는 거래에 관한 번호이지, 블록에 관한 것이 아니다. 블록에 부여된 해시값은 블록 해시라고 한다. 컴퓨터를 이용해 블록 해시를 맞히는 작업이 채굴이고, 블록 해시를 맞히는 순간 블록이 체인에 연결되며, 그 보상으로 채굴자는 비트코인을 받는 것이다. 참고로 제네시스 블록의 블록 해시는 '000000000019d6689c085ae165831e93b6c6f3d32bb10f7a1b3b6bfb7da7a17'이다.

할 피니는 2009년 첫 거래에 관해서 다음과 같이 회고했다.

"내가 사토시와 이메일을 주고받고 있을 때, 그는 나에게 비트코인을 보내겠다고 했다. 나는 소프트웨어를 실행했고, 내 주소를 그에게 보냈다. 곧 10BTC를 받았고, 비트코인 거래가 처음으로 이루어졌다."

사토시 나카모토는
누구인가

할 피니의 이 같은 초기 활동 때문에 그를 사토시 나카모토라고 생각하는 사람이 많았다. 하지만 본인은 이를 부인했고, 가족도 같은 반응을 보였다. 할 피니가 사토시 나카모토가 아니라고 부정하는 사람들은 몇 가지 근거를 든다.

가장 설득력 있는 근거는 그가 2009년 루게릭병 진단을 받았다는 점이다. 사토시 나카모토는 2010년에도 활발히 활동한 흔적이 있는데, 루게릭병 투병 중엔 그런 활동이 불가능하다는 주장이다.

할 피니의 성격이 사토시 나카모토와 맞지 않는다는 분석도 있다. 할 피니는 친절하고 개방적인 성향이었다고 한다. 극도로 신중하고 평생 익명성을 유지한 사토시 나카모토로 보기 어렵다는 시각이다.

이메일 등을 통해 분석한 문체도 두 사람이 매우 달랐다고 한다. 할 피니는 디지털 프라이버시와 자유주의를 신봉하는 사이퍼펑크 cypherpunk로 자신의 신념을 가감 없이 드러내는 스타일이었다. 이 또한 사토시 나카모토의 익명성과는 맞지 않다는 것도 부정론의 근거로 자주 등장한다. 사토시 나카모토가 채굴한 것으로 추정되는 비트코인 주소는 할 피니가 보관한 비트코인 지갑과 달랐다는 주장도 있다.

할 피니가 사토시 나카모토가 아닐지라도 그가 사토시 프로젝트에 깊게 관여했을 가능성이 매우 높다는 데는 많은 사람이 동의한다. 이런 상황을 종합할 때 사토시 나카모토가 개인이 아니라 '사토시 팀'일 수 있다는 가능성도 거론된다.

닉 재보Nicholas Szabo는 '스마트 계약'과 '디지털 금'의 개념을 창안한 인물이다. 스마트 계약은 일정 조건이 충족되면 계약 내용이 자동 실행되는 컴퓨터 프로그램이다. 중개자 없이 컴퓨터 코드로 구현되는 탈중앙화 계약 시스템이다.

닉 재보가 1998년 발표한 '비트골드Bit Gold'는 비트코인의 전신으로 여겨진다. 닉 재보는 암호학을 이용해 가치를 저장하고 P2P 거래가 가능한 디지털 금의 개념을 제시했다. 작업증명 방식으로 새로운 비트골드를 생성한다는 점도 비트코인과 유사하다. 다만 비트골드는 실제 구현된 시스템이 아니라 하나의 아이디어였다. 비트코인이 2100만 개로 수량이 한정된 반면 비트골드는 수량에 대한 구체적인 계획이 없었다는 점도 다르다. 비트골드의 개념이 비트코인으로 그대로 이어졌다는 점 때문에 닉 재보도 사토시 나카모토가 아니냐는 의혹을 많이 받았다. 그 역시 이를 부인했다.

닉 재보는 1964년 워싱턴 D.C.에서 태어났다. 대학에서 컴퓨터 공학을 전공한 후 조지타운대학교 로스쿨에서 법학을 공부했다. 이런 학문적 배경과 자유주의적 성향 때문에 닉 재보는 탈중앙화된 금융 시스템과 법률 시스템에 많은 관심을 보였다.

웨이 다이Wei Dai는 디지털화폐 'B-머니B-money'의 개념을 제안한 암호학자다. 비트골드가 탈중앙화된 가치 저장 시스템을 표방했다면, B-머니는 탈중앙화된 화폐 시스템P2P cash system이 목표였다. 사토시 나카모토는 비트코인 백서에서 그의 연구를 참고한 점을 직접적으로 명시했다. 사토시 나카모토가 2008년 공개한 비트코인 백서 제목이 'Bitcoin: A P2P Electronic Cash System'이다. B-머니는 분산 원장이라는 개념도 포함한다. 비트골드나 B-머니가 발표된 1998년은 블록체인이라는 개념이 아직 완성되기 전이었다.

닉 재보는 1994년 스마트 계약이라는 개념을 처음 제시했지만 비트골드엔 스마트 계약과 관련된 내용이 포함되지 않았다. 비트골드는 디지털 금을 표방해, 가치 저장과 소유권이 누구에게 있는지를 증명하는 게 가장 중요한 목적이었기 때문이다. 하지만 웨이 다이는 B-머니에서 스마트 계약 개념을 사용했다. 일정한 조건이 충족되면 송금해 주는 아이디어가 제시된 것이다.

비트코인을 '디지털 금'으로
처음 인정한 사람은 연준 의장이었다

B-머니를 참고했다고 밝힌 것과 달리 정작 비트코인에는 스마트 계약 개념이 포함되지 않았다. 비트코인이 가치 저장과 P2P 거

래를 위해 설계된 점은 오히려 비트골드에 가까워 보인다.

제롬 파월 연준 의장은 이와 관련해 비트코인이 디지털 금이라는 취지의 발언을 여러 차례 했었다. 그는 2021년 하원 금융위원회 청문회에서 "비트코인은 투기적 자산이며, 어느 정도 금과 경쟁하는 가치 저장 수단"이라며 처음으로 비트코인을 디지털 금이라고 표현했다.

미국의 통화정책을 총괄하는 연준 의장으로서 비트코인을 디지털 금이라고 인정한 것이다. 그의 이 같은 인식은 2024년 금리를 결정하는 공개시장조작위원회FOMC 회의 직후 기자들에게 한 발언에서 좀 더 구체화됐다.

"비트코인은 투기적 자산이며, 가치 저장 수단으로 금과 경쟁한다. 비트코인은 점점 금과 같은 전통적인 자산을 대체할 자산으로 인식되고 있지만, 더 큰 변동성과 다른 위험 이력을 갖고 있다."

파월 의장의 발언을 놓고 보면 닉 재보의 디지털 금에 대한 구상이 비트코인에서 실현된 셈이다. B-머니에서 제시된 분산 원장과 스마트 계약의 개념은 스마트 계약과 탈중앙화앱DApp 플랫폼인 이더리움에서 구체화됐다.

B-머니는 채굴 방식에 대한 구체적인 내용은 담고 있지 않다. 닉 재보와 웨이 다이는 같은 시기에 활동한 암호학자라는 점, 둘 다 탈중앙화된 금융 시스템과 계약 시스템을 구상했다는 점 등의 공통점을 갖고 있지만 직접적인 교류를 했던 것은 아니다.

비트코인의 탄생에 가장 큰 영향을 준 인물, 애덤 백

애덤 백Adam Back은 사토시 나카모토와 이메일로 소통하며 비트코인 개발에 직접적인 영향을 준 핵심 인물이다. 그가 개발한 해시캐시Hashcash 시스템이 사토시 나카모토가 비트코인의 작업증명 시스템을 만드는 데 결정적인 영감을 줬다.

해시캐시는 스팸 메일 방지를 위한 암호화 시스템이다. 작업증명이란 네트워크 사용자가 특정 업무를 수행할 때 비용을 쓰도록 하는 일종의 진입 장벽이다. 이메일을 보내는 사람들은 전송 전 제시된 수학 문제를 풀어야 하는데 이때 컴퓨터가 전력을 소비하는 것이다. 보내는 사람으로선 전송비를 내야 하는 셈이기 때문에 스팸 메일을 방지할 수 있다. 이 같은 방식이 비트코인 채굴에 그대로 적용됐다.

비트코인은 거래 내용을 포함한 데이터가 담긴 블록을 체인에 연결하는 사람에게 주어지는 보상이다. 블록을 체인에 연결하려면 해시 함수를 풀어야 하는데, 이때 컴퓨터가 전기를 소모하는 것이다. 해시 함수는 입력값을 일정 길이의 결괏값Hash으로 변환해 주는 함수다. 블록이 체인에 연결되는 순간 결제가 이뤄지기 때문에 비트코인은 결제 시스템 운영에 참여한 보상인 셈이다. 금을 채굴하는 것에 비유해 채굴 보상이라고 하는 것이다.

비트코인은 'SHA-256'이라는 함수를 사용한다. 'SHA-256'은 'Secure Hash Algorithm 256-bit'의 약자로, 입력값을 64자의 문자

로 된 출력값Hash으로 변환한다. 문자 하나당 4비트이며, 총 크기는 256비트다.

얘기가 나온 김에 비트코인 채굴이 수학 문제를 푸는 것이라는 의미를 알고 넘어가자. 해시 함수는 어떤 값을 입력해도 64자의 해시값을 만든다. 예를 들어 비트코인 해시 함수에 'hello'를 입력하면 '2cf24dba5fb0a30e26e83b2ac5b9e29e1b1695e2e79740c8f3c2123ff8 b1e1e2'라는 64자의 결괏값이 생성된다.

어떤 블록을 체인에 연결하기 위해 '000000'으로 시작하는 해시값을 찾아야 할 경우 채굴기는 '000000'으로 시작하는 결괏값이 나올 때까지 무작위로 숫자를 입력한다. 이때 채굴기가 입력하는 숫자를 논스Nonce라고 한다. 입력값은 2진수 32비트(4바이트) 크기의 정수이며, 2의 32제곱 즉 42억 가지 경우의 수가 나온다. 채굴기가 2진수로 된 42억 개의 숫자를 무작위로 입력하다 보면 조건을 충족하는 결괏값Hash이 나오는 것이다. 이때 제약 조건에서 0의 개수가 많을수록 해시값을 찾기가 수월해진다. 이를 통해 채굴 난이도를 조정한다.

논스가 갖는 경우의 수가 42억 개에 달하기 때문에 채굴기는 막대한 전기를 소모한다. 한국의 경우 1BTC를 채굴하는 데 4500만 원 정도의 전기료가 든다.

해시값은 0부터 9까지 10개의 숫자와 a부터 f까지 6개의 알파벳으로 구성된다. 한 자리가 16가지 경우의 수를 갖고 있는 것이다. 출력값Hash은 16의 64제곱(2의 256제곱) 가지가 된다.

생산 비용이 가격의 중요한 결정 요소임을 감안할 때 채굴 비용

이 반감기에 따라 증가하도록 설계한 것이 비트코인 가격 상승의
일차적인 원인이다.

비트코인 네트워크는
어떻게 성장했는가

애덤 백은 2014년 블록스트림Blockstream이라는 회사를 창립해
비트코인 생태계를 확장하는 데도 막대한 기여를 하고 있다.

블록스트림이 개발을 주도한 라이트닝 네트워크Lightning Network
는 비트코인 결제 속도를 높이고, 수수료를 낮추는 데 결정적인 역
할을 하고 있다. 라이트닝 네트워크는 비트코인 네트워크와는 별도
의 네트워크에서 거래를 처리하고 그 결괏값만 비트코인 네트워크
에 저장하는 기술이다.

블록스트림 위성 프로젝트도 비트코인 생태계를 확장하는 데 크
게 기여하리라고 기대된다. 위성을 이용해 인터넷이 없는 지역에서
도 비트코인을 쓸 수 있게 하는 프로젝트다.

블록스트림은 엘살바도르가 비트코인을 법정화폐로 채택하는
과정에서 기술적 지원과 전략적 자문을 하면서 주목을 받았다. 비
트코인을 실제 일상에서 화폐로 사용하려면 거래 속도와 수수료 문
제를 해결해야 하는데, 블록스트림의 라이트닝 네트워크 기술이 적
합했기 때문이다. 블록스트림은 특히 엘살바도르가 비트코인을 채
택한 초기에 국민의 사용을 장려하기 위해 배포한 전자지갑 치보를

구축하는 데 결정적인 역할을 한 것으로 알려졌다.

개빈 안드레센Gavin Andresen은 사토시 나카모토가 비트코인 프로젝트를 공개한 후 코어 소프트웨어 개발팀을 이끈 주요 멤버다. 1988년 프린스턴대학교 컴퓨터공학과를 졸업하고 3D 그래픽 소프트웨어 개발자로 일하다 비트코인 프로젝트를 접하고 비트코인 초기 코어 개발팀에 합류했다. 이후 비트코인 포셋Bitcoin Faucet을 운영하며 비트코인 초기 확산에 기여했다. 포셋은 방문하면 비트코인을 무료로 주는 사이트다. 암호화폐는 초기 사용자를 확보하기 위해 사이트에 방문하거나 광고를 보면 그 대가로 무료 배포하는 방식을 즐겨 사용했다.

사토시 나카모토는 2011년 "다른 일을 할 것"이라며 공식적으로 비트코인 커뮤니티에서 사라졌다. 사토시 나카모토가 은퇴를 선언하며 소스 코드 개발 권한을 넘긴 사람이 개빈 안드레센이다. 사토시 나카모토의 첫 번째 후계자였던 것이다. 이에 개빈 안드레센은

━ 비트코인을 무료로 나눠줬던 개빈 안드레센의 비트코인 포셋의 웹사이트.

— 크레이그 라이트는 자신을 사토시 나카모토라고 주장하며 비트코인 관련 지적재산권에 대해 1조 1000억 달러 규모의 소송을 제기했고, 이에 영국 법원은 거짓으로 법적 소송을 제기한 혐의로 12개월 징역형, 집행유예 2년을 선고했다. © Free Malaysia Today, 2024

2012년 비트코인 소스 코드 업그레이드와 홍보를 위해 비트코인 재단을 설립하기도 했다.

초기 비트코인 생태계 확산에 주요한 역할을 했던 개빈 안드레센은 2016년 호주 개발자 크레이그 라이트Craig Wright가 스스로 사토시 나카모토라고 주장했을 때 이를 지지했다가 개발팀에서 퇴출당했다. 크레이그 라이트가 자신의 주장에 대한 증거를 제시하지 못했기 때문이다. 크레이그 라이트가 개빈 안드레센의 인지도를 이용하기 위해 그를 속였을 것이라는 게 비트코인 커뮤니티 안팎의 중론이다.

그는 비트코인 확장성을 강화하기 위한 블록 크기 논쟁에서도 소수파로 밀리며 영향력을 잃었다. 비트코인은 하나의 블록이 1MB

용량인데, 처리 속도를 높이기 위해 블록당 용량을 키워야 한다는 쪽과 기존 용량을 유지해야 한다는 쪽으로 나뉘어 치열한 논쟁을 벌였다. 개빈 안드레센은 블록 크기를 키워야 한다는 소수파였다. 블록 크기 논쟁은 비트코인이 성장하는 과정에서 아주 중요한 변곡점이 됐다.

비트코인 성장의 변곡점, 블록 크기 논쟁

사토시 나카모토는 블록 크기를 1MB로 만들었다. 초기엔 비트코인 거래가 별로 없어 괜찮았는데 거래가 늘면서 병목 현상이 발생했다. 블록당 담을 수 있는 거래 수가 한정됐기 때문이다. 비트코인은 대략 10분당 하나의 블록이 생성되기 때문에 결제 속도를 높이려면 수수료를 더 내야 하는 구조다. 거래 수수료가 건당 50달러 정도까지 상승했다.

블록 크기를 최대 8MB로 늘리자는 대형 블록 지지파들이 등장했다. 블록당 담을 수 있는 거래 건수를 높여 결제 속도를 높이자는 주장이다. 개빈 안드레센이 대표적인 대형 블록 지지파였다. 비트코인 채굴기 업체 비트메인Bitmain 창립자인 우지한吳忌寒, 비트코인 예수로 불렸던 로저 버Roger Ver도 지지파였다.

블록 크기를 유지해야 한다는 반대파는 블록의 대형화가 탈중앙화라는 블록체인 철학에 어긋난다는 점을 명분으로 강하게 맞섰다.

블록이 커지면 풀노드Full Nod 유지 비용이 커져 자금력을 가진 소수만 남을 것이라는 논리다. 개빈 안드레센을 제외한 비트코인 코어 개발팀 멤버 대부분은 대형 블록을 반대했다.

노드는 쉽게 말해 비트코인 네트워크에 연결된 컴퓨터로 블록을 검증하고 저장하는 역할을 한다. 풀노드는 모든 거래 내용을 처리하고 저장하는 주요 네트워크 참여자로 핸드폰이나 기본 사양의 PC에 비해 컴퓨터 용량이 커야 한다. 2024년 말 기준 비트코인 블록들의 총용량은 약 500GB다. 일례로 2024년 출시된 삼성전자 노트북, 갤럭시북5 프로의 최대 용량이 1TB다.

비트코인 블록 크기 논쟁은 타협점을 찾지 못하고 평행선을 달리다 결국 네트워크 갈라치기, 즉 하드포크hard fork로 귀결됐다. 2017년 8월 블록 대형화를 주장했던 진영은 비트코인캐시BCH를 상장하며 독립했다. 비트코인캐시는 현재 블록 크기가 32MB에 달한다. 비트코인 코어 개발팀을 중심으로 한 유지파는 라이트닝 네트워크 등의 기술로 처리 속도와 수수료 문제에 대한 해법을 찾아나가고 있다.

이후 비트코인 커뮤니티에서 입지가 좁아진 개빈 안드레센은 2022년 자신의 블로그에 "비트코인의 미래에 관심을 잃었다"라며 사실상 은퇴를 선언했다. 권력 다툼에서 패하면서 뒤안길로 사라진 것이다.

THE AGE OF BITCOIN

밈 코인을 탄생시킨
일론 머스크와 도지코인

암호화폐의 발전 과정을 얘기할 때 일론 머스크는 빼놓을 수 없는 인물이다. 영웅 서사에서 영웅과 결정적 조력자는 운명처럼 만난다. 그들은 만날 수밖에 없는 필연적 이유가 있는 것이다. 일론 머스크는 비트코인의 영웅 서사에 등장할 수밖에 없는 캐릭터를 갖고 있다.

첫째, 테슬라는 막대한 자금을 들여 비트코인을 사들이고 있다. 2024년 4분기 기준 테슬라의 가상자산 평가금액은 약 10억 달러다. 도지코인 등에 투자한 것을 감안하면 약 1만 BTC를 보유한 것으로 추산된다.

상장 기업 중 테슬라보다 많은 비트코인을 보유한 업체는 스트레티지Strategy(약 50만 BTC)나 마라톤 디지털 홀딩스Marathon Digital Holdings(약 4만 4000BTC), 라이엇 플랫폼스Riot Platforms(약 1만 7700BTC) 정도다. 마라톤 디지털 홀딩스와 라이엇 플랫폼스가 채굴 업체라는 점을 감안하면 테슬라가 적잖은 규모의 비트코인에 투자하는 것이다.

일론 머스크는 한때 테슬라 모델들을 비트코인으로 거래한 적이 있다. 이후 한 달 만에 비트코인 채굴에 화석연료가 많이 소비된다는 이유를 들어 비트코인 결제를 철회했다.

일론 머스크는 밈 코인을 유행시킨 장본인이기도 하다. 잘 알려진 대로 그는 도지코인DOGE의 아버지로 통한다. 2021년 1월 일론 머스크가 트위터에 "모두의 가상화폐"라고 도지코인을 언급하면서 도지코인 가격이 급등했다. 이어 같은 해 5월 그는 스스로를 '도지 파더DogeFather'라고 칭하며 도지코인에 대한 지지를 재차 확인했다.

2022년 6월엔 트위터를 통해 "앞으로도 계속해서 도지코인을 지지할 것"이라고 밝혔고, 한 사용자가 도지코인을 사야 한다고 언급하자 "사고 있다"라고 답했다. 2025년 1월엔 "도지DOGE 화성으로"라는 발언을 통해 도지코인을 여전히 지지하고 있음을 보여줬다.

도널드 트럼프가 일론 머스크에게 맡긴 정부효율부 이름을 도지DOGE, Department of Government Efficiency라고 지으면서 도지코인에 대한 관심을 고조시키기도 했다. DOGE는 재정적자를 줄이기 목적으로 블록체인과 AI 기술로 정부 기관을 구조조정하기 위해 만들어진 조직이다.

일론 머스크는 도지코인을 좋아하는 이유를 "비트코인보다 민주적이기 때문"이라고 설명했다. 비트코인은 채굴에 막대한 비용이 들기 때문에 채굴이 중앙집중화될 수 있다고 생각한 것이다. 반면 도지코인은 라이트닝 네트워크에서 사용되기 때문에 결제 속도도 빠르고 수수료도 적게 든다. 대중적으로 더욱 쉽게 사용할 수 있는 것이다.

하지만 도지코인은 10개의 지갑이 전체의 40%를, 100개의 지갑이 전체의 65%를 점유하고 있어 일론 머스크의 말대로 탈중앙화된 암호화폐는 아니다. 그리고 발행량이 무제한이어서 법정화폐처럼 인플레이션 화폐로 분류된다.

사실 도지코인은 그냥 재미로 만들어졌다. 일론 머스크도 그리 진지한 이유로 도지코인을 지지하는 것 같지는 않다.

재미로 탄생한 코인이
크립토 시장을 뒤흔들다

도지코인은 2013년 빌리 마커스Billy Markus와 잭슨 팔머Jackson Palmer 등 두 명의 개발자가 만든 암호화폐다. 비트코인보다 빠르고 친근한 암호화폐를 표방했다. 빌리 마커스는 도지코인을 "'그냥 재미로Just for fun' 만들었다"라고 밝혔다. 비트코인의 장난스러운 버전을 구상했던 것이다. 재미를 위해 인터넷 밈Meme으로 유명한 시바견을 로고 이미지로 사용했다. 잭슨 팔머는 이에 대해 "밈과 코인의 결합이 흥미로운 조합이 될 것"이라고 했다. 코인 자체보다 커뮤니

— 모티브가 된 시바견의 모습을 딴 도지코인 로고(윗줄 가장 왼쪽). 이후로 시바견을 모티브로 한 밈 코인들이 등장했으며, 시바이누(윗줄 가운데)와 플로키(윗줄 가장 오른쪽), 보넥(아래 왼쪽)이 대표적이다. 개구리 밈 기반의 페페의 로고(아래 오른쪽)도 캐릭터를 따서 만들어졌다. © Dogecoin, Shiba Inu, FLOKI, Bonk, Pepe

티와 문화에 초점을 맞춘 것이다.

밈 코인은 이후 일론 머스크라는 셀럽을 만나면서 빌리 마커스와 잭슨 팔머가 장난으로 생각했던 것보다 훨씬 강력한 영향력을 갖게 됐다. 밈이란 인터넷에서 유행하는 재미있는 콘텐츠를 의미한다. 진화생물학자인 리처드 도킨스가 책《이기적 유전자》에서 유전자가 생물학적 특성을 전파하는 현상을 설명하는 용어로 사용했다. 밈은 많은 사람이 즐긴다는, 즉 소비한다는 특성 때문에 강력한 힘을 갖게 됐다. 단순한 유머에서 벗어나 암호화폐, 대체불가능토큰 NFT, 브랜드 등 경제 전반에 막대한 영향을 미치게 된 것이다.

실제 도지코인의 성공 이후 이를 따라 여러 밈 코인이 등장했다. 도지코인 킬러를 표방하며 2020년 등장한 시바이누SHIB가 대표적이다. 출시 초기 이더리움 창립자인 비탈릭 부테린Vitalik Buterin에게 공급량의 50%를 기부하면서 화제가 됐다. 일론 머스크의 시바견 플로키FLOKI를 모델로 한 밈 코인, 유명한 개구리 밈Pepe the Frog 기반의 페페코인PEPE, 솔라나 네트워크에서 처음 성공한 보넥BONK도 밈 코인으로 꼽힌다.

왜 일론 머스크는
도지코인을 언급하는가

일론 머스크의 암호화폐에 대한 관심을 단순 투자나 재미를 위한 것으로 해석하는 건 단언컨대 '장님 코끼리 만지기'의 결과다. 일론 머스크가 가진 화폐의 본질에 대한 통찰력, 결제 시스템에 대한 전문성, 테슬라 등 그가 경영하는 사업과 암호화폐의 연관성 등을 고려하면 그는 암호화폐와 관련해 생각보다 훨씬 큰 그림을 그리고 있는 게 분명하다.

테슬라는 '전력 생산 + 저장 + 거래'까지 모두 제어할 수 있는 시스템을 구축하고 있다. 전력 패권에 도전하고 있는 것이다.

테슬라를 단순히 자동차 기업이라고만 여긴다면 시대착오적 생각이다. 테슬라의 2024년 4분기 실적을 보면 자동차 부문 매출은 197억 달러로 지난해 같은 기간보다 8% 줄었다. 영업이익률은 6.5%로 전 분기보다 4.6%P 하락했다.

반면 에너지 부문 매출은 30억 6000만 달러로 지난해 같은 기간보다 113% 증가했다. 두 배 이상 성장한 것이다. 에너지 저장 시스템ESS과 발전 부문의 매출이 크게 증가한 영향이다. 전체 매출에서 에너지 부문이 차지하는 매출 비중은 12%로, 이 비중은 2028년까지 25% 성장할 것으로 전망됐다. 일론 머스크는 에너지 부문 사업의 성장을 강조하며 "(에너지 사업이) 들불처럼 번지고 있다"라고 했다. 그는 2019년 실적 발표 때 이미 "에너지 부문 매출이 자동차 부문과 같아질 것"이라고 했었다.

일론 머스크는 실적 발표에서 완전자율주행FSD 기술과 로보택시 Robotaxi 그리고 휴머노이드 로봇 '옵티머스Optimus'에 대한 강력한 비전을 제시했다. 그는 2025년 중반까지 오스틴에서 FSD를 론칭하고, 연말까지 일부 도시에서 로보택시 서비스를 시작할 계획이라고 밝혔다. 2025년에 옵티머스 로봇 약 1만 대를 생산할 것이라는 목표치를 제시하기도 했다. 테슬라를 단순한 전기차 제조업체가 아닌 AI 기반의 자율주행 및 로보틱스 기업으로 변모시키겠다는 비전을 재확인한 것이다.

에너지 부문의 제품군을 보면 일론 머스크가 전력 시장에서 어떤 일을 왜 하려는지 짐작할 수 있다.

전력 패권의 승자가 되기 위한 테슬라의 행보

테슬라는 2015년 가정용 ESS 제품인 '파워월Powerwall'을 출시했다. 거실이나 부엌의 벽에 실내장식처럼 설치할 수 있는 가정용 배터리라고 생각하면 된다. 파워월은 기존 전력망은 물론, 솔라루프Solar Roof가 생산한 전기를 저장했다가 필요할 때 공급한다. 솔라루프는 태양광 패널이 내장된 지붕 타일이다. 테슬라가 2016년 태양광 전문 업체 솔라시티를 인수한 후 개발했다. 기존 태양광 패널이 외관상 이질적이었다면, 솔라루프는 일반 주택의 지붕 타일과 거의 차이가 없다. 강도도 강화유리보다 세서 우박이 떨어져도 깨지지 않는다.

테슬라는 AI로 각 가정에 설치된 전력 시설을 통합 관리하는 오토비더Autobidder 시스템을 개발했다. 이 시스템은 파워월을 설치한 가정의 전력 수급 데이터를 분석해 남은 전력을 거래할 수 있게 해 준다.

이를 바탕으로 2023년 9월부터 텍사스에서 가상발전소VPP, Virtual Power Plant 시범 사업을 진행 중이다. 가상발전소란 파워월과 솔라루프, 충전소 등을 모두 연결해 AI로 전력 수급을 조절하는 시스템이다. 파워월을 설치한 가정은 프로젝트에 참여할 수 있고, 남는 전기를 공급해 주는 대가로 전기료를 그만큼 차감받을 수 있다. 전력망 자체가 발전소가 되기 때문에 가상발전소라고 한다. 테슬라가 2018년 시작한 호주 VPP 프로젝트는 세계 최대 규모다. 5만 가구에 250메가와트의 전력 공급이 목표다.

2019년 출시한 메가팩Megapack은 산업용 ESS다. 메가팩의 용량은 3.9메가와트시로 3600가구가 한 시간 정도 쓸 수 있는 양이다.

여기까지만 듣고 나면 '그래서 그게 뭐 어쨌다는 거지?'라고 생

— 텍사스에 시범 진행될 VPP 프로젝트 조감도. 테슬라의 전기차를 중심으로 오른쪽에 충전기, 모서리를 돌면 가정용 ESS 제품인 파워월, 지붕에는 태양광 패널 솔라까지 설치되어 있으며, 전력 사용을 테슬라 앱으로 관리할 수 있도록 설계되었다. © Tesla

각할 수 있다. 일론 머스크는 생산 단가를 획기적으로 낮추는 데 탁월한 능력을 갖춘 사업가다. 최저 생산 단가를 유지하는 건 시장지배력을 높이는 가장 중요한 요소다. 독점 사업자가 될 가능성이 크다는 의미다.

페이팔 마피아의 대부로 트럼프 행정부의 집권에 기여한 피터 틸Peter Thiel 팔란티어 테크놀로지스Palantir Technologies 회장은 《제로 투 원》에서 독점의 중요성을 강조했다. 그는 창조적 독점이란 새로운 제품을 만들어서 모든 사람에게 혜택을 주는 동시에 그 제품을 만든 사람은 지속 가능한 이윤을 얻는 것이라고 했다. 그는 경쟁에 대해서는 아무도 이윤을 얻지 못하고 의미 있게 차별화되는 부분도 없이 생존을 위해 싸우는 것이라고도 했다.

시장조사 업체 우드 매킨지Wood Mackenzie에 따르면 2023년 3분기 기준 테슬라의 미국 ESS 시장점유율은 30.2%로 2위 업체인 선런Sunrun보다 10%P 정도 앞선다. 국제에너지기구IEA는 글로벌 ESS 시장 규모가 매년 41% 성장하리라 전망했다. 2024년 기준 리튬이온 배터리 기반 ESS 시장 규모는 50조 원 정도다.

텍사스에서 파워월의 월 구독료는 30달러다. 100평 기준 솔라루프 설치 비용은 5000만 원 정도로 저렴하진 않다. 만약 카페를 운영하는데 한 달에 20만 원의 전기료를 내고 있다고 하자. 어느 날 테슬라 영업사원이 방문해 월 4만 5000원을 내면 파워월을 설치해 주고, 전기료는 반으로 줄어든다고 하면 설치하겠는가? 아마 처음엔 대부분 망설일 것이다. 하지만 얼리어답터 성향의 길 건너 카페가 파워월 설치로 전기료를 30% 절감했다는 얘기를 들으면 설치를 안할 이유가 없을 것이다. 솔라루프 설치 비용이 100평 기준 1000만 원대로 떨어지고 생산한 전기를 테슬라 그리드(전력망)를 통해 팔수 있다면 설치하는 사람이 기하급수적으로 증가할 수 있다.

지금까지의 예측은 현재의 전력 사용량을 기준으로 한 것이다. AI와 휴머노이드 사용이 각 가정에서 일반화되면 전력 사용량은 지금의 최대 30배까지 증가할 수 있다. AI 업체의 데이터센터 하나가 국가 단위의 전력을 쓰게 되는 것이다.

2025년 1월 독일 베를린에서 열린 보쉬 커넥티드 월드BCW, Bosch Connected World 행사에서 일론 머스크는 "현재의 전력 소비 증가세가 지속되면 2025년에는 심각한 전력난에 직면할 수 있다"라고 경고했다. 이어 "AI 산업의 급성장과 전기차 보급 가속화로 전력 수요가 예상을 크게 웃돌고 있다"라고 진단하며, "전력망 과부하로 인한 대규모 정전이 발생하면 의료, 교통 등 핵심 인프라가 마비될 수 있다"라고 우려를 나타냈다.

실제로 이런 일이 벌어지는 때가 오면 전력 패권을 쥐고 있다는 게 지금과는 사뭇 다른 의미를 갖게 된다. 석유 패권을 쥔 미국이 달러 패권을 갖게 됐듯, 전력 패권을 차지하는 누군가가 글로벌 경제 패권을 휘두를 것이라는 가정은 반박의 여지가 없다.

일론 머스크가
트위터를 인수한 이유

글로벌 전력 패권에 대한 일론 머스크의 도전에 암호화폐는 아주 중요한 변수다. 그동안의 행보를 보면 일론 머스크 자신이 이 같은 사실을 누구보다 더 잘 알고 있는 것 같다. 일론 머스크가 그리는 테슬라 에너지 그리드TED는 쉽게 말해 '친환경(태양광) 발전 + 배터리 + AI 거래 시스템'을 결합해 각 가정이나 공장이 남는 전기를 서로 거래하는 탈중앙화된 전력망이다.

솔라루프(발전)나 파워월(배터리) 생산 단가를 낮추는 것도 중요하지만 AI 거래 시스템으로 결제 비용을 낮추는 것도 관건이다. 일론 머스크가 달러와 암호화폐 중 무엇을 선택할지는 기정사실과 다름이 없다.

월터 아이작슨Walter Isaacson이 쓴 전기傳記《일론 머스크》를 보면 일론 머스크는 화폐를 데이터의 일종으로 간주하며 암호화폐가 화폐의 효율성과 투명성을 높여줄 수 있다고 생각한다. SWIFT는 수십 년 전 구축한 낡은 시스템이기 때문에 비용이 많이 든다. 데이터가 해킹 등 여러 가지 이유로 손실될 수도 있다. 탈중앙화된 전력망은 당연히 탈중앙화된 화폐와도 궁합이 맞는다. 전쟁 등 유사시엔 미국 정부가 결제망을 통제할 수도 있지만, 비트코인으로 결제하면 이 같은 문제가 해소되기 때문이다.

일론 머스크가 트위터(현 엑스X)를 인수한 이유도 그와 연결되어 있다. 일론 머스크는 "소셜 네트워크에 결제 플랫폼을 결합하면 내가 엑스닷컴X.com으로 이루려고 했던 것을 성취할 수 있다"라고 했다. 엑스닷컴은 일론 머스크가 1999년 창립한 인터넷 결제 서비스 업체다. 2000년 피터 틸과 맥스 레브친Max Levchin이 설립한 콘피니티Confinity와 합병하면서 페이팔이 됐다. 일론 머스크는 엑스닷컴을 '모든 금융의 중심'으로 만들겠다는 비전을 갖고 있었다. 한마디로 기존 은행과 증권사를 없애겠다는 도발적인 꿈을 꾼 것이다. 트위터를 인수한 후 이름을 '엑스X'로 바꾼 건 엑스닷컴으로 이루려 했던 꿈을 다시 꾸고 있다는 방증이다.

일론 머스크가 트위터를 인수한 후 아들들에게 농담으로 "다음 미국 대선을 좌우하려고 트위터를 샀다. 2024년에 트럼프가 당선되게 하려면 이 방법밖에 없다"라고 말했다고 한다. 2024년 대선 결과를 보면 일론 머스크의 말이 농담으로만 들리지는 않는다. 일론 머스크는 표현의 자유를 중시했는데,《뉴욕타임스》와《워싱턴포스트》등 좌파 이념에 치우친 레거시 미디어들이 민주당을 교묘하게 지지하는 것에 대한 불만으로 해석할 수도 있기 때문이다.

일론 머스크 역시 민주당을 지지했었지만, 조 바이든 전 대통령의 전기차 보조금 정책, 캘리포니아주의 교육정책 등에 환멸을 느낀 뒤 트럼프 지지자로 전향했다. 이후 바이든과 사이가 점점 악화되면서 2024년 대선에서는 트럼프에게 올인했고, 지금은 트럼프의 오른팔로 정부 정책을 좌지우지하는 권력자가 됐다. 트럼프가 스스로를 '암호화폐 대통령'이라고 선언한 데엔 일론 머스크와 피터 틸 등 페이팔 마피아들의 영향이 결정적이었던 것으로 알려져 있다.

전력 결제 화폐로
비트코인이 쓰이게 될 미래

이제 글로벌 전력 시장이 형성되고, 비트코인이 전력 결제 화폐로 쓰이게 되는 좀 더 본질적인 이유를 설명할 예정이다.

친환경 발전은 기존 화석연료 발전보다 시간과 공간에 따른 차이가 불가피하게 더 커진다. 태양광 발전은 해가 떴을 때와 졌을 때 발전량과 소비량의 차이가 크다. 풍력은 바람이 불 때와 불지 않을 때 차이가 난다.

공간 차이는 발전량과 소비량의 차이에 의해 발생한다. 아프리카의 경우 태양광 발전에 유리하지만 AI나 전기차, 휴머노이드 사용량은 인근 EU 국가들에 비해 적다. EU 국가들은 반대로 AI 기술 등의 발달로 전력 사용량은 기하급수적으로 증가하는 데 반해 태양광 발전에 필요한 부지를 확보하기가 상대적으로 어려울 것이다.

이 같은 시간과 공간의 차이를 극복하는 방법은 ESS로 전기를 저장했다가 필요할 때 쓰거나, 저장 장치를 필요한 곳으로 옮겨서 쓰거나, 실시간으로 남는 전력을 모아서 필요한 곳으로 송출해 주는 것이다.

일론 머스크는 일단 ESS 분야의 독점 사업자를 노리는 것이다. 더 나아가 그는 달이나 화성, 인공위성 등 우주 공간에서 태양광 발전으로 전기를 생산해 지구로 전송하는 송출 시스템Space Solar Power도 언급한 적이 있다. 24시간 태양광 발전이 가능해 시차 문제를 해결할 수 있지만 생산된 전기를 송출하는 기술이 문제였다. 이와 관련 캘리포니아공과대학이 2023년 1월 고도 550킬로미터 저궤도 위성에서 태양광으로 생산한 전기를 무선으로 송출하는 데 성공했다. 양산까지는 시간이 더 걸리겠지만 기술적인 걸림돌은 더 이상 없는 셈이다.

일론 머스크의 스페이스X는 우주 태양광 발전과 밀접한 관련이 있다. 스페이스X의 로켓 재사용 기술로 위성 발사 비용이 획기적으로 줄었다. 1킬로그램당 5만 달러에 달했던 발사 비용이 1000달러선으로 감소한 것이다. 스페이스X의 저궤도 인터넷 스타링크도 우주 태양광 발전에 활용할 수 있다. 스페이스X는 스타링크 서비스를 위해 고도 550~1200킬로미터 상공에 수천 개의 인공위성을 이미 띄워놓았다. 이를 활용하면 태양광 발전으로 생산된 전기를 지구로 무선 전송할 때 경로를 더욱 정밀하게 제어할 수 있다.

일론 머스크의 라이벌은
중국이다

글로벌 전력 패권을 둘러싼 경쟁에서 일론 머스크의 가장 강력한 라이벌은 중국이 될 것이다. 중국 국영 전력회사인 국가전망공사SGCC는 특고압직류송전UHVDC, Ultra High-Voltage Direct Current 기술을 이미 개발한 상태다. 중국은 동서 지역 간 에너지 불균형, 석탄 중심 발전에서 친환경 에너지로의 전환, 글로벌 전력 패권 장악 등을 이유로 UHVDC 기술에 일찌감치 투자해 왔다.

중국은 우선 친환경 발전의 공간 차이 문제를 해결해야 했다. 중국은 신장, 칭하이, 내몽골, 티베트 등 서부 지역에 풍부한 태양광 · 풍력 · 수력 에너지를 보유하고 있다. 하지만 전력을 주로 소비하는 건 상하이, 광저우, 베이징, 선전 등 동부 지역이다.

중국 내 전력 소비가 증가하면서 석탄 소비가 증가해 대기오염 문제가 날로 심각해지는 것도 초장거리 송전망 기술 개발을 서둘렀던 이유다.

중국은 UHVDC 기술을 바탕으로 아시아, 아프리카, 유럽까지 전력을 연결하는 '글로벌 에너지 네트워크GEIDCO' 구상을 추진 중이다. 이를 통해 국제 전력망 시장에서 중국의 기술력과 영향력을 확대하려는 전략이다.

중국은 칭하이-허난(1562km), 신장-장쑤(3324km), 티베트-쓰촨(1600km) 등에서 현재 세계에서 가장 긴 UHVDC망을 구축하고 있다. UHVDC 기술로 전력 손실률을 10% 미만으로 줄였다.

중국은 우주 태양광 발전 기술 확보를 위한 투자에도 박차를 가하고 있다. 2021년 6월 충칭시 비산에 1억 위안(약 180억 원)을 들여 실험용 우주태양광발전소를 건립했다. 실험용 발전소는 실제 태양광 발전용 인공위성을 띄우기 전 무선 전송 시스템 등의 기술을 시험하기 위한 시설이다. 중국은 2030년 전에 우주 태양광 발전을 시작할 계획이다.

석유를 대체할
차세대 에너지원은 전기다

비트코인은 본질적으로 '디지털 전력 저장 장치'다. 전력 패권을 설명하다가 뜬금없이 이 같은 얘기를 하는 건 전력 수요가 기하급수적으로 증가해 전기가 석유를 대체하는 지배적인 에너지가 됐을 때 비트코인이 기축통화가 될 가능성을 설명하기 위해서다.

앞서 언급한 대로 친환경 발전은 시간과 공간 차이 문제가 불가피하다. 남은 전기로 비트코인을 채굴한 뒤 글로벌 전력 거래소에서 필요할 때 비트코인으로 전기를 사는 경우 두 가지 문제를 동시에 해결할 수 있다.

미국 텍사스에서는 이런 시도들이 실제로 이뤄지고 있다. 텍사스는 태양광과 풍력이 풍부해 신재생 에너지로 생산된 전력이 남아돈다. 이 때문에 전력 소비가 적어 전기료가 저렴한 낮 시간대를 활용하려는 채굴 업체들이 모여들고 있다. 이들은 낮에는 채굴기를 돌리다가 저녁에 일정 수준 이상 전력 수요가 발생하면 채굴기를 자동으로 멈추는 시스템을 가동한다. 텍사스주 정부는 주 전력망 부하 감소 시스템을 설치하거나, 폐가스를 활용하는 채굴 업체에는 세제 혜택을 주고 있다. 실제 대표적인 글로벌 채굴 업체인 라이엇 플랫폼스와 마라톤 디지털 홀딩스는 텍사스에서 부하 감소 시스템을 활용한 비트코인 채굴 사업을 진행 중이다. 세계 최대 석유 기업 엑손모빌ExxonMobil은 석유 시추 과정에서 발생하는 폐가스를 활용한 비트코인 채굴 사업을 시작했다.

생산 비용은 가격을 결정하는 주요 변수다. 생산 비용 밑으로 팔려는 공급자는 없기 때문에 가격은 불가피한 경우가 아니면 생산 비용보다 비싼 수준에서 유지된다. 비트코인 채굴 비용이 대부분 전기료라는 점을 감안할 때 비트코인 가격은 생산에 들어간 전기료 밑으로 떨어지기 힘들다. 비트코인은 태생적으로 전기의 가치를 저장하는 운명을 타고난 셈이다.

유럽의 가상자산 투자 업체 코인셰어스CoinShares의 보고서에 따르면 2024년 3분기 기준 미국 나스닥에 상장된 채굴 기업의 비트코인 개당 채굴 단가는 평균 5만 5900달러다.

2025년 2월 기준 비트코인 시세가 개당 10만 달러 안팎이라는 점을 감안하면 수익률은 100% 정도다. 이는 금의 채굴 수익률과 거의 같은 수준이다. 금 시세는 트로이온스당 2000달러 안팎이고, 채굴 단가는 1000달러 정도다.

반감기를 감안할 때 채굴 단가는 4년마다 두 배가 된다. 2028년이 지나면 비트코인 하나를 채굴하는 데 10만 달러가 넘게 들어간다는 뜻이고, 이는 비트코인 가격이 그 밑으로 떨어지기 힘들다는 의미이기도 하다. 전기료와 인건비 등 생산 비용이 일정하다고 해도 2032년에는 비트코인 채굴 단가가 20만 달러, 2036년이면 40만 달러가 될 것이다.

마이클 세일러가
비트코인에 '올인'한 이유

"언제 비트코인을 사는 게 좋을까?"라고 이 사람에게 묻는다면 "매일매일이 비트코인을 사기 좋은 날"이라는 대답이 돌아올 것이다. 그는 "최고가에서 지속적으로 비트코인을 사 모을 것"이라고 했다.

주인공은 비즈니스 인텔리전스BI 및 모바일 소프트웨어 업체 스트레티지(전 마이크로스트레티지, 이후 현재 사명으로 통일)의 공동창립자 겸 회장인 마이클 세일러Michael Saylor다. 마이클 세일러는 비트코인을 이야기할 때 빼놓을 수 없는 인플루언서 중 한 명이다. 그는 특히 비트코인을 기업의 자산으로 편입해 기업 자산 포트폴리오의 혁신을 이끈 인물로 평가받는다.

마이클 세일러의 주도로 스트레티지는 2020년 8월부터 비트코인을 매입하기 시작했다. 8월 11일 공시를 통해 밝힌 최초 매입 규모는 2만 1454BTC였다. 이후 매입을 계속해 2025년 3월 현재 스트레티지의 비트코인 보유 수량은 50만 BTC를 넘어섰다.

비트코인은 어떻게 기업의 자산이 되었나

1965년생인 마이클 세일러는 MIT에서 항공우주공학을 전공했다. 1989년 대학 졸업 후 MIT 동문 산주 반살Sanju Bansal과 함께 스트레티지를 창업했다. 1998년 스트레티지가 나스닥에 상장된 다음 해 IT 관련주들의 주가가 급등하면서 마이클 세일러는 당시 평가액으로 100억 달러 이상의 자산을 가진 부자가 됐다.

2000년 이후 닷컴 버블이 붕괴하면서 스트레티지 주가가 90% 이상 급락하는 와중에 회계 부정 의혹에 휘말리면서 우여곡절을 겪게 된다. 2010년 이후 크라우드와 AI 관련 서비스로 스트레티지의 주가는 다시 상승 곡선을 그렸다. 하지만 2020년 코로나19 팬데믹으로 미국 증시가 붕괴하고 마이클 세일러는 막대한 주식 평가손실을 경험했다. 당시 연준의 돈 풀기로 인플레이션 우려가 고조되면서 마이클 세일러의 관심은 자산 가치를 보존하는 것에 집중됐다.

마이클 세일러가 비트코인을 알게 된 건 오랜 친구이자 모건스탠리Morgan Stanley 채권 트레이더 출신인 에릭 와이스Eric Weiss를 통해서였다. 처음 비트코인에 관해 설명을 들은 건 2020년보다 훨씬 전인데, 코로나19 팬데믹으로 자산 가치 보존에 관심이 커지면서 비트코인을 재조명하는 계기가 됐다고 한다. 그는 비트코인을 다시 공부한 뒤 '디지털 금'으로서 비트코인이 가진 희소성과 그로 인해 가격이 장기 우상향일 것이라는 점에 매료됐다.

마이클 세일러는 회사 차원에서 비트코인을 처음 매입한 지 두 달 만인 2020년 10월에 개인 자산으로 약 1억 7520만 달러를 투자해 비트코인 1만 7732개를 매입했다. 2020년 5월 반감기 이후 비트코인 가격이 급등세를 타기 시작하고 한 달 정도가 지난 시점이다. 이후 2021년 11월 비트코인 가격이 6만 9000달러로 사상 최고치를 경신하면서 스트레티지는 물론 마이클 세일러 개인 자산도 막대한 평가이익을 보게 된다.

이런 경험을 통해 비트코인에 대한 마이클 세일러의 신념은 마치 신앙처럼 굳어졌다. 이후 그가 쏟아낸 발언들을 보면 마이클 세일러가 비트코인에 얼마나 진심인지 알 수 있다. 마이클 세일러는 2024년 12월 소셜미디어를 통해 자신을 묘사한 AI 생성 이미지와 함께 "우리는 비트코인의 아들들We are The Sons of Bitcoin"이라는 메시지를 남겨 비트코이너들의 열렬한 지지를 받았다. 앞서 한 팟캐스트에 출연해 "비트코인이 '경제적 불멸'을 제공하며, 장기적으로 코인당 1000만 달러에 이를 것"이라고 주장하기도 했다.

스트레티지는 보유 현금 활용, 회사채 발행, 유상 증자 등 다양한 방식으로 줄기차게 비트코인을 매입하고 있다. 실제 2024년 3월엔 6억 달러 규모의 전환사채를 발행해 비트코인을 매입했다. 2025년

— 마이클 세일러는 엑스에 꾸준히 비트코인을 찬양하는 말들을 사진과 함께 올리고 있다. 2025년 3월에는 "비트코인은 디지털 에너지 네트워크다"라고 했다. © Michael Saylor

1월엔 우선주 250만 주를 발행해 1만 107BTC를 약 11억 달러에 매입했다. 앞서 2024년 10월에도 신주 발행으로 2138BTC를 매입했다.

마이클 세일러는 비트코인을 지속적으로 매입하는 이유에 대해 "현금을 보유하면 가치는 계속 떨어지지만, 비트코인은 가치가 상승할 것"이라고 설명했다.

스트레티지는 비트코인 매입으로 주가가 2020년 8월 100달러를 밑돌다 2025년 2월 3일 종가 기준 347.09달러로 급등했다. 비트코인 가격이 급등한 2024년 한 해 동안만 주가가 여덟 배가량 폭등했다. 2024년 12월 비트코인의 평가이익도 재무제표에 반영할 수 있도록 화폐 기준이 바뀌면서 비트코인 가격 상승이 주가에 직접적인 영향을 줄 수 있게 됐다. 이전 회계 방식에서 비트코인은 브랜드와 같은 무형자산으로 간주돼 평가손실은 손상차손으로 인식해야 하는 반면 평가이익은 반영할 수 없었다.

일론 머스크는 사고 빌 게이츠는 사지 않는 이유

비트코인을 자산으로 보유하는 것이 주가에 어떤 영향을 주는지 스트레티지를 통해 알게 된 후 이 같은 전략을 따르려는 기업들이 늘고 있다.

일본 벤처캐피털 업체인 메타플래닛Metaplanet은 2024년 5월부터 비트코인을 전략적 투자자산으로 매입하기 시작해 2024년 12월 기준 1762BTC를 보유하고 있다. 이 회사는 2025년 말까지 보유량을 1만 BTC까지 늘릴 계획이다. 게임 회사 넥슨도 2021년 1717BTC를 매입했다.

매그니피센트 7을 비롯한 미국 빅테크의 경우 주주들이 비트코인을 보유하라고 경영진에 요구하는 사례도 있다. 실제 MS의 경우 보수 성향의 싱크탱크인 국립공공정책연구소는 현금 및 현금성 자산의 1%를 비트코인에 투자할 것을 주주제안 형식으로 요구했다. MS가 가진 현금 및 현금성 자산은 2024년 12월 말 기준 총 1831억 달러로, 이 중 1%만 해도 18억 달러가 넘는다. 대략 1만 8000BTC를 매입할 수 있는 금액이다.

국립공공정책연구소가 MS에 비트코인에 전략적인 투자를 제안한 주된 이유는 인플레이션 헤징이다. MS의 현금 및 현금성 자산은 매년 큰 폭으로 증가하는데, 코로나19 팬데믹 이후 인플레이션 문제가 부각되고 있는 상황을 고려한 것이다. 2024년 미국 소비자물가가 2.9% 상승했다. 1831억 달러를 현금으로 그대로 보유했다면 53억 달러의 구매력이 감소한 셈이다.

MS는 2024년 12월 주주총회를 열고 비트코인 보유 여부를 논의했지만, 과반의 찬성을 얻지 못해 부결됐다. 이사회가 비트코인 보유에 반대해 달라고 권고했기 때문이다. 이사회는 비트코인이 변동성이 커서 자산으로 매입할 경우 재무 안정성을 해칠 수 있다고 우려했다.

특히 MS의 공동창립자인 빌 게이츠**Bill Gates**는 비트코인에 부정적이다. 빌 게이츠는 2025년 2월 자서전 《소스 코드》 출간에 맞춰 진행한 《뉴욕타임스》와의 인터뷰에서 "비트코인은 내재가치가 없으며 단지 투기적 자산에 불과하다"라며 "비트코인은 아무것도 생산하지 않으며 단지 '더 큰 바보 이론'에 기반한 투자일 뿐"이라고 했다. 여기서 더 큰 바보 이론**Greater Fool Theory**이란 자산 가격이 내재가치보다 비싸도 나중에 더 큰 바보가 사줄 것이라고 믿고 투자하는 형태를 말한다.

컴퓨터 운영체계로 세계 최고의 갑부 중 한 명이 됐고, AI 산업에 막대한 투자를 하고 있는 빌 게이츠가 거래 데이터인 비트코인에 내재가치가 없다고 말하는 건 어불성설이 아닐까.

빌 게이츠는 일론 머스크와 테슬라가 비트코인에 투자한 것과 관련해 "일론 머스크와 테슬라가 비트코인에 투자한다고 해서 일반 투자자들이 그를 따라야 하는 것은 아니다. 머스크보다 재산이 적다면 투자를 조심해야 한다"라고도 했다. 빌 게이츠가 비트코인 투자에 부정적인 건 아마도 일론 머스크보다 재산이 적어서인 것 같다.

공공정책연구소는 아마존에도 자산의 최소 5%를 비트코인에 투자하라는 내용의 주주제안을 보낸 상태다. 이와 관련해 2025년 4월에 열릴 예정인 아마존 주주총회의 결과가 주목된다.

아마존 창립자인 제프 베이조스Jeff Bezos는 비트코인에 대해 직접적인 언급을 한 적은 없다. 하지만 그의 행보를 보면 비트코인에 관심이 있다고 생각할 만한 근거들이 있다. 그의 개인투자회사 베이조스 익스페디션Bezos Expeditions이 지원하는 콜롬비아의 온라인 부동산 업체 라 하우스La Haus가 비트코인 결제로 부동산 거래를 한 적이 있다. 2023년 6월엔 제프 베이조스와 그의 약혼녀 로렌 산체스가 마이클 세일러와 함께 저녁 행사에 참석한 모습이 포착되기도 했다.

비트코인 현물 ETF 상품을 운용하는 블랙록이나 뱅가드, 피델리티 등이 매그니피센트 7 각 기업의 지분을 10% 이상 보유하고 있다는 점도 빅테크의 비트코인 투자에 간접적인 영향을 줄 수 있다.

블랙록은 2024년 1분기 기준으로 애플(6.4%), MS(7.28%), 알파벳(5.12%), 아마존(4.89%), 메타(4.56%), 테슬라(3.78%) 등을 보유하고 있다. 뱅가드도 애플(7.45%), MS(8.12%), 알파벳(6.78%), 아마존(6.45%), 메타(6.12%), 테슬라(5.89%) 등을 갖고 있다.

이들의 투자는 대부분 패시브passive 투자여서 적극적인 주주제안을 하지는 않을 것으로 보인다. 패시브 투자는 시장 평균 수익률을 목표로 장기 보유를 하는 투자 방식이다. S&P500지수에 투자하는 게 대표적이다. 이들은 행동주의 펀드 같은 액티브active 투자에 비해 경영에 적극적으로 개입하지는 않는다. 하지만 이들이 각 기업 이사회와 소통하는 과정에서 개별 이사들의 생각이 달라질 수도 있다는 점은 배제할 수 없다.

사토시보다 비트코인을
더 많이 가진 세력

미국 SEC가 2024년 1월 비트코인 현물 ETF 상장을 승인한 이후 비트코인에 대한 기관투자가 가속화하고 있다. 비트코인 현물 ETF가 기관투자를 가로막았던 규제, 세제, 회계 등의 문제를 해소했기 때문이다.

디지털 자산 시장 분석 업체 K33 리서치의 보고서에 따르면, 2024년 12월 기준 비트코인 현물 ETF의 운용자산AUM은 1292억 5000만 달러로, 금 현물 ETF의 AUM인 1288억 8000만 달러를 넘어섰다. 특히 비트코인 대통령을 자임한 도널드 트럼프가 대선에서 승리한 2024년 11월 한 달 동안 비트코인 현물 ETF는 총 7만 1570BTC를 매입, 역대 최대 월간 유입량을 기록했다.

정확한 데이터가 공개되지는 않았지만 비트코인 현물 ETF 운용 자산의 50%가량이 기관투자인 것으로 업계는 추산하고 있다. 기관 투자자들은 2024년에만 85만 9454BTC를 매수한 것으로 추산됐으며, 이는 비트코인 전체 공급량의 4.3%에 해당한다.

ETF 상품 운용 업체별로 보면 블랙록이 52만 1164BTC를 보유해 보유량 1위다. 이어 그레이스케일이 21만 4217BTC, 피델리티가 19만 9183BTC를 각각 보유 중이다. 운용사들의 비트코인 보유량을 모두 합하면 사토시 나카모토의 추정 보유량인 약 110만 BTC보다 많다.

티커 (Ticker)	비트코인 현물 ETF	운용사	운용자산 (AUM)	수수료
IBIT	iShares Bitcoin Trust ETF	블랙록	$48.24B	0.25%
FBTC	Fidelity Wise Origin Bitcoin Fund	피델리티	$16.32B	0.25%
GBTC	Grayscale Bitcoin Trust ETF	그레이스케일	$15.94B	1.50%
BTC	Grayscale Bitcoin Mini Trust ETF	그레이스케일	$4.05B	0.15%
ARKB	ARK 21Shares Bitcoin ETF	아크 인베스트먼트, 21셰어스	$4B	0.21%
BITB	Bitwise Bitcoin ETF	비트와이즈	$3.15B	0.20%
HODL	VanEck Bitcoin ETF	반에크	$1.18B	–
BRRR	Coinshares Valkyrie Bitcoin Fund	발키리	$496.39M	0.25%
BTCO	Invesco Galaxy Bitcoin ETF	인베스코, 갤럭시	$436.19M	0.39%
EZBC	Franklin Bitcoin ETF	프랭클린템플턴	$414.51M	0.19%
BTCW	WisdomTree Bitcoin Fund	위즈덤트리	$185.2M	0.30%

운용 자산 규모가 가장 큰 블랙록의 아이셰어즈 비트코인 트러스트 ETF^{IBIT}는 2025년 3월 기준 약 480억 달러의 자산을 운용하고 있다. 2024년 11월 미국 대선 이후엔 하루 동안만 10억 달러 이상이 유입된 적도 있다.

비트코인 현물 ETF 출시 이후 기관들의 비트코인 투자가 급증한 것은 규제기관인 SEC가 승인한 펀드 상품이기 때문이다.

ETF 상품 출시 전까지 기관이 비트코인에 투자하는 방법은 장외거래^{OTC}를 통해 매입한 뒤 개인지갑에 보관하는 것이었다. 거래소는 기관이 원하는 만큼의 물량을 소화하기 어려웠기 때문이다. 이보다 기관투자자는 매입 상품을 장부에 '자산'으로 적어야 하는데 코인베이스나 바이낸스^{Binance} 등 기존 거래소 계좌는 자산으로 적을 수가 없었다.

더구나 거래소 계좌는 해킹의 위험이 있고, 거래소가 파산할 경우 투자자 보호가 불가능했다. 실제로 마운트곡스 해킹 사건이나 FTX 파산 때 투자자들은 자금을 돌려받을 수 없었다. 법적인 지위가 불명확했던 것이다.

현물 ETF는 증권 상품이기 때문에 나스닥에서 거래된다. 회계 문제가 없고, 급격한 가격 변동 없이 기존 거래소보다 적은 비용으로 대규모 거래가 가능하다. SEC의 규제 아래 투자자도 보호받을 수 있다.

연기금이 비트코인 시장에
뛰어든다면

기관투자자 중 비트코인 투자 비중이 가장 높은 부문은 헤지펀드다. 대표적으로 밀레니엄 매니지먼트Millennium Management, LLC가 약 11억 5000만 달러를 투자했다. 월가의 대표적 투자은행인 골드만삭스Goldman Sachs와 모건스탠리도 현물 ETF에 각각 6억 달러 이상을 투자했다. 미시간주와 위스콘신주 연기금도 아크 인베스트먼트Ark Investment와 블랙록의 ETF 상품에 1억 달러가량을 투자했다.

피델리티와 포어스올ForUsAll 같은 401k 제공 업체들도 2024년 말부터 잔액의 일정 부분을 비트코인에 투자할 수 있는 옵션을 제공하고 있다. 401k는 미국에서 가장 널리 사용되는 퇴직연금 계좌로, 근로자들이 은퇴 후를 대비해 세금 혜택을 받으며 저축하고 투자할 수 있는 제도다. 관련 법 조항인 미국 세법 401조 k항에서 따온 이름이다. 근로자와 기업이 일대일 매칭으로 납입하며 단순 저축이 아니라 계좌 안에서 주식, 채권, ETF, 뮤추얼펀드Mutual fund 등 다양한 금융 상품에 투자해 수익을 낼 수 있다.

401k 제공 업체들이 비트코인 투자 옵션을 제공하는 것에 비트코인 투자자들이 주목하는 이유는 자금의 규모 때문이다. 최근 미국 증시의 상승세를 고려할 때 401k의 계좌 총잔고는 7조 4100억 달러로 추정된다. 비트코인 시가총액이 약 2조 달러인 점을 감안하면 엄청난 규모다.

국부펀드가 비트코인에 투자할 가능성도 커지고 있다. 노르웨이 국부펀드 '노르웨이 정부연기금'은 현재 스트레티지, 코인베이스, 라이엇 플랫폼스와 같은 비트코인 관련 기업에 대한 지분 투자를 통해 비트코인에 간접적으로 투자하고 있다.

하지만 현물 ETF 상품이 출시되면서 각국 국부펀드가 비트코인에 직접 투자하는 방안을 검토 중인 것으로 전해졌다. 래리 핑크 블랙록 회장은 최근 다보스 포럼Davos Forum(세계경제포럼WEF)에서 "국부펀드들이 자산의 2%를 투자할지 5%를 투자할지 문의해 오고 있다"라며 "국부펀드의 비트코인 투자 비중이 2~5%로 늘어날 경우 비트코인 가격이 최대 70만 달러까지 상승할 수 있다"라고 전망했다. 그는 "비트코인이 실제 거래 수단으로 활용될 수 있다"라고도 했다.

비트코인에 대한 기관투자가 증가하면서 기존 장외거래와 개인 지갑을 이용하는 투자도 덩달아 급증하는 추세다. 암호화폐 정보 업체인 크립토퀀트CryptoQuant에 따르면 2024년 8월 한 달 동안 장외거래소에 거래를 위해 대기 중인 비트코인 물량이 5월에 비해 70% 증가한 총 36만 8000BTC에 달했다. 이는 2022년 6월 이후 월별 대기량으로는 최대치다.

기관의 투자는 성향과 규모 면에서 개인과는 크게 다르므로 비트코인 생태계가 이전과는 다른 양상으로 발전될 가능성이 크다. 기관이 비트코인에 투자하는 이유는 포트폴리오를 다양화하고, 인플레이션을 헤징하려는 목적이 강하다. 투자 규모도 개인과는 비교할 수 없을 정도로 크다. 이는 대규모로 매입한 뒤 장기 보유하는 경우가 많다는 의미다.

기관이 비트코인 가격을 끌어올리고, 지지하는 역할을 하게 될 것으로 기대하면서 비트코인이 예전처럼 큰 폭의 조정을 받지 않으리라는 낙관론도 나온다. 보통 반감기가 지나고 1년 뒤 상승장이 오고, 2년 뒤 조정장이 왔던 기존 반감기 패턴이 깨질 수 있다는 시각이다.

예를 들어 블랙록이 ETF 운용을 위해 7만 달러 선에서 대량 매입을 했다면 비트코인 가격이 7만 달러 선에 근접할 경우 가격을 지지하기 위해 추가 매입할 가능성이 크다는 것이다.

비트코인 가격을 결정할
중동의 왕자들

비트코인의 영웅 서사에서 무함마드 빈 살만Mohammed bin Salman 사우디아라비아 왕세자도 결정적인 조력자가 될 가능성이 크다. 빈 살만은 사우디아라비아의 경제를 탈석유화 구조로 바꾸는 과정에서 비트코인으로 대변되는 암호화폐를 적극 활용할 계획이기 때문이다. 중동의 오일머니oil money는 현재 기축통화 시스템인 페트로달러Petrodollar 체제와 밀접한 관련이 있어 주요 산유국 왕세자인 빈 살만의 이 같은 구상은 달러 패권에도 적잖은 영향을 줄 전망이다.

빈 살만이 2016년에 밝힌 '비전 2030'은 사우디아라비아의 경제 구조를 2030년까지 탈석유화하겠다는 것이다. 쉽게 말해 석유 팔아서 먹고사는 시대를 끝내겠다는 의미다.

대외경제정책연구원KIEF 등의 자료에 따르면 2023년 사우디아라비아의 GDP에서 석유가 차지하는 비중은 50.1%로 전년보다 4.4%P 줄었다. 이런 추세라면 2024년엔 이 비중이 50% 미만으로 떨어졌을 것으로 추산된다. 오일쇼크 직후인 1980년대엔 석유가 GDP에서 차지하는 비중이 60%를 웃돌았다.

'비전 2030' 구상의 핵심은 네옴시티NEOM city 건설 사업이다. 네옴시티는 금융과 엔터테인먼트 산업을 중심으로 한 사우디아라비아의 미래형 스마트시티 프로젝트다. 사우디아라비아 북서부 홍해 연안에 서울의 약 44배 면적으로 건설되며, 5000억 달러(약 670조 원)가 투입된다. 주거지 중심의 더 라인The Line, 세계 최대 부유식 산업단지 옥사곤Oxagon, 실내 겨울 스포츠 관광 단지 트로제나Trojena, 초호화 리조트 신다라Sindalah 등 총 네 가지 테마로 구성된다. 로봇과 AI가 도시를 운영하며, 100% 친환경 방식으로 에너지를 공급할 예정이다.

사우디아라비아 국부펀드인 공공투자펀드PIF가 사업을 총괄하며 블랙록이 인프라 투자 협력사로 참여한다. JP모건과 모건스탠리가 금융 조달을 맡았다. 삼성물산과 현대건설 등이 스마트시티의 시공사다.

네옴시티는 사우디아라비아의 화폐인 리얄이나 달러를 쓰지 않는 100% 디지털 결제 시스템을 도입할 예정이다. 이 프로젝트를 맡은 블록체인 기술 기업인 메타앤Meta.N은 자체 개발한 블록체인 기술 하이퍼 넥스Hyper NEX를 활용해 석유 기반의 스테이블코인을 발행할 계획이다. 네옴시티 전용 암호화폐가 발행되는 것이다.

— 사우디아라비아 비전 2030의 핵심인 네옴시티의 각 구역을 예상한 조감도. © NEOM

중동이 선택한
차세대 석유

두바이 왕세자인 함단 빈 모하메드 알막툼Hamdan bin Mohammed Al Maktoum도 빈 살만 못지않게 탈석유화에 진심이다. 함단 왕세자는 두바이를 세계 최초의 블록체인 기반 도시로 만들겠다는 야심 찬 계획을 추진 중이다. '두바이 블록체인 전략'은 블록체인 기술을 활용해 정부를 효율화하고, 관련 산업을 창출하며, 이를 통해 두바이가 블록체인 산업의 주도권을 확보하겠다는 전략이다.

이 프로젝트를 통해 함단은 두바이 정부 거래의 50% 이상을 블록체인 기반으로 전환할 계획이다. 2030년까지 두바이에 1000개 이상의 블록체인 관련 기업을 유치함으로써 4만 개의 관련 일자리를 창출하겠다는 목표를 세웠다. 이를 위해 두바이는 암호화폐 거래와 관련된 세제 혜택을 줄 방침이다.

이와 관련된 핵심 사업 중 하나가 크립토 타워Crypto Tower 건설 프로젝트다. 크립토 타워는 주메이라 레이크 타워JLT 지역에 위치하며, 총 17층 규모로 건설된다. 블록체인, 암호화폐, AI 스타트업이 입주하는 블록체인 및 웹3 산업의 글로벌 허브로 설계됐다.

두바이의 부동산 개발 업체인 다막 그룹DAMAC Group이 두바이 블록체인 전략과 관련해 적극적으로 사업을 펼치고 있다. 다막 그룹은 블록체인 플랫폼 만트라MANTRA와 협력, 최소 10억 달러 규모의 자산을 토큰화하는 계약을 체결했다. 이에 앞서 2022년엔 비트코인과 이더리움 결제 시스템을 도입하면서 주목을 받았다. 총 1억 달러를 투자해 메타버스상에 디지털 도시를 건설하는 D-랩스D-Labs 프로젝트를 발표하기도 했다.

일론 머스크의 아버지인 에롤 머스크Errol Musk도 두바이 블록체인 전략 프로젝트에 발을 담그고 있다. 머스크 연구소의 설립자인 에롤 머스크는 두바이에 글로벌 블록체인 산업 허브 구축을 목표로 한 머스크 타워Musk Tower 건설 프로젝트를 추진 중이다. 타워 중심에 머스크 연구소가 들어서며 머스크잇MUSKIT 토큰이 공식 암호화폐로 활용될 예정이다.

2024년 10월 두바이에서 열린 '블록체인 라이프 2024 포럼'은 전 세계의 산업 리더, 기업가, 투자자들이 모여 디지털 금융 분야의 혁신을 논의하는 자리였다. 이번 포럼엔 테더**Tether**의 CEO인 파올로 아르도이노**Paolo Ardoino**, 애니모카 브랜즈**Animoca Brands**의 공동창립자 얏 시우**Yat Siu**, 레저**Ledger**의 CEO 파스칼 고티에**Pascal Gauthier** 등 다양한 업계 리더들이 참석했다.

거대 자본 오일머니가
크립토 시장에 몰려온다

비트코인 투자와 관련해 오일머니의 향방에 관심을 쏟는 건 일단 그 규모가 막대하기 때문이다. 아랍에미리트**UAE**의 무바달라**Mubadala**와 아부다비투자청**ADIA**은 각각 3020억 달러와 1조 달러 규모의 자산을 운용하고 있다. 사우디아라비아 공공투자펀드**PIF**도 운용자산이 1조 달러에 육박한다. 달러는 발행량이 늘어나는 인플레이션 화폐여서 많이 보유할수록 손해다. 중동 왕세자들이 암호화폐에 진심인 건 비트코인이나 스테이블코인이 인플레이션 문제를 해결해 줄 탈출구이기 때문이다.

오일머니가 비트코인에 본격적으로 투자된다면 페트로달러 시스템에도 적잖은 영향을 미칠 수 있다. 빈 살만이 석유 기반 스테이블코인을 발행하겠다는 건 사실상 석유 결제를 달러에서 암호화폐로 바꾸겠다는 의미다. 석유 기반 스테이블코인은 석유 현물이나 선물 계약을 담보로 발행되기 때문에 석유의 가치를 가장 잘 반영할 수 있다. 예를 들어 석유 1배럴을 1코인으로 연동해 놓을 경우 석유 가격 변동에 상관없이 석유를 결제하는 가장 좋은 수단이 된다. 인플레이션 문제를 헤징할 수 있는 것이다.

석유 기반 스테이블코인은 세계 최대 석유 수입국인 중국이나, 석유 수출국인 러시아 입장에서도 상당히 매력적인 결제 수단이다. 달러는 결제망을 미국이 장악하고 있지만, 블록체인 기반의 암호화폐는 탈중앙화 금융DeFI 시스템으로 안전하다. 달러보다 투명하고 빠른 거래가 가능하다는 것도 장점이다.

3장

트럼프는 왜 비트코인
대통령이 되었나

페트로달러 시스템의 붕괴

도널드 트럼프 대통령은 비트코인의 영웅 서사에서 가장 강력한 조력자로 등장한다. 비트코인은 페트로달러라는 구체제의 모순에서 태동했다. 바로 이 점이 트럼프와 비트코인의 운명적인 만남을 가능케 한 이유다. 트럼프는 미국 제조업을 몰락시킨 페트로달러 체제, 즉 세계화의 종식을 선언하며 미국인의 강력한 지지를 끌어냈다. 이번 장에서는 먼저 페트로달러 체제의 구조적인 문제점을 이해하고, 트럼프와 비트코인의 만남으로 이뤄질 미래의 변화를 예측해 보자.

결론부터 말하면 페트로달러 체제는 '인플레이션'과 '중앙 통제'라는 치명적인 문제를 갖고 있다. 인플레이션을 물가 상승이라고 해석하는 건 그 본질을 왜곡하려는 사기다. 물가 상승은 인플레이션의 수많은 결과 중 하나일 뿐이다. 인플레이션은 화폐가치의 하락이며, 그 원인은 전적으로 화폐량의 증가다.

페트로달러 시스템의 원형은 1944년 체결된 브레턴우즈 협정에서 만들어졌다. 페트로달러 시스템이 석유를 살 수 있는 유일한 돈으로서 달러의 기축통화 패권을 유지시켰다면, 브레턴우즈 협정은 금으로 교환되는 유일한 화폐로서 달러를 기축통화의 왕좌에 올린 국제간 합의였다.

2차 세계대전 종전 직전인 1944년 7월, 미국 뉴햄프셔주 브레턴우즈 호텔에서 44개국 대표가 모여 2차 세계대전 이후의 국제 경제 질서를 설계했다. 미국 달러를 기축통화로 하는 새로운 국제 통화 시스템을 구축하는 게 협정의 핵심 내용이다.

— 1944년 7월 브레턴우즈 회의 당시 모습. © Abe Fox

구체적으로 금은 달러로만 교환할 수 있도록 했으며, 교환 비율은 금 1트로이온스당 1달러였다. 다른 나라의 화폐는 달러와의 일정 비율로 가치를 고정했다. 영국 파운드나 독일 마르크, 프랑스 프랑을 금으로 바꾸려면 일단 달러와 교환해야 한다는 체계를 만든 것이다. 두 번의 세계대전과 1930년대 대공황을 겪는 동안 미국이 세계 금의 70%를 보유하게 되면서 영국 파운드를 몰아내고 달러를 기축통화로 만들려는 미국의 역모가 성공하는 순간이었다.

달러가 세계 경제를 지배하게 된 과정

16~18세기에는 수입은 줄이고 수출을 늘려 금 보유량을 증가시키는 게 국부의 원천이라는 중상주의가 팽배했다. 이는 보호무역주의로 고립주의가 강화되고, 제국주의 열강들의 식민지 수탈로 원성이 고조되는 등의 심각한 문제를 낳았다. 이에 애덤 스미스**Adam Smith**는 《국부론》에서 "국부의 원천은 생산성과 시장의 자유에 달렸다"라고 역설해 산업혁명과 자본주의의 문을 차례로 열었다. 그러나 자본주의가 승리한 21세기에도 국부는 금 보유량 순서라는 뿌리 깊은 인식이 지배하고 있다. 금이 곧 국력인 것이다.

금이 달러를 기축통화로 만들었다면, 그것을 유지시킨 건 원조와 안보 거래였다. 미국은 전후 유럽 경제를 살리기 위해 130억 달러(현재 가치 1500억 달러) 규모의 유럽부흥계획**ERP**, 일명 마셜플랜

Marshall Plan을 시행했다. 또 북대서양조약기구NATO를 창설, 소련의 위협으로부터 유럽의 안전을 보장했다. 달러의 패권을 지키려면 소련에 유럽이라는 시장을 빼앗겨서는 안 됐기 때문이다.

금본위제의 철칙은 금 보유량만큼만 돈을 찍어내야 한다는 것이다. 하지만 인류의 역사를 보면 화폐 발행권을 쥐고 이 규칙을 끝까지 지키는 건 황금알을 낳는 거위를 갖고 배를 가르지 않는 것만큼 어려운 일 같다. 문제는 이 규칙을 어기고도 살아남은 정권은 거의 없었다는 점이다.

마셜플랜과 유럽에 주둔한 미군의 유지 비용, 베트남 전쟁, 복지 정책으로 미국은 달러 발행을 남발했다. 1960년대 중반부터 프랑스 샤를 드골Charles de Gaulle 대통령과 서독 빌리 브란트Willy Brandt 총리가 금본위제의 안정성에 의심을 품기 시작했다.

흔해 빠진 달러를 보유하는 건 위험했기 때문에 드골과 빌리 브란트는 연준에 금을 인출하겠다고 요구했다. 드골이 요구한 금의 양은 약 1500톤으로, 이는 당시 미국이 보유하고 있던 약 8000톤의 19%에 해당했다.

빌리 브란트는 처음엔 마르크의 평가절상을 요구했다. 당시 서독은 라인강의 기적으로 불릴 만큼 경제가 호황이었고 대미 수출이 급증했다. 고정환율제하에서 이런 상황은 미국이 서독에 인플레이션을 수출하는 것과 같은 결과를 가져왔다. 수출 기업들이 받은 달러를 기존 비율로 마르크로 바꾸면서 서독은 벌어들이는 달러가 많아지는 만큼 마르크를 찍어내야 하는 상황이 발생한 것이다.

닉슨 당시 미국 대통령은 빌리 브란트의 요구를 묵살했다. 서독의 요구를 들어줄 경우 달러의 가치 하락을 알게 된 다른 나라들이 도미노식으로 자국 통화의 평가절상을 요구할 것이기 때문이었다. 이는 같은 돈으로 더 많은 금을 인출할 수 있다는 의미였고, 그것은 금본위제와 고정환율제로 유지됐던 달러 패권의 종식을 선언하는 셈이었던 것이다.

닉슨은 미군 철수 카드로 드골과 빌리 브란트를 압박했다. 드골은 나토 탈퇴와 당시 프랑스에 있던 나토 본부를 철거하는 강수로 응수했다. 빌리 브란트도 마르크의 평가절상 요구가 무시되자, 연준에 금 인출을 요구했다.

닉슨은 추가 금 유출을 막기 위해 1971년 브레턴우즈 체제의 종식을 선언했다. 이른바 '닉슨 쇼크Nixon shock'다. 이는 달러를 가져와도 연준이 더 이상 금으로 바꿔주지 않겠다는 의미였다. 고정환율제를 폐지해 당시 무역수지에 따라 달러 가치를 인위적으로 평가절하하기 위한 취지였다. 일단 달러 약세를 감수하고라도 무역적자를 줄여 미국 경제를 살리자는 전략이다.

도널드 트럼프의 미국 우선주의를 보면 기시감이 들지 않는가? 금리를 낮춰 달러 약세를 만들면 수출이 늘어날 것이라는 게 트럼프의 계산이다. 달러 약세는 기축통화 패권에는 부정적이지만, 일단 경제부터 살려야 후일을 도모할 수 있다는 게 트럼프의 생각이다. 물론 무역수지 개선 이후의 계획이 있을 것이다.

닉슨도 마찬가지로 다 계획이 있었다. 닉슨 쇼크라는 무리수를 두면서까지 인위적으로 달러를 평가절하한 건 복안을 갖고 있었기 때문이다. 믿는 구석이 있었던 것이다.

금을 버리고
석유를 선택한 달러

닉슨이 달러에서 금의 사슬을 끊어낸 건 판도라의 상자를 연 것과 다름이 없었다. 역사상 금본위제를 무시하거나 폐지한 국가의 경제는 여지없이 인플레이션이라는 복병을 만났다. 인플레이션은 혁명의 씨앗이었고, 발아할 경우 언제나 정권을 무너뜨렸다. 로마의 몰락이 그랬고, 루이 16세가 기요틴에서 목이 잘린 것도 인플레이션 때문이다. 원나라는 쿠빌라이 칸Kublai Khan이 지폐 사용을 강제하면서 역사의 뒤안길로 사라졌다.

금은 달러의 발행을 제한하는 족쇄이자 가치를 지켜주는 방패였다. 하지만 당장 죽는 것(대량의 금 유출)보다 목숨을 부지하는 것(고정환율제 폐지로 인한 달러 가치 하락)이 상책임은 당연하다. 닉슨은 눈을 질끈 감고 일단 금의 족쇄를 끊을 수밖에 없었다.

하지만 역사에서 벌어질 일은 반드시 벌어진다. 닉슨 쇼크 직후 세계 경제를 기다린 건 사상 유례없는 스태그플레이션Stagflation이었다. 경기가 침체하는 가운데 인플레이션 문제가 심화되는 최악의 상황이 세계 경제를 덮쳤다. 금본위제가 지탱했던 달러의 가치가 폭락하면서 물가가 치솟았다. 물가가 오르자 허리띠를 졸라매야 했던 근로자들이 임금 인상을 요구했다. 생산 비용이 커지고, 다시 물가가 더 올랐다. 소비가 줄고 임금 부담이 커진 기업들의 구조조정으로 실업률이 증가했다.

나쁜 일은 한꺼번에 온다고 했던가. 닉슨 쇼크 당시는 석탄 중심의 에너지 소비 구조가 석유 중심으로 전환되던 때다. 석유 소비는 기하급수적으로 증가하는데 중동 전쟁에서 서방이 이스라엘을 지원한 것에 앙심을 품은 산유국들이 감산이라는 복수의 카드를 꺼내든 것이다. 유가가 배럴당 3달러에서 12달러로 네 배가 됐다.

이 대목에서 당시 미국 국무장관이었던 헨리 키신저Henry Kissinger의 눈부신 활약이 있었다. 외교 달인이었던 헨리 키신저는 사우디아라비아의 파이살Faisal 국왕을 압박해 석유를 달러로만 결제하는 계약을 체결했다. 사우디아라비아가 석유수출국기구OPEC의 만형이었기 때문에 사실상 중동 산유국 모두가 달러만 결제 통화로 받겠다고 한 것과 다름없었다.

페트로달러 계약은 자칫 날개 없는 추락을 할 수 있었던 달러의 가치를 지켜주는 수호천사 역할을 톡톡히 했다. 중국 등 석유 수입국은 석유를 사기 위해 먼저 달러로 환전해야 한다. 중국은 하루 1000만 배럴가량을 대부분 사우디아라비아 등 중동 지역에서 수입한다. 2025년 2월 국제 유가는 배럴당 70달러 정도로 중국의 경우 하루 7억 달러(약 1조 원)의 달러를 매입해야 하는 셈이다. 세계 일일 석유 거래량은 70억 달러다. 하루 거래량만 우리 돈으로 10조 원, 1년이면 3650조 원의 석유가 거래된다. 연간 석유 거래 규모가 우리나라의 6년 예산이다. 막대한 석유 수요가 남발된 달러의 가치를 지탱해 준 것이다.

문제는 석유를 퍼내는 것보다 달러를 찍어내는 게 너무 쉬웠다는 점이다. 닉슨 쇼크 이후 2024년까지 50년간 글로벌 실질 GDP는 일곱 배 늘었는 데 반해, 미국 내 달러 유동성(M2)은 8700억 달러에서 21조 7000억 달러로 25배 증가했다. 글로벌 돈 뿌리기를 하는 과정에서 미국 부채 규모는 36조 달러로, GDP의 124%까지 치솟은 상태다. 인플레이션이 언제 고개를 들어도 전혀 이상하지 않은 게 세계 경제의 현실이다.

THE AGE OF BITCOIN

인플레이션이 부른
빈익빈 부익부

1979년 이란 전쟁 후 2차 오일쇼크로 미국 물가상승률이 10%를 웃도는 지경이 됐다. 당시 지미 카터^{Jimmy Carter} 대통령이 구원투수로 기용한 폴 볼커^{Paul A. Volcker} 연준 의장은 정권 말기인 1980년 3월 기준금리를 사상 최고 수준인 20%까지 끌어올렸다. 인플레이션과의 전쟁은 폴 볼커의 승리로 끝났다. 1982년부터 미국 물가상승률이 10% 밑으로 떨어지며 안정됐다. 하지만 지미 카터는 스태그플레이션에 대한 대중의 분노로 1980년 대선에서 로널드 레이건^{Ronald Reagan}에게 패했다.

폴 볼커는 세계 경제 교과서에 두 가지 교훈을 남겼다. 인플레이션이라는 팬데믹을 잠재울 수 있는 건 고금리라는 극약처방밖에 없다는 게 첫 번째다. 두 번째 교훈은 고금리 처방의 부작용은 금융공황이라는 점이다.

1982년 미국의 물가상승률은 6.3%로 10%대 밑으로 안정됐지만, 고금리로 인해 소비가 둔화되면서 경제성장률이 전후 최저치인 -1.8%를 기록했다. 주택담보대출 금리가 20%대로 급등하면서 부동산 시장이 고꾸라졌다. 할부 판매가 안 되자 GM과 포드Ford Motor Company, 크라이슬러Chrysler 등 빅3 자동차 업체의 판매가 30% 급감했다. 오일쇼크 이후 값싸고 연비 좋은 토요타Toyota와 혼다Honda가 그 자리를 차지하면서 빅3 노동자들이 대량 해고 됐다. 당시 미국 실업률은 10%까지 올랐다. 대공황에 준하는 경기 침체였다. 이때부터 디트로이트Detroit와 시카고Chicago 등 자동차 공업 도시들의 공장

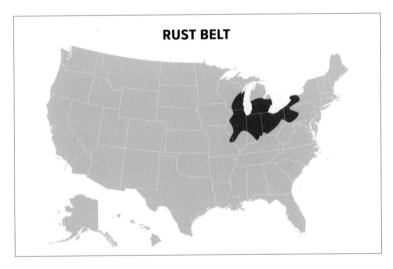

— 러스트 벨트의 위치. 오대호와 애팔래치아 산맥 사이의 공업지대로 펜실베이니아, 오하이오, 미시간, 위스콘신, 일리노이, 인디애나, 웨스트버지니아, 업스테이트 뉴욕 등이 여기에 속한다. © shutterstock

에 녹이 슬기 시작했다. 녹슨 공장이 거대한 벨트를 이루면서 지금의 러스트 벨트^{Rust Belt}가 된 것이다.

2024년 대선에서 조 바이든이 도널드 트럼프에게 패한 것도 인플레이션 때문이다. 투표 직후 CNN 출구 조사에서 응답자의 67%가 "경제 상황이 나빠졌다"라고 응답했다. 2021~2024년 조 바이든 집권 4년간 미국의 누적 인플레이션율은 20%를 웃돌았다. 2022년 한 해만 물가가 9.1% 올랐다.

인플레이션이 도대체 뭐길래 미국의 대통령을 백악관에서 쫓아내기까지 하는 것일까. 실물 경제는 크게 변하지 않는 상황에서 화폐 발행량만 큰 폭으로 증가할 경우 경제에는 도대체 무슨 일이 발생하는 것일까. 이 질문에 대한 대답을 찾는 과정에서 당신은 페트로달러 계약 체결 후 지난 50년간 전 세계 중산층이 하층민으로 몰락했던 이유를 알게 될 것이다.

강남 아파트를 사야 부자가 되는 이유

지금부터 몇 가지 질의응답을 할 것이다. 스무고개라고 생각하면 된다.

질문 하나, 사과 하나와 10달러가 있는 방이 있다. 사과 하나의 가격은 얼마인가? 직관적으로 답하면 된다. 그렇다. 10달러다. 이 방이 세계 경제라고 가정하고, 다음 질문으로 넘어가자.

질문 둘, 사과 하나와 배 하나가 있고, 20달러가 있는 방이 있다. 사과와 배의 가격은 각각 얼마인가? 역시 직관적인 답은 각각 10달러다. 이제 마지막 질문이다.

질문 셋, 두 번째 질문에서 나온 방에 누군가 70달러를 찍어서 뿌렸다. 사과와 배의 가격은 각각 어떻게 되겠는가? 단, 사람들은 사과를 더 좋아하고 방 안에 사과가 하나밖에 없다는 걸 알게 됐다.

이제부터 고민이 될 것이다. 방 안에 총통화량이 90달러가 됐으니 더 많은 사람이 좋아하는 사과값이 더 올라갈 수밖에 없다. 그래서 사과값이 60달러, 배값이 30달러가 됐다. 70달러를 방 안에 뿌리기 전에는 배 하나로 사과 하나를 살 수 있었다. 그런데 70달러를 뿌린 뒤엔 배 하나로 사과는 반쪽밖에 살 수 없게 됐다. 실물 경제는 사과 하나, 배 하나로 변한 게 없는데, 사과를 가진 사람이 더 부자가 된 것이다.

왜 이런 상황이 벌어졌을까? 달라진 점은 누군가 70달러를 찍어서 뿌린 것밖에 없는데 말이다. 이유를 하나 더 찾자면 사람들이 사과를 더 좋아한다는 사실이다. 세 가지 방 질문은 페트로달러 체제에서 지난 50년간 벌어진 일을 요약한 것이다.

1990년대 초중반까지는 서울 강남 대치동 아파트 가격과 강북 상계동 아파트 가격이 비슷했다. 지금은 상계동 아파트 세 채를 팔아야 강남 아파트 한 채를 살까 말까다. 그때나 지금이나 서울 아파트 가구 수는 많이 증가하지 않았다.

왜 강남 아파트를 가진 소수만이 부자가 됐을까. 미국이 달러를 찍어서 뿌렸기 때문이다. 미국이 달러를 찍는 것과 강남 아파트 가격이 무슨 상관이 있냐고 묻는다면 당신은 부동산 투자에 성공할 확률이 낮은 사람이다.

1971년 닉슨 쇼크 이후 세계 경제는 변동환율제였다. 페트로달러 시스템하에서 미국이 지속적으로 달러를 찍었다는 건 한국은행도 그에 맞춰 원화를 찍어야 했다는 뜻이다. 그러지 않으면 원의 가치가 높아져, 즉 원-달러 환율이 떨어져 수출이 줄어들기 때문이다. 한국은행이 금리를 결정할 때 가장 중요하게 생각하는 변수가 미국의 기준금리인 이유다. 미국 기준금리에 맞춰 한국은행이 금리를 조절한다는 건 미국이 달러를 늘리면 한국은행도 원화를 늘리고, 미국이 달러를 줄이면 한국은행도 원화를 줄인다는 뜻이다.

요약하면 닉슨 쇼크 이후 지난 50년간 한국은행도 쉬지 않고 돈을 찍어냈다는 말이다. 다시 한번 기억하자. 사과와 배가 있는 방에 누군가 돈을 찍어서 뿌리면 어떤 일이 생기는지를 말이다.

그렇다면 왜 강남 아파트 가격이 상계동 아파트 가격보다 더 큰 폭으로 오르는 것일까. 사과값이 배값보다 더 오른 이유는 사람들이 사과를 더 좋아하기 때문이다. 사과의 희소성이 배보다 크다는 말이다.

통화량이 늘어날 것을 알면 사람들은 인플레이션을 회피하기 위해 값이 오를 것이라고 예상되는 자산을 산다. 인플레이션을 헤징하는 방법은 값이 더 큰 폭으로 오를 자산을 사는 것이다. 희소한 자산은 값이 더 오를 가능성이 높기 때문에 더 사고, 더 사기 때문에 실제로 값이 더 오른다.

코로나19 팬데믹 이후 경기 침체를 극복하기 위해 주요 국가들의 정부가 찍어서 뿌린 돈이 얼추 20조 달러 정도다. 2024년 글로벌 GDP의 20%가량인 셈이다. S&P500지수는 2024년도에 20% 이상 상승했다. 거품이라는 우려에도 미국 자산으로 전 세계 돈이 몰린 건 인플레이션 헤징에 가장 유리하다고 판단했기 때문이다. AI 등 기술 혁신으로 매그니피센트 7을 필두로 한 미국 기업의 미래 가치가 오를 가능성이 크다고 생각하기 때문이다. 미국이 달러를 계속 찍어댈수록 미국의 상대적인 부는 더 커지는 구조가 된 것이다. 미국이 자국 증시 부양을 위해 달러를 찍을 수도 있다는 말이다. 같은 기간 비트코인 가격이 123% 상승한 것도 같은 이유다.

이런 과정이 반복되면 강남 아파트를 가진 사람은 갈수록 더 부자가 되고, 상계동 아파트를 가진 사람은 상대적으로 더 가난해진다. 집 없는 사람은 오죽할까.

페트로달러 체제 초기엔 열심히 일하는 데 왜 시간이 갈수록 더 가난해지는지 그 이유를 알지 못했다. 영원한 비밀은 없는 법이고, 50년이 지난 지금 가난해진 다수는 그 비밀을 알게 됐고, 부자가 된 소수를 보면 울분을 터뜨리고 싶어지는 지경이 됐다. 혁명의 씨앗이 발아 직전의 상황이 된 것이다.

부자가 더욱 부자가 되는 과정은 반복되어 왔다

비밀이 드러나게 된 계기는 1997년 아시아 외환위기, 2008년 미국발 금융위기, 2020년 코로나19 팬데믹 이후 인플레이션 위기 등 일련의 '인플레이션-금융공황' 위기다.

황금알을 낳는 거위를 갖고 배를 가르지 않을 사람은 없다. 우화에서는 어리석은 욕심쟁이로 묘사되지만, 그것이 인간의 본성에 더 가깝다. 이렇게 단언할 수 있는 건 역사가 그것을 증명하기 때문이다. 1980년대 인플레이션 때 고금리라는 극약처방을 하면 금융공황이라는 부작용이 발생한다는 사실을 학습했음에도, 미국 정부는 돈 찍어내기의 유혹을 뿌리치지 못했다. 그 결과는 10년 주기로 반복되는 금융공황이었다.

2008년 리먼 브러더스 파산 사태가 신호탄이었던 글로벌 금융위기가 대표적이다. 2000년대 초 닷컴 버블 붕괴로 인한 경기 침체를 극복하기 위해 연준은 2004년까지 저금리 기조를 유지했다. 신용이 낮은 사람도 은행에서 저금리로 대출받아 앞다퉈 집을 샀다. 집값은 폭등하고 나만 집을 못 사는 게 아니냐는 공포감에 대출받기 위해 모인 사람들로 은행은 북새통을 이뤘다.

이런 상황에서 연준이 2004년부터 물가 안정을 명분으로 금리를 올리기 시작했다. 대출로 집을 산 사람들은 만기가 도래하면 다른 대출로 갈아타기를 해야 하는데 갑자기 금리가 두 배가 된 것이다. 한 달 이자가 100만 원에서 200만~300만 원으로 늘면 집을 팔아 빚을 갚는 수밖에 없다. 그러니 앞다퉈 집을 내놓기 시작했고 집값이 떨어져 집을 팔아도 대출 원금조차 못 갚는 상황이 벌어졌다. 이 때문에 은행 채권이 부도나고 연쇄도산 사태로 비화된 게 금융위기의 본질이다.

1971년 닉슨 쇼크 이후 세계 경제는 네 차례의 금융위기를 경험했다. 그 과정에서 빈익빈 부익부라는 부작용이 심화하는 것을 모두가 분명히 목격했다. 그런데도 미국의 돈 풀기와 그로 인한 자산 버블, 고금리 폭탄에 의한 자산 붕괴 과정이 반복되는 건 그로 인해 이익을 보는 누군가가 존재하기 때문이다. 그리고 그 이익을 보는 누군가는 현재 상황을 유지할 힘이 있는 게 분명하다. 그러지 않다면 현상은 이미 바뀌었을 것이다.

짐작했겠지만 페트로달러 시스템에서 이익을 보는 누군가는 바로 빈익빈 부익부에서 '부익부' 쪽에 있는 사람들이다. 시간이 갈수록 더 부자가 되는 사람들은 지금 상태가 유지되길 바랄 것이다. 그렇다면 누가 부익부 쪽에 있는 것일까.

일단 달러를 발행해 이익을 보는 연준이다. 연준은 재무부 국채를 받고 달러를 찍어주면서 국채 금리 4~5%에 해당하는 수익을 올린다. 연준과 재무부 사이의 국채-달러 거래는 이보다 좀 복잡한데 일단 이 정도만 알아두자.

연준은 JP모건과 시티뱅크Citibank 등 월가 금융사들이 360억 달러의 자본금을 출자해 만든 주식회사다. 이들은 출자액의 6%를 매년 배당금으로 받는다. 연준이 돈을 찍어내면 1차 대출자인 월가 금융사들이 직접 투자를 하거나 개인 또는 기업 대상의 대출로 돈을 번다. 중앙은행이 돈을 찍어 시중에 흘러 들어갈 때 먼저 대출을 받을수록 이익이 커진다. 이것이 앞서 언급된 캉티용 효과다.

한 부자가 30억 원을 대출받아 반포의 래미안원베일리 한 채를 40억 원에 매입했다. 이후 원베일리 가격은 60억 원으로 상승했다.

이를 뉴스에서 본 사람이 15억 원을 대출받아 분당 파크뷰 한 채를 25억 원에 사서 10억 원의 시세차익을 거두었다. 이런 식으로 강남을 중심으로 아파트 가격이 동심원을 그리며 오르고, 아직 오르지 않은 저렴한 아파트를 찾아 투자할 때쯤이면 이미 전국 아파트값이 올라 있을 것이다. 결국 담보물 가치가 커서 은행 대출이 쉬운 부자들만 갈수록 더 부자가 된다는 의미다.

이런 상황에서 중앙은행이 과열된 부동산 시장을 안정시키겠다고 금리를 올리면 아파트 가격은 거꾸로 용인부터 떨어진다. 파산 신청 순서는 대출 순서와 반대인 것이다. 강남 아파트 가격은 부동산 시장 안정책이 나와도 떨어지지 않는다. 공급에 비해 많은 수요가 가격을 지지하기 때문이다.

99%의 반란, 월가의 판을 바꿔라

부익부 쪽에 서 있는 연준과 월가 금융사, 그리고 자산가들은 페트로달러 시스템이 유지되기를 바란다. 상황이 바뀌는 게 달가울 리 없다. 연준은 중앙은행의 독립성을 명분으로 미국 대통령도 어쩌지 못하는 슈퍼 파워를 갖고 있다. 연준이 주장하는 통화정책의 중립성은 과연 누구를 위한 것일까. 대주주인 월가 금융사들의 이권으로부터 자유로울 수 있을까.

월가 은행들과 미국 선거판까지 움직이는 자산가들은 백악관의 주인마저 바꿀 힘을 갖고 있다. 도널드 트럼프가 2020년 대선에서 조 바이든에게 패했을 때 자산가들의 후원금 액수는 바이든의 20% 수준이었다.

빈익빈 쪽에서 서서히 하층민으로 몰락하는 중산층은 분노가 치밀기 시작했다. 이들의 분노가 폭발한 건 2008년 금융위기 3년 남짓 후인 2011년 9월이다. 이들은 월가 주코티 공원Zuccotti Park에 모여 '월가를 점령하라Occupy Wall Street'를 슬로건으로 내걸고 시위를 벌였다.

2009년 금융위기 당시 미국 정부는 4750억 달러 규모의 구제금융을 실행했다. 구제 대상은 AIG(1820억 달러), 패니메이Fannie Mae와 프레디맥Freddie Mac(1870억 달러) 같은 금융사들이 대부분이고, 할부로 차를 파는 GM과 크라이슬러도 구제금융의 단골 고객이었다. 1000만 명에 이르는 주택 압류 대상자와 450만 명이 넘는 파산 신청자는 구제금융 대상에서 철저히 외면당했다. 정부는 '못 갚을 거면서 누가 대출받으래'라는 식이었다는 게 월가 시위자들의 인식이다. 월가 시위는 미국 사회가 1%와 나머지 99%로 갈라져 있다는 사실을 각인시킨 계기였다.

이러한 페트로달러의 구조적 문제를 간파한 사람이 바로 사토시 나카모토다. 달러를 마음껏 찍을 수 있는 세력이 존재하는 한 이들에 의한 빈익빈 부익부의 양극화는 더욱 심해질 수밖에 없다. 이에 '탈중앙화된 금융'이라는 도발적인 아이디어가 집약된 비트코인을 만든 것이다.

이 같은 상황을 기회로 만들겠다고 생각한 또 다른 사람이 있었다. 그의 이름은 도널드 트럼프다. 1%와 99%로 갈라진 미국 사회에서 도널드 트럼프가 본 것은 99%였다. 부동산 재벌로 1%에 속하는 이가 왜 99%를 눈여겨본 것일까.

도널드 트럼프가 몰락한 중산층의 편에 선 이유는 너무나도 간단하다. 선거는 '50%+1' 표를 얻는 자가 승리하는 수 싸움이다. 그러니 99%라는 절대다수의 지지를 얻는 게 승리에 압도적으로 유리하다는 건 말할 필요도 없다. 이때부터 도널드 트럼프가 대통령이 되기 위해 한 일은 99%의 하층민이 환호하는 대선 전략을 짜는 것이었다.

한 권의 책이
미국 대선의 향방을 바꾸다

미국의 GDP는 2024년 기준 약 27조 7000억 달러로, 세계 경제의 25%를 차지한다. 이 숫자만 놓고 보면 미국은 부자 나라 그 자체다.

그런데 다수 중산층의 실상은 이와는 정반대다. 2009년 1000만 명이 대출을 갚지 못해 집을 압류당하고, 450만 명이 파산 신청을 했으며, 지난 20년간 500만 명의 제조업 노동자가 직장을 잃었다. 한 해 7만 명이 마약 중독으로 고통받으며, 상당수가 객사하는 게 미국의 현주소다. 물론 지금도 월가에서는 수백만 달러의 고액 연봉자들이 록펠러 센터 스테이크 하우스에서 3.5센티미터의 두툼한 스테이크를 시켜놓고 절반을 남겨서 버린다.

도널드 트럼프는 2024년 대선 공약집인 〈어젠다 47〉에서 타도 대상 1호로 '세계화주의자Globalist'를 꼽았다. 그들이 미국 중산층을 몰락시켰다는 이유에서다. 그리고 트럼프는 미국의 명문대학인 와튼스쿨 경제학과 졸업생답게 세계화주의의 사상적 토대가 된 인물들이 애덤 스미스와 데이비드 리카도David Ricardo, 그리고 존 메이너드 케인스John Maynard Keynes 등의 영국 출신 천재 경제학자라는 걸 알고 있다.

미국이 23년간
적자였던 이유

애덤 스미스는 자유시장 경제의 기초를 다진 경제학의 아버지다. 그는 《국부론》에서 '국부'는 생산성 향상과 자유시장에서 나온다고 썼다. 다른 나라보다 절대우위에 있는 상품을 교역하는 게 국부를 늘리는 길이라는 것이다.

데이비드 리카도는 증권사 브로커로 나폴레옹 전쟁 때 채권 투자로 큰돈을 벌었다. 27세 때 친구의 권유로 《국부론》을 읽고 충격을 받아 경제학 공부에 심취하게 됐다. 데이비드 리카도의 유명한 비교우위 이론Comparative Advantage은 그가 45세 때 쓴 《정치경제학과 과세의 원리On the Principles of Political Economy and Taxation》에 나온다. 비교우위 이론은 마음속 스승인 애덤 스미스의 절대우위 이론을 한 단계 발전시킨 것이다.

존 메이너드 케인스는 20세기 경제학의 거장으로 정부 개입을 강조한 케인스학파의 창시자다. 그는 1936년 자신의 연구 성과를 집대성해 출간한《고용, 이자 및 화폐의 일반 이론The General Theory of Employment, Interest, and Money》에서 1930년대 대공황의 원인은 유효수요라고 진단하고, 정부가 돈을 풀어 유효수요를 늘려야 경기가 회복된다고 주장했다. 일반적인 수요가 사고 싶다는 생각이라면, 유효수요는 실제 구매로 이어지는 수요를 말한다.

세 사람의 사상적 토대 위에서 세계화라는 경제 사조가 수 세기 동안 꽃을 피웠다. 18세기 말 증기기관의 개발과 함께 불어닥친 산업혁명으로 초기 세계화의 주역은 영국이었다. 이후 2차 세계대전 이후 브레턴우즈 체제가 구축되면서 세계화의 주역은 미국이 됐다.

미국 중심의 세계화 구조를 누군가 설계한 것이라면 그 뼈대는 '자유무역'과 '재정적자'다. 1980년대 신자유주의 물결 속에서 시장 개방이 가속화된 가운데, 1995년 세계무역기구WTO 설립과 2001년 중국의 WTO 가입을 계기로 세계화라는 열차는 터보 버튼을 누른 듯이 폭주했다.

달러를 기축통화로 한 세계화의 핵심은 달러 유동성이다. 미국 정부가 달러를 찍고, 이를 저금리로 대출받은 미국 중산층이 독일의 BMW와 일본의 소니 워크맨, 중국의 샤오미 청소기를 사는 구조가 만들어진 건 활발한 자유무역을 통해 세계 시장에 달러 유동성을 지속적으로 공급하기 위해서다.

이는 미국의 재정적자와 무역적자가 지속적으로 증가해야 세계화가 유지된다는 의미다. 애덤 스미스와 데이비드 리카도는 이런

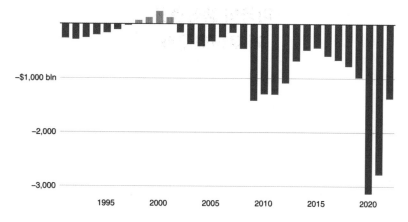

-$1,000 bln

-2,000

-3,000

1995   2000   2005   2010   2015   2020

━━ 1990~2024년 미국의 재정 수지 추이. 2024년도 1조 8000억 달러의 적자는 2020년도 팬데믹 구제로 인한 3조 1320억 달러, 2021년도의 2조 7,720억 달러 이후로 세 번째로 큰 적자다. © Reuters

상황에서도 미국은 비교우위에 있는 JP모건의 금융 서비스와 애플과 구글 등 빅테크 기업의 IT 상품을 파는 게 유리하다고 속삭인다. 이를 위해 미국이 재정 지출을 통해 세계 시장의 유효수요를 늘려야 한다고 존 메이너드 케인스가 옆구리를 계속 찌른다.

영국 천재 경제학자들의 사탕발림에 속아 넘어간 미국의 결과는 참혹했다. 중국이 WTO에 가입했던 2001년 839억 달러였던 미국의 대중 무역적자는 2024년 2954억 달러로 3.5배가 됐다. 전체 무역적자는 9184억 달러로 1조 달러에 육박한다. 미국이 한 해 국방비로 지출하는 규모다. 2001년 흑자였던 재정 수지는 이듬해부터 적자로 돌아서 단 한 번도 흑자를 기록한 연도가 없다. 2024년 한 해만 1조 8000억 달러의 적자를 기록했다. 이로 인해 미국의 정부 부채 규모는 36조 달러를 넘어섰다.

미국의 중산층은
왜 무너졌을까

미국은 기축통화국이기 때문에 미국 국채 수요만 유지된다면 부채 규모 자체는 사실 크게 문제가 될 게 없다. 국채는 반복적으로 차환하면 그만이기 때문이다. 새 국채를 찍어 헌 국채를 갚으면 되는 것이다.

하지만 해도 정도껏 해야 하는 법이다. 국채 규모가 천문학적으로 불어나면서 신뢰도가 떨어진 데다가, 인플레이션이 고조되면서 미국 국채가 더 이상 인플레이션 헤징을 담보하지 못하는 수준에 이르렀다. 더구나 미국 국채를 가장 많이 보유한 중국이 2018년 미중 패권 전쟁이 격화하는 가운데 미국 국채를 지속적으로 매도하고 있어 국채 가격 하락을 주도하고 있다. 중국의 미국 국채 보유고는 현재 7000억 달러 정도로, 1조 달러 밑으로 떨어졌다.

더 큰 문제는 20세기 초반까지만 해도 제조업 강국이었던 미국이 금융과 빅테크 중심으로 구조조정이 되는 과정에서 미국 경제에 심각한 지병이 생겼다는 점이다.

비교우위 이론에 따른 자유무역 옹호 논리를 설명하자면 다음과 같다. 우루과이라운드로 칠레 농산물이 수입되면서 고향에서 쌀농사를 짓던 아버지는 연간 소득은 5000만 원에서 2000만 원으로 줄었다. 대신 경제 규모가 커지면서 금융 수요가 늘어 신한은행에 다니는 아들 연봉이 1억 원에서 1억 5000만 원으로 늘었다면 누이 좋고 매부 좋은 상황이라는 논리다. 아들이 늘어난 5000만 원 소득 중

4000만 원을 아버지에게 드리면, 아버지 소득과 아들 소득은 모두 1000만 원씩 늘어난 셈이 된다.

이론적으로는 그럴듯한데 실제 현실에서는 이런 아름다운 일이 생기지 않는다. 쌀농사를 못 짓게 된 아버지는 하루하루 술로 허기진 가슴을 달래다 알코올의존자가 된다. 아버지 용돈에 간병 비용까지 떠안게 된 아들도 하루하루 한숨만 늘어난다. 연봉 5000만 원이 늘어난 게 세계화의 수혜라는 사실을 알 리도 없다.

실제 미국에서는 이보다 심각한 일들이 일상적으로 벌어진다. 중국의 WTO 가입 이후 미국 제조업 공장들이 문을 닫거나 인건비가 싼 중국이나 멕시코로 공장을 이전하면서 불과 10년 만에 500만 개의 제조업 일자리가 사라졌다. 해고의 충격을 달래기 위해 의지한 마약성 진통제 중독으로 연간 10만 명이 목숨을 잃는 게 2024년 미국의 현실이다.

도널드 트럼프의 러닝메이트로 부통령이 된 J.D. 밴스J.D. Vance가 2016년에 쓴《힐빌리의 노래》는 세계화의 과정에서 몰락한 러스트 벨트 백인 하층민의 삶을 잘 보여준다. 밴스는 이 책으로 힐빌리의 아이콘이 됐고, 그 이미지를 선거에 활용하자는 페이팔 마피아의 대부 피터 틸의 권유로 도널드 트럼프와 손을 잡게 됐다.

러스트 벨트는 미국 북동부 몰락한 중공업 지역을 가리킨다. 녹이 슬어 폐허가 되어버린 공장들이 가득해 붙여진 이름이다. 러스트 벨트는 19세기 후반부터 20세기 중반까지 미국 경제의 핵심 지역으로 성장했다. 특히 철강, 자동차, 기계 산업이 주요 산업으로 자리 잡으며, 이 지역이 대도시로 번창했다. 디트로이트, 피츠버그

Pittsburgh, 클리블랜드Cleveland, 시카고 등이 대표적이다. 철도망의 발달과 석탄 및 철광석 같은 풍부한 자원이 러스트 벨트의 전성기를 뒷받침했다.

특히 2차 세계대전 이후 러스트 벨트는 미국 경제성장의 원동력이었다. 유럽이 전쟁의 포화 속에서 폐허가 된 데 반해 미국 본토는 전쟁의 상처를 받지 않았다. 미국은 전후 세계 경제 부활의 중심지가 됐다. 이 지역의 산업들은 전후 글로벌 수요를 충족시키며 큰 번영을 누렸다. 디트로이트는 자동차 산업의 중심지로, 피츠버그는 철강 생산의 요충지로 각각 성장했다.

일자리가 넘치고 임금도 높은 수준이었다. 1950년대 중반 러스트 벨트 노동자들의 평균 임금은 연간 4000~5000달러 수준이었다. 이는 현재 가치로 4만 8000달러에서 6만 달러 정도다. 1970년대 초반까지 호황이 이어져 이 시기엔 현재 가치로 평균 7만 3000달러의 연봉을 받았다.

1970년대 러스트 벨트는 급격히 몰락의 길을 걷는다. 러스트 벨트의 주요 산업인 철강과 자동차 산업은 일본 및 유럽 국가와의 경쟁에 직면했다. 특히 일본의 토요타와 같은 자동차 업체들이 미국 시장에 진출하면서 디트로이트 중심의 미국 자동차 산업은 급격히 경쟁력을 잃었다. 철강 산업 역시 아시아와 유럽의 저비용 생산 업체와의 경쟁에서 밀렸다.

1970년 토요타는 미국에 3만 대를 수출했다. 이때만 해도 토요타는 미국인의 눈에 싸구려 자동차에 불과했다. 하지만 1975년 토요타의 미국 수출 대수는 20만 대에 달했다. 1973년 오일쇼크가 토요타 코롤라Corolla와 크라운Crown의 판매를 늘렸다. 값싸고 연비 좋고 고장이 안 나는 자동차라는 이미지가 굳어지면서 토요타가 미국을 점령했다. 2차 오일쇼크가 있었던 1979년 토요타의 미국 판매는 50만 대로 10년도 안 돼 2000% 가까이 성장했다.

2001년 중국의 WTO 가입 이후 러스트 벨트의 몰락은 가속화됐다. 세계 최대 소매업체 월마트Walmart는 비용 절감을 위해 제품의 상당 부분을 중국에서 주문자 상표 부착 방식OEM으로 제조한다. 나이키는 1980년대부터 아시아에서 생산을 시작했지만, 2000년대 이후 중국 생산 비중을 크게 늘렸다. 애플은 아이폰, 아이패드 등의 주요 제품을 대부분 중국의 폭스콘Foxconn과 페가트론Pegatron 같은 파트너를 통해 생산한다.

이 과정에서 2001년부터 2010년까지 미국에서 500만 개의 일자리가 사라졌다.

트럼프 대선 슬로건의 진정한 의미

몰락한 중공업 지역 하층민이 힐빌리의 삶을 표현하는 두 가지 키워드는 '실업'과 '마약'이다.

도널드 트럼프는 2016년 대선 캠프에 수석 전략가로 스티브 배넌Steve Bannon을 영입하면서 '미국 우선주의America First' 선거 전략의 틀을 짰다. 트럼프는 2016년 여름 공화당 후원자인 갑부 로버트 머서Robert Mercer의 소개로 배넌을 만났다. 대안 우파 지지 매체인 브레이트바트 뉴스Breitbart News 편집장이었던 배넌은 전통주의와 국가주의 신봉자로 실업과 마약 문제를 해결해야 한다는 도널드 트럼프의 요구에 부응하는 최적의 인물이었다.

미국 우선주의는 고립주의를 의미한다. 세계화에 반대한다. 세계화로 중국에 빼앗긴 제조업 일자리를 찾아와야 한다는 점에서 둘의 생각이 일치했다. 민주당 텃밭인 러스트 벨트를 적극 공략해야 한다는 선거 전략이 나온 배경이다.

'대안 우파'는 쉽게 말하면 전통 우파라고 하기엔 좀 '거시기하다'는 뜻이다. 러스트 벨트 노동자는 전통적으로 민주당 지지세력이었다. 그들의 요구에 귀를 기울인다는 건 공화당 스타일이 아니었다. 토박이 공화당원의 눈에 이 같은 선거 전략은 짝퉁 공화당이나 다름이 없었다. 대안 우파라는 말은 이 같은 노선을 설명하기 딱 좋은 말이다.

2024년 선거에서도 도널드 트럼프는 일관된 전략을 구사했다. 코로나19 팬데믹으로 경제가 안 좋아지면서 2020년 선거에서 조 바이든에게 졌지만 도널드 트럼프는 시대가 무엇을 원하는지 알고 있었다.

먹이가 줄면 깃털 색이 같은 새끼리 모이는 법이다. 세계는 지금 극우주의로 쏠리고 있다. 곳간에서 인심 난다고 먹고살기 힘들어 죽겠는데 정치적 올바름PC이나 워크 자본주의Woke Capitalism 같은 좌파 이념이 호소력을 가질 수 없다. 입바른 소리는 배가 부를 때나 먹히는 법이다.

2024년 선거에서 도널드 트럼프는 압도적인 승리를 원했다. 선거의 본질은 과반수 선거인단(271표)의 지지를 얻는 것이다. 1표만 많으면 이기는 게임이다. 하지만 이번만큼은 압도적인 승리를 해야 했다. 미국 헌법상 대통령은 두 번밖에 못 한다. 4년이 트럼프가 대통령으로서 미국 우선주의를 실현할 수 있는 마지노선이다. 정권 후반 레임덕 기간을 생각하면 취임 후 2년 이내에 모든 것을 마무리해야 한다. 그렇게 하려면 압도적인 지지로 당선돼야 했다. 러스트 벨트 지지층을 결속하려면 상징적인 인물이 필요했다.

J.D. 밴스를 부통령으로 지목한 건 이런 배경에서다. 2021년 마러라고 리조트에 피터 틸이 J.D 밴스를 처음 데리고 와서 도널드 트럼프에게 소개했다. 소개라는 건 점잖게 말한 것이고, 사실 J.D 밴스가 당시 트럼프를 찾아간 건 무릎 꿇고 사과하기 위해서였다. 과거에 트럼프를 히틀러에 비유하며 맹비난했던 J.D 밴스는 상원의원 선거에 도전하기 위해 공천이 필요했던 것이다.

최근 미국에선 러스트 벨트가 대선의 승패를 결정한다. 펜실베이니아, 오하이오, 미시간, 위스콘신 등은 대선에서의 결과를 결정짓는 '경합주swing state'다.

펜실베이니아는 900만 명 이상의 등록 유권자를 보유한 대표 경합주다. 2016년 도널드 트럼프가 승리한 지역이다. 오하이오에는 약 800만 명 이상의 유권자가 있다. 미시간은 700만 명, 위스콘신은 400만 명의 유권자를 보유한 경합주다. 미시간은 2016년엔 도널드 트럼프에게 표를 몰아줬으나 2020년 대선에서는 조 바이든이 승리했다.

J.D. 밴스는 1984년 러스트 벨트 지역인 오하이오주에서 태어났다. 흙수저의 대명사인 밴스는 불우한 가정환경을 딛고 변호사, 벤처캐피털 기업인을 거쳐 연방 상원의원이 됐다. J.D. 밴스는 러스트 벨트에서의 확실한 승리를 위한 회심의 카드였다. 그리고 도널드 트럼프는 러스트 벨트에서 압승을 거두었다.

결국 압도적인 지지로 당선된 도널드 트럼프가 집권 2기 4년 동안 하려는 건 한마디로 '미국의 경제 독립'이다. 세계화를 철저히 해체해 몰락한 중산층의 실업과 마약 문제를 구조적으로 해결하겠다는 것이다.

트럼프가 관세 전쟁으로
얻으려는 것은?

〈어젠다 47〉에서 드러난 도널드 트럼프의 시각에 비춰 보면 미국 경제는 세계화의 수혜자인 1%에게 아직도 점령당한 상태다. 도널드 트럼프가 그 1%를 지칭하는 용어는 세계화주의자, 전쟁광 **Warmonger**, 그림자 정부**Deep State**, 좌파 검사**Soros Prosecutor**, 제약 카르텔**Pharmaceutical Cartel** 그리고 중국 등이다.

세계화주의자는 미국의 독립 전후 영국에서 건너와 월가를 근거지로 뿌리를 내린 금융사들을 의미한다. 애덤 스미스와 데이비드 리카도, 존 메이너드 케인스의 이론을 바탕으로 자유무역주의를 전세계에 전파하며, 달러 발행권의 이익을 누리는 세력이다. JP모건과 시티뱅크 등 연준의 대주주인 금융사들은 전 세계 금융시장 개방으

도널드 트럼프 대통령의 20가지 핵심 공약

1. 국경을 봉쇄하고 이민자 침입을 막는다.
2. 미국 역사상 최대 규모의 추방 작전을 실시한다.
3. 인플레이션을 종식하고 미국을 다시 경제적으로 만든다.
4. 미국을 세계에서 가장 지배적인 에너지 생산국으로 만든다.
5. 아웃소싱을 중단하고 미국을 제조 강국으로 바꾼다.
6. 근로자를 위한 대규모 세금 감면과 팁에 대한 세금을 면제한다.
7. 우리의 헌법, 권리장전, 언론의 자유, 종교의 자유, 무기를 소지하고 보유할 권리
   를 포함한 기본적 자유를 수호한다.
8. 3차 세계대전을 막고, 유럽과 중동의 평화를 회복하며, 미국 전역에 거대한 철제
   돔 미사일 방어막을 구축한다. 이 모든 건 미국이 만든 것이다.
9. 미국 국민에 대한 정부의 무기화를 끝낸다.
10. 이주 범죄 전염병을 막고, 외국 마약 카르텔을 철거하고, 갱 폭력을 분쇄하고, 폭
    력 범죄자를 체포한다.
11. 워싱턴 DC를 포함한 도시를 재건하여 안전하고 깨끗하며 아름다운 도시로 다시
    만든다.
12. 군을 강화하고 현대화하여 세계에서 가장 강력하고 강력한 군대로 만든다.
13. 미국 달러를 세계 기축 통화로 유지한다.
14. 은퇴 연령 변경을 포함해 삭감 없이 사회보장 및 의료보험을 위해 싸우고 보호한다.
15. 전기자동차 의무화를 취소하고 비용이 많이 들고 부담스러운 규제를 줄인다.
16. 우리 아이들에게 비판적 인종 이론, 급진적 성 이데올로기 및 기타 부적절한 인
    종, 성 또는 정치적 콘텐츠를 강요하는 학교에 대한 연방 기금을 삭감한다.
17. 남성을 여성 스포츠에서 배제한다.
18. 친하마스 급진주의자를 추방하고 대학 캠퍼스를 다시 안전하고 애국적인 곳으로
    만든다.
19. 당일 투표, 유권자 신분증, 종이 투표용지, 시민권 증명 등 선거를 안전하게 보호
    한다.
20. 조국을 새롭고 기록적인 성공 수준으로 끌어올려 조국을 통합한다.

로 막대한 돈을 벌고 있다.

전쟁광은 세계화주의자와 사실상 같은 말이다. 록히드마틴 Lockheed Martin, 보잉Boeing 등 군수 업체에 투자를 해놓고, 전쟁을 통해 막대한 이익을 얻는 투자자들을 의미한다. 이들은 로비를 통해 미국 정부가 연간 1조 달러에 달하는 국방비를 쓰도록 예산 편성에까지 영향력을 미친다. 1조 달러의 상당 부분이 록히드마틴이 제작하는 F35 전투기를 매입하고 보수하는 데 쓰인다. 록히드마틴의 경우 블랙록, 뱅가드, 스테이트스트리트State Street와 같은 글로벌 자산운용사가 대주주다.

그림자 정부는 세계화주의자와 전쟁광의 로비를 받아 이들이 원하는 정책을 수립하고 집행하는 의회와 행정부 내 공무원들을 가리킨다.

좌파 검사는 헤지펀드계의 거물 조지 소로스George Soros의 장학금으로 로스쿨을 졸업한 검사들이다. 이들은 세계화주의자에게 유리한 사법 판단을 한다는 이유로 도널드 트럼프에게 미운털이 박혔다. 특히 도널드 트럼프를 기소한 뉴욕주 지방 검사들을 의미한다.

제약 카르텔은 마약성 진통제로 미국인을 중독시키고 약값을 올려 이익을 취하는 악덕 제약사들이다. 중국은 설명을 안 해도 알 것이다.

도널드 트럼프의 전략은 세계화를 철저히 해체해 이들을 일망타진하는 것이다.

일론 머스크에게 수장을 맡긴 정부효율부DOGE는 정부 기관 축소와 인력 감축으로 연간 6조 달러에 달하는 정부 지출에서 1조 달러를 줄이는 게 목표다. 이를 통해 재정적자를 줄이고, 결과적으로 국채 발행을 줄이겠다는 것이다.

일론 머스크는 2025년 2월 초 급작스럽게 미국 국제개발처USAID의 폐쇄를 발표했다. 약 1만 명에 달하는 공무원이 하루아침에 거리로 나앉게 된 것이다. 일론 머스크가 국제개발처를 시범 사례로 삼은 이유는 428억 달러의 예산이 낭비되고 있다는 판단에서다. 국제개발처는 개발도상국 원조를 목적으로 존 F. 케네디John F. Kennedy 전 대통령이 설립한 기관이다.

일론 머스크는 트럼프 2.0이 시작되기 전 록히드마틴의 F35 전투기를 바보들이나 만드는 것이라고 조롱하며 국방부 개혁 의지를 내비쳤다. 1조 달러를 집행하는 국방부의 수도꼭지를 틀어막겠다는 것이다. 전쟁광들의 전쟁놀이에 예산이 낭비되는 것을 막겠다는 의도로, 군수 업체에 투자한 블랙록과 뱅가드 입장에서는 초대형 악재다.

트럼프발
관세 폭탄의 배경

도널드 트럼프가 취임 후 가장 먼저 한 일은 관세 전쟁의 포문을 여는 것이었다. 그는 10~20%의 보편 관세, 중국산에 대한 최대 60% 고율 관세로 무역 상대국들을 긴장시키며 보호무역주의의 깃발을 드높이 들어 올렸다. 국경을 접한 캐나다와 멕시코를 25% 관세로 위협하며 미국으로 마약이 못 넘어오도록 대책을 강구할 것을 압박하고 있다.

재정흑자와 무역흑자국으로 전환하겠다는 건 극단적으로 말하면 미국 정부가 더 이상 글로벌 달러 공급자의 역할을 하지 않겠다는 의미다. 세계화의 종언을 선언한 것이다. 실제로 그렇게 되면 신규 발행된 달러를 처음 대출받는 금융사들이 상대적으로 가장 많은 이익을 취했던 캉티용 효과를 누릴 수 없게 된다. 자산 투자로 큰돈을 벌기가 점점 어려워진다는 뜻이다.

'트리핀의 딜레마Triffin's Dilemma'라는 게 있다. 벨기에 경제학자 로버트 트리핀Robert Triffin이 제시한 개념으로, 기축통화의 신뢰도와 유동성 문제를 동시에 해결하기 어렵다는 이론이다.

달러의 경우 미국이 재정적자와 무역적자를 통해 글로벌 유동성을 공급해야 하는데 그러면 미국 경제가 취약해져 달러의 신뢰도가 떨어진다. 반대로 신뢰도를 위해 유동성 공급을 포기하면 기축통화로서의 역할을 할 수 없게 된다는 딜레마에 빠진다.

도널드 트럼프가 좌파 이념으로 물든 정부 기관을 폐쇄하고, 중국에 60%의 고율 관세를 부과하는 초강수로 지지자들의 환호를 이끌어내는 데는 성공했지만 달러 패권을 지키기 위해서는 트리핀의 딜레마 문제를 해결할 수 있는 묘안을 갖고 있어야 한다.

이와 관련해 스티브 미란Stephen Miran 백악관 경제자문위원회CEA 위원장이 2024년 11월 발간한 〈국제무역체제 재구조화를 위한 가이드A User's Guide to Restructuring the Global Trading System〉라는 제목의 보고서를 주목할 필요가 있다. 도널드 트럼프의 대통령 취임 이후 행보를 보면 이 보고서 내용을 그대로 이행하고 있다고 봐도 무방한 상황이기 때문이다.

이에 따르면 도널드 트럼프의 관세정책은 환율조정을 위한 협상용 포석이라고 분석할 수 있다. 중국에 60%의 고율 관세를 부과한 후 협상을 통해 달러 약세를 유도하려는 전략으로 해석된다. 트럼프가 중국과 EU 등을 대상으로 제2의 플라자 합의인 일명 '마러라고 협정'을 염두에 두고 있다는 해석도 가능하다.

보고서에서는 트럼프 1기 중국과의 관세 전쟁 당시를 근거로 고율의 관세정책이 미국 내 인플레이션을 유발하지 않는다고 전제했다. 스콧 베선트 미국 재무장관도 "관세로 인한 물가 상승은 일회성"이라며 지속적인 물가 상승, 즉 인플레이션 가능성을 일축했다.

이유는 환율 조정 때문이다. 관세로 수출 경쟁력이 약화된 중국이 위안 약세를 유도해 결과적으로 달러로 표시되는 수출가격을 유지한 것이다. 결과적으로 관세 수입은 미국의 몫이 되었고, 관세 부담은 구매력이 약해진 위안을 가진 중국 인민의 것이 됐다는 게 보고서의 지적이다.

미국이 중국산 제품에 60% 고율 관세를 부과할 경우 중국은 위안을 그만큼 평가절하시켜야 한다. 이는 급격한 자본 유출로 이어질 가능성이 크다. 중국 경제의 붕괴 가능성도 배제할 수 없다. 미란은 보고서에서 중국 경제 붕괴를 우려했지만, 속내는 다를 것이다. 미란은 트럼프에게 중국을 압박할 수 있는 방법을 알려준 것이다.

보고서는 트럼프가 이 같은 상황을 지렛대로 중국을 협상 테이블로 끌어들일 수 있다고 전망한다. 관세를 부과한 후 협상을 통해 환율을 조정하는 것이다. 트럼프가 이 같은 전략을 통해 얻으려는 궁극의 목표는 '달러 약세(위안 강세)'다. 달러 약세로 미국 제조업의 경쟁력을 강화하는 것이다.

문제는 역시 트리핀 딜레마다. 기축통화는 '유동성'과 '신뢰도' 두 가지 목적을 동시에 달성할 수 없다. 미국은 달러 유동성 공급을 위해 무역적자-재정적자가 불가피하다. 국채 발행이 늘면 국채 가격이 급락한다. 즉 국채 이자율이 급등한다. 신뢰도가 떨어지는 것이다.

보고서에서는 국채 수요를 늘리는 방법으로 미국의 경제와 안보 패키지 혜택을 원하는 국가에게 100년 만기 장기 국채를 강매하는 방안을 제시한다. 안보 우산을 국채 판매에 이용하라는 것이다. 이를 통해 달러 약세(미국채 신뢰도 하락)로 인한 미국채 이자율 상승을 장기적으로 막을 수 있다는 결론이다.

트럼프는 미국의
경제 독립을 원한다

트럼프의 관세 전쟁은 달러 약세와 미국채 수익률 안정이라는 두 마리 토끼를 잡기 위한 빌드업 과정으로 볼 수 있다. 트리핀 딜레마를 해결하는 묘책을 제시한 것이다.

물론 정치는 근시안적이어서 4년 뒤의 일까지 걱정하지는 않는다. 당장의 정권 유지가 더 중요하다. 하지만 도널드 트럼프가 그렇게 얄팍한 생각으로 달러 문제에 접근하는 것 같지는 않다.

도널드 트럼프는 달러 패권이 99%의 미국 백인 중산층을 위해 존재해야 한다고 생각한다. 그것이 정치적인 전략인지, 도널드 트럼프의 철학적 기반에서 나온 것인지는 중요하지 않다. 우리에겐 그 생각의 결과로 세계 경제가 어떤 국면이 될지를 예측하는 게 중요하다.

역사는 정반합의 원리로 움직인다. 하나의 사조가 기울면, 반작용으로 정반대의 사조가 밀려들어 온다. 세계화의 반작용으로 도널드 트럼프가 추구하는 것들의 예측되는 결과를 종합하면 제국주의로 귀결된다. 패권 국가가 기축통화의 유동성 공급을 늘리지 않고도 패권을 유지하는 방법은 무력으로 빼앗는 것밖에 없다. 이것은 인류 역사가 19세기 제국주의로 돌아가는 것을 의미한다.

희토류 등 자원이 풍부한 그린란드와 중국의 영향력 아래 있는 파나마 운하를 장악하기 위해 무력 사용도 불사하겠다는 도널드 트럼프의 도발적인 생각을 두고 《뉴욕타임스》는 "19세기 제국주의 전통에 따라 세계 지도를 다시 그리는 노골적인 아이디어를 추진하고 있다"라고 보도했다.

도널드 트럼프가 영토 확장을 위해 실제 무력을 사용할 것으로 보이지는 않는다. 도널드 트럼프는 술과 담배, 전쟁을 싫어한다. 트럼프 1기 집권 시절 전 세계에 전쟁이 없었다는 것을 자랑하며, 노벨 평화상 후보로 자신을 추천해 달라고 글로벌 리더들을 노골적으로 압박하기도 했다.

도널드 트럼프가 DOGE 활동 시한을 2026년 7월 4일까지라고 못 박은 이유를 곱씹어볼 필요가 있다. 그날은 미국을 건국한 선조들이 영국의 식민지 수탈에 맞서 독립을 선언한 지 250주년이 되는 해다. 정치적인 독립을 선언했지만 경제적으로는 여전히 1%인 소수에 의해 지배당하고 있었다는 게 도널드 트럼프가 미국을 보는 프레임이다. 금융 세력이 설계한 세계화를 해체하고 미국이 주도하는 21세기 제국주의를 실현하는 게 도널드 트럼프가 생각하는 경제 독립이다. 일론 머스크가 임무를 완수하면 2026년 7월 4일 도널드 트럼프는 화폐 전쟁의 승리와 함께 경제 독립을 선언할 것이다.

21세기 제국주의와 미중 간 비트코인 쟁탈전

도널드 트럼프가 불을 붙인 전 세계적 보호무역주의는 19세기 이전 제국주의를 세계사의 무대로 다시 불러낼 것이다. 이는 달러 패권의 몰락을 구조화하고, 달러를 대체할 대안 화폐를 찾는 노력을 가속화하도록 세계 경제를 압박할 것이다. 미국이 달러 패권을 어떻게든 유지하기 위해 안간힘을 쓰는 과정에서 할 수 있는 건 압도적인 군사력을 과시하는 것이다.

이 과정에서 디지털 금으로서 비트코인이 미중 패권 전쟁의 승패를 가를 바로미터로 부상할 전망이다. 그동안 수면 아래서 벌어지던 미중 간 비트코인 쟁탈전이 도널드 트럼프의 비트코인 전략으로 수면 위로 부상하고 있다. 양국의 비트코인 쟁탈전이 무엇을 의미하고, 어떻게 전개될지 살펴보자.

제국주의 2.0 시대가
열릴 가능성

보호무역주의는 글로벌 달러 유동성이 줄어드는 것을 의미한다. 경험적으로 저금리 시기 막대한 레버리지로 자산 버블이 형성된 상황에서 유동성이 축소되면, 금융공황으로 이어질 가능성이 높다. 2008년 미국발 금융위기 때를 기억해 보자.

생산성이 비약적으로 발전하는 때에 유동성이 갑자기 줄어들면 대공황으로 이어질 가능성도 배제할 수 없다. 1930년대 대공황이 대표적인 사례다. 1차 세계대전 후 1920년대 미국 경제를 '광란의 20년대Roaring Twenties'라고 부른다. 1차 세계대전(1914~1918) 전후로 대유럽 수출이 늘면서 나 홀로 호황을 누리는 가운데, 포드 시스템과 전기의 보급으로 생산성이 비약적으로 발전하면서 미국의 젊은이들은 그야말로 매일 밤 광란의 파티를 즐겼다. F. 스콧 피츠제럴드F. Scott Fitzgerald가 1925년 출간한 소설 《위대한 개츠비》가 바로 광란의 1920년대를 배경으로 아메리칸드림American dream의 허와 실을 그려낸 작품이다.

유럽 경제가 서서히 회복되면서 양상이 달라졌다. 영국과 프랑스는 전쟁 기간 미국에 진 빚을 갚기 위해, 독일은 전쟁 배상금을 지불하기 위해 수출을 늘려야 했고, 대미 수출품인 농산물과 공산품의 가격을 낮췄다. 일부 미국산 수입품에 대해서는 관세를 부과했다. 미국 기업들의 창고엔 팔리지 않는 제품이 쌓여갔고, 이 같은 문제가 심화하면서 1929년 주식시장 붕괴로 대공황이 발생했다.

대공황에 대한 미국의 처방은 극단적인 보복관세였다. 1930년 유럽산 수입품을 중심으로 총 2만 개 품목에 최고 60%의 보복관세를 부과한다는 내용을 골자로 한 스무트-홀리 관세법Smoot-Hawley Tariff Act이 통과됐다. 미국 산업을 보호하기 위한 조치였는데 결과는 정반대였다. 유럽이 보복관세와 경제 블록화로 맞서면서 상황은 더욱 악화했다. 제국주의 시대의 끝물에서 보호무역주의가 기승을 부렸을 때 어떤 결과로 이어지는지 역사를 통해 알 수 있다.

자유무역주의의 결정판인 세계화는 대공황 당시의 교훈에서 시작됐다. 브레턴우즈 체제가 확립된 후 미국은 시행착오를 겪으며 세계화의 페달을 밟았고, 세계화는 페트로달러 시스템 아래서 속도를 더했다.

도널드 트럼프는 세계화의 끝물에서 보호무역주의의 깃발을 꽂았다. 이는 도널드 트럼프의 의도와는 상관없이 세계 경제를 다시 제국주의 시대로 돌려보내겠다는 신호탄이다. 그리고 도널드 트럼프가 제시하는 비트코인 전략을 보면 그는 이 같은 사실을 잘 알고 있는 듯하다.

관세 전쟁이 본격화하면 중국과 일본, 한국, 대만 등 대미 무역흑자국의 달러 수입이 줄어든다. 대미 무역흑자국은 무역에서 번 달러를 주로 미국 국채로 바꿔 보유한다. 인플레이션을 헤징하기 위해서다. 이들 국가의 달러벌이가 줄면 미국 국채 수요가 덩달아 감소할 수밖에 없다.

달러 패권은 미국 국채에서 나온다. 미국이 막대한 무역적자를 감수하고, 국채를 찍어 글로벌 유동성을 공급하는 건 국채를 찍어서 상환할 수 있기 때문이다. 미국이 GDP의 124%에 달하는 36조 달러의 부채를 걱정하지 않아도 되는 것도 끊임없이 새로운 국채를 찍어내며 돌려막기가 가능하기 때문이다.

하지만 국채 수요가 감소한다는 건 언젠가는 돌려막기가 안 되는 상황이 올 수도 있다는 뜻이다. 도널드 트럼프는 관세 전쟁의 포문을 열면서 선거 캠프와 백악관의 일타 강사들로부터 이 같은 위험성에 대해 충분히 들어서 알고 있을 것이다.

트럼프가 비트코인에 관심을 가지기 시작하다

도널드 트럼프는 국채를 국채로 갚을 수 없는 상황에 대한 대비책을 마련해야 했다. 석유본위제oil standard와 채권본위제bond standard 외에 달러 패권을 지지해 줄 수 있는 새로운 준비자산을 찾아야 한다는 의미다.

일타 강사들의 과외를 통해 도널드 트럼프가 알게 된 건 비트코인이 준비자산에 포함될 가능성을 충분히 갖고 있다는 사실이다. 준비자산은 국가의 신용을 뒷받침하는 자산으로 여전히 금이 대표적이다. 법정화폐는 일종의 신용대출인데, 이재용 삼성전자 회장이 삼성전자 과장보다 신용대출 한도가 높은 이유는 자산이 더 많기 때문이다.

준비자산은 국채의 신뢰도를 높여줘서 만기를 연장할 수 있게 해준다. 금본위제하에서 프랑스와 독일이 1960년대 말까지 실제 금 인출을 요구하지 않은 건 언제든 인출이 가능하다고 믿었기 때문이다. 이 믿음에 의구심이 생기는 순간 채권국은 곧바로 금 인출에 나선다. 미국 국채의 신뢰도가 더 떨어지면 비트코인으로 국채를 상환하는 상황이 올 수도 있다. 비트코인 가격이 개당 수십억 원이 될 경우 얼마든지 가능한 시나리오다.

시중에 유동성이 줄면 채권자는 담보가 확실한 채무자에게만 대출해 준다. 보호무역주의로 세계 경제의 유동성이 줄면, 담보가 확실한 돈만 기축통화로 살아남을 수 있다. 결국 세계 경제는 어떤 형태로든 금본위제 2.0의 시대로 회귀할 가능성이 크다. 금본위제에서는 무역흑자국만이 화폐를 발행할 수 있다. 금 보유량만큼만 화폐를 찍을 수 있는데 전 세계 금의 양은 한정돼 있어 무역흑자가 보유량을 늘릴 수 있는 거의 유일한 방법이다.

그것은 곧 제국주의 2.0을 의미한다. 관세 장벽이 높게 쳐진 상황에서 생산요소인 공급처와 판매 시장을 확보하는 방법은 영토를 확장하는 것밖에 없다.

비트코인이 디지털 금으로 공인된 상황에서 제국주의 2.0 시대의 관전 포인트는 미중 간 비트코인 쟁탈전이 될 것 같다. 비트코인은 금보다 희소성이 크고, 물리적 형태가 없어 이동이 더 자유롭다는 장점이 있다.

비트코인 쟁탈전은 크게 두 가지 측면에서 전개될 전망이다. 첫 번째는 비트코인 보유량을 늘리는 싸움이다. 두 번째는 비트코인 유통망, 즉 블록체인 네트워크의 장악력을 키우는 경쟁이다.

금본위제하에서 영국이 파운드 패권을 유지하는 방법은 금 보유량과 금 공급망을 동시에 장악하는 것이었다. 영국 왕실과 손잡고 금의 안정적인 공급을 맡았던 로스차일드Rothschild 가문은 러시아와 남아프리카공화국 등지에서 금광 개발을 통해 안정적으로 금을 확보했고, 런던 금 시장에서 금 거래를 독점했다. 로스차일드는 런던 금시장 고시가격Gold Fixing 결정권을 갖고 금 수급을 통제했다. 영국은 프랑스와 독일 등과 패권 경쟁을 하면서 금 가격을 통제하는 방법으로 우위를 지켰다.

금본위제의 종식과 중국 금 거래 시장의 성장, 디지털 금인 비트코인의 등장 등으로 로스차일드의 금 시장에 대한 통제력이 예전 같지 않지만, 런던 금 시장은 여전히 국제 금 거래의 중심 역할을 하고 있다.

2025년 2월 현재 미국과 중국 정부의 비트코인 보유량은 20만 BTC 안팎으로 대동소이하다. 하지만 초기 비트코인 개발팀이 미국을 기반으로 활동했다는 점, 2024년 1월 미국 SEC가 비트코인 현물 ETF 거래를 승인한 후 운용사들이 매입한 수량이 100만 BTC를 훨씬 웃도는 점 등을 감안할 때 국민 전체 보유량은 미국이 앞설 것으로 추정된다.

미중 비트코인 전쟁의 승패는
해시 파워에 달렸다

비트코인 신규 채굴과 네트워크 영향력은 '해시 파워^{hash power}'에 의해 결정된다. 해시 파워는 블록 생성 능력을 의미한다. 비트코인 채굴은 거래 정보를 담은 블록을 체인에 연결하는 작업이다. 블록이 체인에 연결되면 새로운 블록이 생성됐다고 말하고, 그 작업에 대한 보상으로 비트코인이 주어진다.

채굴에서 가장 중요한 작업이 해시 함수를 푸는 것이다. 블록을 지문으로 열 수 있는 금고라고 해보자. 채굴기는 무작위로 숫자를 입력해 금고를 열 수 있는 지문을 찾아야 한다. 지문은 16진수 64자(총 256비트) 크기다. 쉽게 말해 2의 256제곱 가지 지문 중 금고에 맞는 지문을 찾아내야 한다는 것이다. 지문을 가장 빨리 찾는 채굴자가 블록을 체인에 연결할 수 있기 때문에 채굴기의 연산력이 클수록 유리하다. 이 같은 채굴기의 연산력을 해시 파워라고 한다.

비트코인 네트워크에서는 채굴자가 특정 거래 정보를 블록에 넣을지 말지를 결정한다. 채굴을 많이 할수록 네트워크의 의사결정에 더 큰 영향력을 행사하는 셈이다.

예를 들어 A가 B에게 1BTC를 보내는 거래를, C가 D에게 0.5BTC를 보내는 거래를 동시에 올렸다고 하자. C가 더 많은 수수료를 내겠다는 의사 표현을 했다면 채굴자는 C가 올린 거래를 블록에 넣고 A가 보내는 거래는 블록에서 뺄 수 있다.

네트워크 전체의 연산력을 '해시 레이트^{hashrate}'라고 한다. 개별 채굴기의 연산력을 모두 합친 값이다. 해시 레이트의 51%를 차지하면 네트워크 운영을 장악할 수 있다. 주주총회에서 51%의 지분을 확보하면 주총 안건의 승인 여부를 결정할 수 있는 것과 같다.

미중 간 비트코인 쟁탈전은 결국 해시 레이트에서 누가 더 큰 비중을 차지하느냐의 문제다. 51%의 해시 파워를 차지하면 네트워크를 일정 부분 원하는 대로 조작할 수 있다. 이를 '51%의 공격'이라고 하는데 다음과 같은 일들이 가능해진다.

첫째, 정부가 금지한 지갑처럼 특정 주소로의 송금을 막을 수 있다. 이는 현재 SWIFT를 장악한 미국의 특정 정부나 개인의 거래를 통제하는 것과 같다.

둘째, 이중 지불이 가능하다. 같은 코인을 여러 지갑에 송금할 수 있는 것이다. 이는 복사한 위조지폐를 쓰는 것과 같다.

종합하면, 특정 정부나 채굴 풀mining pool(일종의 채굴자 조합)이 51%의 해시 파워를 차지한다는 건 비트코인이 더 이상 탈중앙화된 금융 시스템이 아니라는 의미다. 해시 레이트가 클수록 특정 국가가 51%를 차지하는 게 어려워진다.

2021년 중국 정부가 비트코인 채굴을 전면 금지하면서 중국 채굴 풀들의 해시 파워가 줄기는 했지만 여전히 해시 레이트의 50% 이상을 차지하는 것으로 추정된다.

미국에 기반한 채굴 풀인 파운드리 USAFoundry USA가 2024년 해시 파워를 전체 해시 레이트의 36.5%까지 확대하면서 세계 최대 채굴 풀의 자리에 올랐다. 미국 기반 채굴 풀을 모두 합하면 해시 레이트의 40%가량을 차지하는 것으로 추산된다.

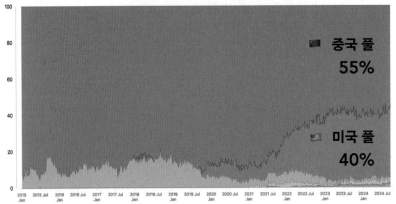

●중국 ●미국 ●체코 ●일본 ●기타

■ 중국 풀
55%

■ 미국 풀
40%

━ 2024년 7월 기준 국가별 해시 레이트를 나타낸 표. 중국의 채굴 풀은 55%의 해시 레이트를 차지하고 있다. © CryptoQuant

비트코인을 특정 세력이 조작할 수 있을까?

중국 기반 채굴 풀들이 글로벌 해시 레이트의 50% 이상을 차지하고 있기 때문에 산술적으로는 51% 공격 가능성을 완전히 배제할수는 없다. 채굴 풀을 운영하는 비트메인Bitmain이나 바이낸스가 모두 공식적으로는 사기업이지만 중국이 일당 독재 체제인 점을 감안하면 중국 정부의 통제에 따를 수 있기 때문이다.

하지만 비트코인 네트워크의 구조적인 특성상 중국 정부가 실제로 해시 파워를 이용할 가능성은 희박하다는 게 전문가들의 대체적인 시각이다.

첫 번째 이유는 실제 51% 공격이 발생할 경우 비트코인 네트워크의 신뢰성이 떨어져, 비트코인 가격이 폭락할 수 있다는 점이다. 51% 공격의 실익이 없어지는 셈이다.

두 번째 이유는 비트코인 코어 개발팀 주도로 다수의 네트워크 참여자들이 51% 공격을 무력화할 수 있다는 점이다. 개발팀이 코드를 수정하거나 네트워크 업그레이드를 유도하는 방식이다. 블록을 검증하는 노드들이나 거래소가 51% 공격자의 블록을 악의적인 블록이라고 판단하고 거부하면 거래가 불가능해진다. 실제 2019년 이더리움클래식ETC이 51% 공격을 당했을 때, 일부 거래소들이 공격자의 블록을 거부하면서 피해를 최소화했다.

이는 미국 정부가 SWIFT에서 러시아와 이란 등의 적성국가를 정치적인 목적으로 배제하면서 달러 패권 자체의 신뢰도가 떨어지는 상황을 생각하면 이해하기 쉽다.

따라서 극단적인 경우가 아니라면 미국과 중국의 해시 파워 경쟁은 공격을 위해서가 아닌 최선의 방어 수단이 될 가능성이 크다.

도널드 트럼프는 2024년 대선 유세 과정에서 미국이 해시 파워를 100% 독점하겠다는 목표를 제시했다. 신규 채굴되는 비트코인은 모두 미국이 갖겠다는 것이다. 이를 위해 도널드 트럼프는 미국을 세계에서 가장 값싼 전기를 생산하는 국가로 만들겠다는 비전을 제시했다.

중국은 자본 유출을 막기 위해 공식적으로는 비트코인 채굴을 금지한 상태다. 하지만 서버 주소 추적이 불가능한 가상사설망VPN, Virtual Private Network을 통한 채굴은 암묵적으로 허용하고 있다고 알려져 있다. 특히 트럼프 정부가 해시 파워 경쟁을 본격화하면서 시진핑習近平 중국 국가 주석이 중국 내 비트코인 채굴을 허용할 것이라는 전망도 나온다.

비트코인을 더 많이 확보하기 위한 미중 간 사이버 전쟁 가능성도 배제할 수 없다. 개인이나 거래소 지갑을 해킹하거나, 범죄인 신병 확보를 명분으로 비트코인 고래(대규모 투자자)의 지갑을 확보하는 등의 수법이 동원될 수 있다는 얘기다.

실제로 북한은 거래소를 해킹하는 방식으로 비트코인을 빼가고 있다. 2024년 5월 일본 가상자산 거래소 DMM 비트코인에서 3억 800만 달러(약 4500억 원) 상당의 비트코인이 탈취됐다. 미국 연방수사국FBI과 일본 경찰청은 이 사건의 범인으로 북한을 지목했다.

미국의 경우 FBI가 2013년 불법 거래 사이트 실크로드Silk Road를 운영한 로스 울브리히트Ross Ulbricht를 체포했고 그가 보유한 비트코인 총 20만 BTC가량을 압수했다. 운영자인 로스 울브리히트는 종신형을 선고받고 복역했으나 트럼프가 취임한 직후인 2025년 1월 25일 사면받았다. 도널드 트럼프는 친 암호화폐 대통령이라는 이미지를 굳히기 위해 이 같은 조치를 취한 것으로 해석된다.

트럼프는 정말 비트코인을 살 것인가

2025년 3월 6일 트럼프는 '전략적 비트코인 준비금Stratagic Bitcoin

Reserve'에 관한 행정명령에 서명했다. 민형사상 몰수한 21만 BTC를 팔지 않고 '전략적 비트코인 준비금'으로 보유하며, 재무장관과 상무장관이 세금을 쓰지 않고 추가로 비트코인을 매입하는 방안을 마련해야 한다는 내용이 골자다.

트럼프는 행정명령에 '해야 한다should'라는 강한 표현을 써가면서까지 비트코인 보유에 대한 의지를 드러냈다. 비트코인을 제외한 알트코인도 '디지털 자산 비축물'로 비축한다는 내용도 포함됐다. 단 알트코인은 민형사상 몰수하는 경우를 제외하면 추가로 매입하지는 않을 방침이다. 기존에 몰수한 비트코인과 알트코인을 모두 정부 디지털 자산으로 관리하지만, 비트코인만을 추가 매입할 계획이라는 대목이 포인트다.

비트코인은 '준비금reserve'이라고 한 반면, 알트코인은 '비축물stocfile'이라고 한 점도 눈여겨볼 대목이다. 준비금은 외환보유고Foreign Exchange Reserve나 금Gold Reserve처럼 금융 시스템의 안정을 위한 준비자산을 의미한다. 비축물은 공급망의 불안정에 대비해 저장해 놓는 자산이다. 물론 '전략적 석유 비축Stratagic Petrolium Reserve'처럼 석유 비축에서도 'Reserve'라는 표현이 사용된다. 하지만 트럼프가 비트코인을 보유하는 목적은 국채를 갚기 위한 준비금 차원이라는 점에서 비트코인은 금과 같은 준비금으로 보는 게 더 정확하다. 이는 트럼프 행정부가 비트코인과 알트코인을 다른 차원의 자산으로 인식하고 있다는 방증이다.

이번 행정명령은 비트코인의 역사에 한 획을 그을 획기적인 사건이다. 트럼프는 대선 유세 당시의 약속을 120% 지켰다. 그런데이 행정명령이 발표된 이후 비트코인 가격이 기대와 달리 떨어지고 있다. 행정명령의 내용을 해석하는 과정에서 왜곡이 생긴 것이다.

먼저 비트코인과 알트코인을 구분해서 생각해야 한다. 추가 매입을 하지 않기로 한 건 알트코인이다. 이건 비트코인과 알트코인의 본질을 이해하면 당연한 결과로, 비트코인 입장에서는 호재가 배가 되는 대목이다. 비트코인을 추가 매입하는 데 세금을 쓰지 않는다는 조항 역시 대부분 정반대로 해석하고 있다. 예산을 쓰지 않겠다고 한 것을 두고 추가 매입 의지가 없거나 약하다고 해석하는 건 국회의 막강한 '예산권'을 이해하지 못했기 때문이다.

미국의 경우 예산과 통화정책은 전적으로 국회의 권한이다. 제아무리 대통령이라고 해도 국회가 승인한 예산을 변경할 수 없다. 심지어 대통령이 알뜰하게 행정부 살림을 한다고 해도 예산을 절감할 수 없다. 국회가 정해준 예산은 특정한 경우가 아니면 반드시 집행해야 한다. 행정부가 예산을 덜 쓰는 것도 문제가 되는 것이다.

이런 웃지 못할 상황이 벌어지는 건 1974년 닉슨 행정부 시절 제정된 '국회 예산법The Congressional Budget and Impoundment Control Act of 1974' 때문이다. 이 법은 연방 예산의 편성 및 집행에 대한 의회의 권한을 강화하기 위해 제정되었다. 닉슨 행정부가 인플레이션 문제로 재정을 축소하자, 의회가 예산권을 강화하기 위해 제정한 법이다.

이 법은 특히 대통령이 예산 사용을 '보류Impoundment'하는 것을 강력히 제한한다. 대통령이 의회가 승인한 예산을 사용하지 않으려면 반드시 의회의 동의를 받아야 한다. 의회 승인 없이 행정부가 예산을 보류하는 것은 위헌적 행위로 간주된다.

도널드 트럼프가 정부 계약을 일방적으로 취소하거나 특정 부서의 지출을 제한하면 의회의 동의 없이 예산을 집행하지 않는 것, 즉 보류에 해당할 수 있다. 2019년 트럼프 행정부가 우크라이나 군사 지원 예산을 보류한 사례에서 이미 국회 예산법 위반 논란이 발생했었다. 트럼프 1기 당시 국경장벽 건설을 위해 국방 예산을 전용했을 때도 하원이 이를 문제 삼고 법적 대응을 했던 사례가 있다.

현재 일론 머스크의 DOGE가 추진하는 공무원 대량 해고 및 정부의 계약 취소 역시 의회가 승인한 예산 구조를 변경하는 행위로 간주될 수 있다. 때문에 현재 트럼프가 추진하는 재정 지출 축소는 국회 예산법을 감안할 때 목적을 달성하기 힘들다. 달성한다고 해도 성과가 미약할 수 있다. 그렇다고 해서 재정 지출 축소가 단순한 정치적인 구호라고 할 수는 없겠지만 집권 초기 지지층 결집을 위해 강조법을 쓰는 건 맞는 듯하다.

대통령이 독자적으로 예산을 변경할 수 있는 경우라면 '국가 비상사태' 정도는 되어야 한다. 트럼프가 2기 취임 직후 미국-멕시코 남부 국경에서의 불법 이민 문제를 이유로 국가 비상사태를 선포한 것도 예산법과의 충돌 가능성을 우회하기 위한 조치로 해석된다.

트럼프가 민주당의 강력한 반발을 무릅쓰고 강력하게 재정 지출 축소를 추진하는 상황에서 '전략적 비트코인 준비금'을 위해 예산을 편성하겠다고 하면 설득력이 떨어진다. 민주당은 당론으로 이를 반대할 가능성이 크다. 전략적 비트코인 준비금에 대해서는 공화당 내에서도 아직 당론이 모이지 않은 상황이다.

상원은 공화당 50석, 민주당 48석, 무소속 2석로 구성돼 있다. 하원은 공화당 220석, 민주당 215석이다. 양원 모두 공화당이 과반이다. 밀어붙이면 못 할 것도 없지만 문제는 '필리버스터filibuster'다. 필리버스터란 법안 상정을 고의로 지연시키기 위해 무제한 토론을 하는 것을 말한다. 상원에서 필리버스터를 우회하려면 '50+10'표가 필요하다. 즉 공화당이 모두 찬성해도 민주당 의원 10명을 포섭해야 한다. 단, 조정절차Reconcilliation를 이용하면 필리버스터를 우회해 과반 표결로도 가능하다. 이 경우 비트코인 준비금이 연방 예산과 관련이 있다는 것을 입증해야 한다.

이 같은 점을 감안할 때 현재 전략적 비트코인 준비금 관련한 예산안이 국회를 통과하는 건 사실상 불가능하다. 트럼프가 예산 중립적인 방법을 찾으라고 한 건 예산을 쓰지 말라는 명령이 아니다. 예산은 민주당의 반대로 쓰지 못하게 될 게 뻔하니, 예산을 쓰지 않고도 비트코인을 매입할 수 있는 묘안을 찾으라고 명령한 것이다. 즉, 트럼프는 전략적 비트코인 준비금에 대해 아주 강력한 의지를 표명한 것이다.

그럼에도 트럼프가 현재 시장의 오해를 적극적으로 불식시키지 않는 건 당연하다. 100만 BTC 매입을 앞두고 비트코인 가격을 본인이 끌어올릴 이유가 전혀 없다. 오히려 비트코인 가격이 떨어지면 현재로서는 트럼프 입장에서는 미소를 지을 일이다. 매수 협상을 앞두고 매도자들에게 강력한 매수 의지를 보일 협상가는 없다. 트럼프는 특히 '거래의 기술'에서는 달인의 경지에 있는 인물이 아닌가.

최근 자산 시장 하락은 관세 전쟁 때문이기도 하지만, 보다 근본적인 건 재정 지출 축소가 통화량(M2) 증가 둔화로 이어질 것이란 우려 때문이기도 하다. 비트코인과 나스닥은 유동성에 민감하다. 그러니 국회 예산법은 트럼프 입장에서는 악법이고, 비트코인이나 나스닥 투자자 입장에서는 강력한 방패가 될 수 있는 것이다.

세금 중립적인 매입 방안은 이미 90%는 마련돼 있을 듯하다. 신시아 루미스 상원의원이 발의한 일명 '비트코인 법안Bitcoin Act 2025'에서 포트 녹스 금을 활용한 방안이 대표적이다. 루미스 상원의원은 2024년 발의한 법안을 새로운 회기가 시작된 2025년 3월에 수정 발의했다. 여기서는 연준이 재무부에 반환하는 수익금 중 매년 60억 달러를 비트코인 매입에 쓰자는 내용이 추가됐다.

일반 국채나 특수 목적 국채를 발행하는 것도 세금을 쓰지 않고 비트코인을 매입하는 유력한 대안이다. 비트코인 가격이 지속적으로 우상향한다면 미국 정부 입장에서도 유용한 레버리지 전략인 셈이다.

테더가 보유한 약 8만 4000BTC를 국채와 바꾸는 방안도 생각해 볼 수 있다. 테더는 준비금으로 달러와 미국채 이외에 비트코인과 금을 보유하고 있다. 미국 의회가 준비금을 100% 달러와 국채로 보유하는 규제 방안을 추진하고 있어, 테더는 비트코인과 금을 시장에 팔아 미국 국채를 매입해야 하는 상황이다. 이 과정에서 미국 정부와의 직거래 가능성도 무시할 수 없다.

에너지 패권은
석유에서 전기로 바뀔 것이다

비트코인의 영웅 서사에는 고비마다 조력자들이 등장했다. 비트
코인을 탄생시킨 사토시 나카모토에서 시작해 할 피니와 닉 재보
등 초기 개발팀이 유아기 비트코인의 조력자다. 마이클 세일러와
같은 마니아들이 사춘기 때 비트코인이 일탈하지 않도록 힘이 됐
다. 래리 핑크 블랙록 회장 같은 기관투자자들이 청년이 된 비트코
인의 든든한 후원자 역할을 하고 있고, 일론 머스크와 도널드 트럼
프가 비트코인 영웅 서사의 본격적인 챕터를 써 내려가고 있다.

많은 조력자 중 단 하나만 꼽으라면 전기다. 비트코인은 전기로
만들어지며, 전기의 가치를 저장한다. 비트코인은 AI 시대의 영웅
이 될 수밖에 없는 운명을 타고난 것이다. 정확히 말하면 영웅을 탄

생시키기 위해 사토시 나카모토가 이 같은 서사를 만들었다.

현재 기축통화는 페트로달러 시스템이다. 석유를 떼어놓고 달러를 논하는 것은 불가능하다. 화폐 전쟁에서 페트로달러 이후를 논할 때 사람들은 주로 달러를 대체할 화폐가 무엇인지에 초점을 맞춘다. 그것은 반쪽짜리 논쟁에 불과하다. 석유 이후에 대한 논의가 함께 이뤄지지 않는다면 기축통화의 미래를 정확히 예측할 수 없다. 이번 장에서는 석유 이후 기축자산은 무엇이 될지 생각해 보자.

페트로달러의 수명을 늘리기 위한 트럼프의 전략

국제에너지기구IEA에 따르면 2024년 기준 하루 평균 원유 수요는 1억 300만 배럴이다. 서부텍사스산원유WTI 기준 2024년 평균 가격은 배럴당 77.64달러다. 하루 평균 80억 달러(약 11조 원)어치의 석유가 거래되는 것이다. 이 같은 수요가 달러를 기축통화로 만든 기축자산으로서 석유의 능력이다.

석유 수요가 급격히 줄거나, 석유를 달러로만 결제하지 않는다면 달러의 패권은 무너진다. 현실에서는 지금 두 가지 일이 모두 일어나고 있다.

석유 수요는 1975년 하루 6000만 배럴에서 지속적으로 늘었다. 이 같은 증가 추세는 2029년 정점을 찍고 내림세로 돌아설 것으로 IEA는 전망하고 있다. 전기차 보급 확대와 재생에너지 사용 증가,

에너지 효율성 향상, 중국의 경기 둔화 등이 복합적으로 작용한 결과다.

인류의 지속 가능한 생존을 위해 탄소 배출을 줄여야 한다는 전제 아래 석유를 대체할 에너지로 전기와 수소 등이 꼽힌다. 수소는 사용 후 물만 배출하고 자연에서 무제한 얻을 수 있기 때문에 궁극의 에너지로 꼽히지만 아직은 양산 단가가 비싸다는 게 가장 큰 걸림돌이다. 결국 전기가 석유를 대체해 기축자산이 될 가능성이 가장 크다.

미중 에너지 패권 전쟁에서 전력은 승패를 좌우할 핵심 변수다. 도널드 트럼프의 전략은 우선 페트로달러 시스템의 수명을 최대한 연장하는 것이다. 동시에 그는 미국이 미래 글로벌 전력 공급망을 장악하겠다는 시나리오도 갖고 있다.

미국과 사우디아라비아 간의 페트로달러 계약은 2024년 끝났다. 50년 만기가 지난 것이다. 이제 사우디아라비아는 계약상으로는 더 이상 미국의 눈치를 보지 않아도 된다. 최대 수입국인 중국이 원하는 위안 결제도 얼마든지 가능하다. 물론 미국이 눈을 시퍼렇게 뜨고 있지만 않다면 말이다. 여전히 SWIFT는 미국의 통제 아래 있다는 게 문제다.

빈 살만 사우디아라비아 왕세자는 호시탐탐 위안 석유 결제를 노린다. 도널드 트럼프도 이 같은 사실을 잘 안다. 달러 결제 비중이 줄어들 위험이 상존한다는 사실을 말이다. 도널드 트럼프의 계획은 미국을 전 세계에서 유가가 가장 싼 나라로 만드는 것이다. 모든 나라가 미국으로 석유를 사러 몰려들게 하겠다는 것이다.

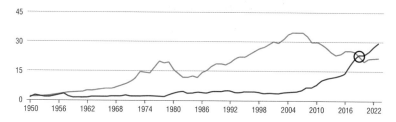

━━ 1950~2023년 미국의 에너지 수입(초록색)과 수출(빨간색) 그래프. 2019년을 기점으로 수출량이 수입량을 넘어섰다. 단위는 QBTU(Quadrillion British Thermal Units)다. © eia

미국은 이미 석유 수입국이 아니라 수출국이다. 전 세계는 이제 사우디아라비아가 아니라 미국에서 석유를 사게 될 것이다. 도널드 트럼프가 관세 전쟁의 포문을 열자, 눈치 빠른 국가들은 미국산 에너지 수입 확대 계획을 들고 도널드 트럼프를 찾아온다.

미국은 2019년부터 에너지 순수출국으로 전환됐다. 2023년 미국의 상위 5대 수출 품목에서 원유 1위, 휘발유 3위, 액화천연가스 LNG 4위로 에너지 분야에서만 650억 달러의 무역흑자를 기록했다.

유가가 오르면 경제성장에 치명적이다. 특히 석유가 한 방울도 나지 않는 독일과 프랑스 등 EU 주요 국가들과 막대한 석유를 수입하는 중국, 일본 등에게 유가 상승은 경제에 치명타가 될 수 있다. 미국이 유가가 가장 싼 나라가 되면 오대양에 떠 있는 유조선들은 뱃머리를 미국으로 돌릴 수밖에 없을 것이라는 게 도널드 트럼프의 계산이다.

페트로달러에 대항했던
EU의 탄소 배출권

　유럽외교협회ECFR 자료에 따르면 EU의 경제 규모는 2008년까지만 해도 16조 2000억 달러로 미국의 14조 7000억 달러보다 컸다. 하지만 2022년, 미국의 경제 규모는 25조 달러로 성장한 반면 유럽은 EU는 영국을 합해도 19조 8000억 달러에 불과했다. IMF에 따르면 14년 동안 EU는 6% 성장에 그쳤지만 미국은 82% 성장했다.

　2003년 이라크 전쟁 이후 국제 유가는 배럴당 20~30달러 선에서 2004년 12월 31일 기준으로 160달러 선까지 급상승했다. 원자재 가격 상승으로 독일과 프랑스 경제는 사실상 마이너스 성장을 했다. 스태그플레이션 상황에서 물가 상승이 1% 성장을 잡아먹은 것이다. 특히 EU는 탄소 제로 경제를 기치로 친환경 에너지로 에너지 공급 구조를 바꾸면서 원자재 비용이 더욱 가파르게 상승했다.

　달러 입장에서 유럽이 주도하는 탄소 제로 경제는 탄소 배출권에 연동해 유로를 왕좌에 앉히려는 역적모의나 다름없다. 탄소 배출량이 가장 많은 세 나라가 중국, 인도, 미국인데 석유를 쓰려면 유럽에서 탄소 배출권을 사야 한다. 탄소 배출권은 석유를 사용하기 위한 일종의 유로로 표시된 세금이다. 트럼프가 유럽이 중국과 인도의 탄소 배출 문제에 대해서는 느슨한 규제를 적용한다며, 이에 미국 기업들이 상대적으로 피해를 보고 있다고 주장하는 이유다.

　역사는 반복된다. 제국주의 시대에 생산 자원 확보를 위해 유럽 열강은 아프리카 쟁탈전을 벌였다. 탄소 배출권 시장에서도 아프리카는 EU 열강들의 각축장이 되었다. 1997년 체결된 교토의정서 체제 아래 시장 원리에 기반한 탄소 배출권 거래제인 청정개발체제 **CDM**가 도입됐다. 선진국이 아프리카 등에서 온실가스 감축 사업에 투자한 뒤 그에 따른 탄소 배출권을 차지하는 체제였다. 온실가스 감축 사업이 선진국 주도로 이뤄졌기 때문에 정작 아프리카 국가이나 개발도상국이 차지하는 탄소 배출권 규모는 미미했다.

도널드 트럼프는 2025년 1월 20일 두 번째 임기 첫날 파리기후협약 탈퇴 행정명령에 서명했다. 이는 탄소 배출권을 새로운 기축자산으로 삼아 화폐 패권을 되찾으려는 EU의 계획을 무산시킴과 동시에 석유 수요를 최대한 유지하려는 도널드 트럼프의 노림수다.

트럼프의
유가 인하 압박의 속내

유가 인하는 전력 생산 비용을 낮추려는 의도도 있다. 전기료를 낮춰 향후 전력 공급망을 둘러싼 중국과의 경쟁에서 유리한 고지를 점하고, 비트코인 네트워크의 해시 파워를 키우겠다는 것이다.

이미 미국의 산업용 전력 요금은 다른 선진국보다 저렴하다. 2022년 6월을 기준으로 미국의 메가와트시당 산업용 전력 요금은 평균 84달러로 프랑스(137달러), 일본(146달러), 독일(203달러)보다 훨씬 싸다.

친환경 규제가 없다면 미국은 에너지 가격을 훨씬 더 낮출 수 있다. 실제 기후 및 환경 관련 규제가 강한 캘리포니아주의 산업용 전력 요금은 메가와트시당 261달러에 이르지만 규제가 상대적으로 느슨한 텍사스주의 경우 63달러에 불과하다.

도널드 트럼프는 미국 내 석유 및 천연가스 개발을 어렵게 하는 모든 규제를 제거하고, 더 나아가 필요하다면 환경청EPA까지 폐지할 계획이다. 국방부 다음으로 딥스테이트deep state가 많은 곳으로 환경청을 꼽고 있기 때문이다.

전기료를 낮추는 방법으로 원자력이 다시 소환되고 있다. 도널드 트럼프는 소형원자로SMR 개발 등 첨단 기술 분야에서 미국이 가장 앞선 나라가 되도록 지원하겠다고 공약했다. 우라늄도 최대한 자립도를 높이고, 특히 러시아에 대한 의존도를 줄여야 한다는 게 트럼프의 생각이다.

저렴한 전기값은 AI와 비트코인 경쟁에서 미국이 우위를 점할 수 있는 가장 강력한 토대다. 실제로 AI는 막대한 전력을 필요로 한다. 2023년 엔비디아가 생산한 376만 대의 AI용 반도체가 소모하는 전력만 해도 미국 가정 140만 가구의 전력 소비량과 맞먹는다. 부산 인구가 쓰는 전력량이기도 하다. 당연히 AI용 반도체 투자가 증가할수록 전력 수요는 더 늘어날 것이다. 모건스탠리는 데이터센터 전력 사용량이 2023년의 15테라와트시에서 2024년에는 46테라와트시로 약 세 배 증가할 것으로 예상했다. 미국 은행 웰스파고Wells Fargo는 세계적으로 AI 관련 전력 수요가 2026년까지 550% 증가할 것으로 전망하고 있다. 반도체 기업인 ARM은 10년 내에 AI용 데이터센터가 미국 전체 전력 소비의 20~25%를 차지할 수도 있다고 분석했다.

미국은 최근 원유 생산에 AI를 도입해 높은 생산성 향상을 기록하고 있다. 시추 설비는 2015년 이후 계속 감소하고 있지만 원유 생산량은 하루 1330만 배럴로 역대 최고 수준을 유지하며 세계 1위 생산량을 기록하고 있다.

에너지 자립을 꿈꾸는
중국의 대응

중국은 미국보다 탄두 수는 적지만 핵보유국이다. 챗GPT보다 저렴한 비용으로 딥시크DeepSeek를 만든 AI 강국이다. 하지만 미국 앞에서 중국은 훤히 드러난 아킬레스건을 하나 갖고 있다. 에너지 자립이 안 됐다는 점이다. 중국은 하루 소비량의 3분의 2에 해당하는 1000만 배럴을 수입한다. 이조차 SWIFT를 통해 대부분 달러로 결제한다. 중국은 미국이 극단적인 상황에서 언제든 목줄을 틀어쥘 수 있다는 불안감에 떨 수밖에 없다.

중국 에너지 정책의 최우선은 페트로달러 시스템의 통제에서 벗어나는 것이다. 이를 위해서는 안전한 석유 공급망을 확보하고, 달러 SWIFT를 거치지 않고도 석유 대금을 송금할 수 있는 자체 결제망을 구축하는 게 급선무다.

시진핑 중국 국가 주석은 '일대일로一帶一路 계획'과 연계해 에너지 자립을 추구하고 있다. 일대일로 계획은 위안 결제와 중국의 글로벌 영향력을 확대하기 위해 시진핑이 2013년에 제시한 구상이다. 동남아, 아프리카, 중앙아시아 지역이 개발도상국에 차관을 제공해 도로, 항만, 공항, 전력망 등 인프라 개발을 지원하는 게 골자다.

채무국이 빚을 갚지 못할 경우 인프라 운영권을 획득하는 식으로 영향력을 확대하는 전략이어서 '채무의 덫' 외교라는 비판을 받고 있다. 중국은 이런 식으로 파키스탄 과다르Gwadar 항구와 스리랑카 함반토다Hambantota 항구 운영권을 획득했다. 이 두 항구는 중국이 경제적, 군사적 영향력을 확대하는 핵심 거점으로 평가된다.

시진핑은 트럼프 1기 때인 2019년 빈 살만 사우디아라비아 왕세자와 파키스탄 과다르 항구에서 중국 서부 국경 지역까지 이어지는 송유관 건설을 추진했었다. 빈 살만이 직접 파키스탄과 중국을 오가며 7000억 달러에 달하는 투자 계획을 밝히는 등 실제 프로젝트가 진행되는 듯했으나 트럼프의 방해 공작으로 결국 사업이 중단됐다. 트럼프가 사우디아라비아계 미국 국적 언론인 쟈말 카슈끄지 Jamal Khashoggi 살해의 주범으로 빈 살만을 지목한 것이다.

2014년 착공한 중국-중앙아시아 가스관 D라인은 투르크메니스탄 가스전에서 생산된 천연가스를 우즈베키스탄, 타지키스탄, 키르기스스탄을 거쳐 중국으로 운송하는 프로젝트다.

중국은 이와 함께 위안 결제망인 중국국제결제시스템CIPS에 사우디아라비아의 참여를 종용하고 있다. CIPS는 미국이 SWIFT에서 러시아를 퇴출시킨 뒤 불안감을 느낀 중국이 만든 위안 중심의 국제 송금망이다. 러시아와 이란 등 반미 국가와 브릭스BRICS 역내국들을 중심으로 사용 국가들이 늘어나는 추세다.

중국이 안정적인 석유 공급망 확보와 동시에 추진하는 에너지 전략은 친환경 발전 비중을 늘리는 것이다. 이는 석유 수요를 줄여서 페트로달러 시스템을 약화시키면서 향후 본격화할 미국과의 전력 패권 전쟁에서 유리한 고지를 점하기 위한 이중 포석으로 풀이된다.

2023년 말 중국의 친환경 에너지 발전 설비 용량은 전년보다 24.9% 증가해 1500기가와트를 초과했다. 전체 발전 설비 용량의 절반이 넘는 51.9%를 차지하는 용량이다. 발전량 또한 2950테라와트시로 전년 대비 8.3% 증가했다. 이로써 전체 전력 소비량의 32%를 친환경 에너지가 담당하고 있다.

에너지원별로 보면 태양광 발전의 경우 2022년 누적 설비 용량이 393기가와트였으나, 2023년에는 609기가와트로 55% 증가했다. 풍력 발전은 같은 기간 365기가와트에서 441기가와트로 20.8% 늘었다.

중국은 태양광 패널, 풍력 터빈, 전기차, 리튬이온 배터리 등 친환경 기술 제품의 생산에서 세계 선두를 달리고 있으며, 이를 바탕으로 국제 표준을 주도하겠다는 전략이다. 대표적인 예로, 중국은 리튬이온 배터리 생산에서 세계 시장의 약 70%를 점유하고 있다.

중국이 친환경 발전에서 글로벌 지배력을 강화하기 위해 주력하는 분야로 특고압UHV 송전 기술을 주목할 필요가 있다. 특고압 송전 기술은 수천 킬로미터 이상의 거리를 송전할 때 전력 손실률을 10% 미만으로 낮추는 기술이다. 특고압 송전 기술이 중요한 이유는 태양광이나 풍력, 수력 등 친환경 발전의 경우 전력 생산지와 소비지의 거리가 멀기 때문이다. 직류가 교류보다 손실률이 큰데, 중국은 직류와 교류 둘 다 세계 최초로 특고압 송전 기술을 상용화하고, 해외 수출까지 하는 상황이다.

각 가정과 기업에서 AI와 휴머노이드 사용이 지금보다 훨씬 일반화하면 특고압 송전 기술의 중요성이 더욱 부각될 것으로 보인다. 전력 사용량이 상상을 초월할 정도로 증가하고, 글로벌 전력 거래가 활성화하면 국경을 넘나드는 송전망 구축 수요도 폭증할 것이다. 관련 기술 표준을 선점하는 게 전력 패권 경쟁에서 중요한 변수가 될 수 있다.

아프리카 결제 시장을 선점하려는 중국의 행보

중국의 에너지 자립 전략과 관련해 2024년 9월 베이징에서 개최된 중국-아프리카 협력 포럼FOCAC 정상회의는 중요한 의미를 갖는다. 시진핑이 개막식에 참석해 기조연설을 한 이 회의는 아프리카 50여 개국의 정상이 참석했다.

이번 회의에서는 중국과 아프리카 간의 산업 협력 강화, 특히 친환경 발전 관련 기술 이전과 디지털 금융 분야에서의 협력이 주요 의제로 다루어졌다. 중국이 친환경 발전과 디지털 금융 분야에서 쌓아온 기술적 노하우로 글로벌 영향력을 확대하고 있는 것이다.

도널드 트럼프가 미국 우선주의를 표방하며 글로벌 경찰국가로서의 역할을 축소하는 가운데, 그 틈을 시진핑이 비집고 들어가고 있는 셈이다.

아프리카는 주민의 57%가 은행 계좌가 없을 정도로 금융 시스템이 낙후돼 있다. 중국은 알리페이**Alipay** 외 위챗페이**WeChat Pay** 등의 모바일 결제 시스템과 CBDC인 e-CNY를 앞세워 아프리카 결제 시장을 선점하고 있다. 케냐에서는 알리페이와 위챗페이로 이미 결제가 가능하고, 나이지리아는 중국 핀테크 기술을 활용해 'e-나이라'라는 CBDC를 발행했다. 중국이 노리는 건 아프리카와의 무역에서 달러망을 거치지 않고 디지털 위안으로 직접 결제하는 것이다. 아프리카는 특히 친환경 발전 잠재력이 크고, 향후 전력 수요가 늘어날 경우 중국의 전력 수출 시장으로 발전할 수도 있다.

비트코인을 대하는
한국과 일본의 관점 차이

    미국과 중국이 비트코인 쟁탈전을 벌이는 것과 달리 다른 선진국들은 비트코인 보유에 아직은 미온적인 태도를 보이고 있다. SWIFT에서 배제된 러시아 정도가 자체 결제망을 구축하는 것과 함께 비트코인을 전략적으로 비축하고 무역 결제에서 비트코인을 받겠다는 계획을 밝힌 정도다. 다른 선진국은 아직 비트코인의 큰 변동성을 우려해 비트코인 보유에 관해 신중한 입장이다. 우리나라는 특히 소비자 보호에 방점을 찍고 비트코인을 비축자산으로 보유하는 것에 대해서는 부정적 태도를 취하고 있다.

    러시아는 2022년 우크라이나 침공으로 미국과 EU 등 서방 국가들로부터 SWIFT에서 배제되는 제재를 받았다. 이는 러시아가 독일과 프랑스 등에 수출한 석유와 천연가스 대금을 더 이상 못 받게 됐다는 것을 의미한다.

독일과 프랑스 입장에서는 그동안 수입했던 러시아산 석유와 천연가스를 대체할 수입국을 찾아야 한다는 뜻이기도 하다. 독일이 새로 찾은 천연가스 수입국은 미국이다. 이는 미국이 러시아 금융 제재를 통해 얻으려는 게 무엇이었는지를 극명하게 보여준다.

미국의 금융 제재의
활로를 찾은 러시아

러시아는 중국보다 앞선 2014년부터 자체 결제망 SPFS를 구축하면서 미국의 금융 제재에 대비했다. 현재 SPFS에 가입한 은행은 400여 개로 러시아 은행과 친러시아 국가들이 대부분이다. 하지만 독일과 스위스의 은행도 일부 포함된 것으로 알려졌다.

독일은 2020년 기준 석유 수입의 34%, 천연가스 수입의 55%를 러시아에 의존해 왔다. 러시아에 대한 금융 제재 이후 공식적으로 러시아산 에너지를 수입하지 못하게 된 독일은 수입국을 다변화하는 방법으로 대응했다. 2024년 기준 독일의 전체 천연가스 소비량의 9%가 신규 공급처로부터 수입됐다. 신규 수입량의 91%가 미국산이다.

독일이 공식적으로는 러시아산 에너지 수입을 중단한 상태지만 우회로를 통해 여전히 상당량의 석유와 천연가스를 러시아로부터 수입하는 것으로 추정된다. 최근 독일 국영 에너지 기업인 세폐^{Sefe}는 프랑스의 됭케르크^{Dunkerque} 항을 통해 러시아산 LNG를 수입한 것으로 나타났다. 2024년 한 해 동안 러시아산 LNG를 총 58회 수입하였으며, 이는 2023년에 비해 여섯 배 이상 증가한 수치다. 이는 독일이 러시아산 에너지 의존도를 완전히 탈피하기 어려운 현실을 보여준다.

러시아는 독일로의 직접적인 석유 수출이 중단된 이후, 카자흐스탄산 석유를 독일로 수출하는 방안을 모색하고 있다. 이 같은 상황은 독일과 러시아가 달러 결제망을 대체할 새로운 결제망을 필요로 한다는 방증이다. 이는 독일 은행이 러시아 자체 결제망에 가입한 이유를 설명해 준다.

도널드 트럼프가 관세 전쟁의 포문을 연 상황에서 독일은 미국의 눈치를 봐야 하는 처지이고, 러시아는 추가 제재를 두려워하는 입장이다. 두 나라 모두 비트코인 결제의 필요성이 커지는 이유다. 푸틴 대통령은 미국 제재에 맞서 다른 형태의 지급 결제 수단을 고려해야 하는 상황에서 "누가 비트코인의 사용을 막을 수 있는가"라고 말한 적이 있다.

러시아는 비트코인을 대체 결제 수단으로 사용하기 위해 암호화폐를 자산으로 인정하는 법을 통과시키고, 비트코인을 비롯한 암호화폐 소득에 대한 세제 지원책을 마련했다. 암호화폐 채굴을 합법화해 관련 산업을 육성하고 있다. 또 러시아 기업들이 무역 결제에 비트코인과 디지털 루블을 사용할 수 있도록 법률을 개정했고, 이미 관련 거래가 이루어지고 있다.

— 2024년 8월 8일, 푸틴 대통령은 암호화폐 채굴을 합법화하는 법안에 서명했다.
© Vyacheslav Prokofyev

러시아는 자체 결제망인 SPFS와 중국이 추진하는 결제망 CIPS를 연계해 탈달러 시스템을 확대하는 방안도 모색하고 있다. 러시아는 특히 브릭스**BRICS** 역내국 간에 비트코인 등의 암호화폐를 통한 결제 시스템을 구축하는 방안을 추진 중이다.

브릭스는 브라질, 러시아, 인도, 중국, 남아프리카공화국으로 구성된 신흥경제국 협의체로, 2024년 1월 1일부터 이집트, 에티오피아, 이란, UAE가 신규 회원국으로 가입해 총 9개국으로 확대됐다. 2024년 기준 브릭스 역내국의 인구는 총 37억 명으로 세계 인구의 47%를 차지하며 이들 국가의 GDP를 합하면 세계 경제의 34%를 웃돈다.

유럽은 왜
비트코인에 부정적일까

EU 국가 중에서는 독일이 비트코인 보유의 필요성을 가장 크게 느낀다. 독일은 에너지를 대부분 수입하고, 반대로 대미 무역흑자 규모가 커 지정학적인 불안과 도널드 트럼프의 관세정책에 다른 나라보다 민감하다. 미국 상무부 집계에 따르면, 2024년 독일의 대미 무역흑자는 848억 달러(약 105조 원)로, EU 전체 대미 무역흑자 2356억 달러의 약 36%를 차지한다.

독일 경제연구소인 이포Ifo에 따르면 트럼프가 10~20%의 보편관세Universal Baseline Tariff를 부과할 경우 독일 경제에 약 330억 유로의 손실을 초래할 수 있으며, 독일의 대미 수출이 약 15% 감소할 것으로 전망했다.

독일의 전 재무부 장관 크리스티안 린드너Christian Lindner는 이 같은 불확실성에 대비해 독일 정부에 비트코인을 전략적 비축자산으로 보유할 것을 제안했다. 하지만 독일 정부는 아직 비트코인 보유에 대해 부정적 입장이다.

유럽중앙은행ECB도 의회에서 비트코인 보유에 대한 검토를 요구했으나 크리스틴 라가르드Christine Lagarde 총재는 비트코인의 변동성에 대해 지속적으로 우려를 나타내며 보유에 회의적 태도를 보였다. 반면 체코나 폴란드 등은 비트코인을 보유하는 방안을 검토 중인 것으로 전해졌다.

독일은 물론 EU의 지도부가 비트코인 보유에 부정적 입장을 갖는 건 변동성 때문이라기보다 유로의 입지가 약화할 것을 우려한 결과로 보는 게 더 맞다. EU의 주요국이 비트코인에 더욱 부정적 입장을 나타내는 건 비트코인이 역내 기축자산이나 기축통화가 될 경우 통화정책을 제어할 수 없기 때문이다.

한국은 투자 상품, 일본은 결제 시스템

일본은 일찌감치 비트코인에 관한 규제의 틀을 만들며 민간 부문에서는 비트코인 사용과 투자를 활성화하고 있다. 하지만 일본 정부 차원에서 비트코인을 보유하는 것에 대해서는 아직 부정적인 입장이다.

2017년 4월, 일본 정부는 '자금 결제법'을 개정해 비트코인을 공식 결제 수단으로 인정했다. 이를 통해 암호화폐 거래소 등록제를 도입하고, 자금 세탁 방지 및 고객 신원 확인 규제를 강화했다.

일본 금융청FSA은 비트코인 현물 ETF 출시를 염두에 두고, 가상 자산을 유가증권에 준하는 금융상품으로 취급하는 방안을 검토 중이다.

그러나 비트코인을 외환 준비금으로 보유하는 것에 대해서는 부정적인 입장을 밝혔다. 2024년 12월, 일본 내각은 공식 답변서를 통해 "어떠한 경우에도 암호화폐를 보유하는 것은 불가능"하다며 "외환 자금 특별 회계 운영에 있어서는 상환 확실성이 높은 국채나 외국 중앙은행 예금 등을 운용하고 있다"라고 설명했다.

한국의 비트코인에 대한 규제 프레임은 투자자 보호에 초점이 맞춰져 있다. 일본의 관련 법이 비트코인을 거래 시스템에 편입시키는 데 주안점을 두고 있는 것과 근본적으로 다르다.

한국의 가상자산법은 비트코인을 결제 수단이 아니라 투자상품, 즉 자산으로 보고 있다. 따라서 일본과는 달리 시장 활성화보다는 강력한 규제를 적용해 리스크를 줄이고 투자자의 자산을 지키는 게 목적이다.

한국은 2021년 3월 '특정금융정보법(특금법)'을 개정해 가상자산사업자VASP 등록제를 도입했다. 사업자는 금융정보분석원FIU에 의무적으로 신고해야 하고, 투자자는 실명 확인 입출금 계좌를 사용해야 한다. 미신고 사업자는 운영이 금지되는 등 규제가 까다롭다. 특금법 개정 후 업비트, 빗썸, 코인원, 코빗 등 일부 거래소만 살아남고, 대부분의 중소 거래소는 폐쇄됐다.

2024년 7월부터는 '가상자산 이용자 보호법'이 시행 중이다. 사업자의 이용자 자산 보호 의무가 강화되고, 내부자 거래와 시세 조작, 부정거래가 금지되는 등의 내용이 골자다. 해킹 사건에 대비해 고객 자산의 80% 이상을 콜드월렛cold wallet에 보관하도록 의무화하는 내용도 포함됐다.

2025년부터 시행 예정이던 '가상자산소득 과세제도'는 2027년으로 2년 유예됐다. 250만 원을 초과하는 가상자산 양도 및 대여 소득에 대해 20%의 세율이 적용된다. 거래소가 원천징수를 하는 방식이다. 하지만 해외 거래소나 개인 지갑을 이용하는 경우 원천징

수가 불가능해 과세의 형평성 문제가 지속적으로 제기되고 있다.

　반면 한국 정부가 비트코인을 비축하는 방안과 관련해 공식적인 입장을 밝힌 적은 없다.

4장

비트코인은 세계 경제를 어떻게 바꿀 것인가

달러를 기축통화로 만든
킹메이커를 주목하라

비트코인은 기축통화가 될 수 있을까?

이 질문에 답하려면 우선 기축통화key currency가 무엇인지부터 정확히 알아야 한다. 기축통화는 거래에 가장 많이 쓰이는 화폐로, 거래를 위해 항상 일정 수준을 준비해 놓고 있어야 한다.

21세기 현재 기축통화는 미국 달러다. 달러는 국제 거래의 88%를 차지한다. 무역 송장의 55%, 국제 결제망 SWIFT로 송금되는 돈의 42%가 달러다. 감소하는 추세지만 각국 중앙은행이 보유하는 외환보유고의 과반인 60%는 여전히 달러가 차지한다.

비트코인이 기축통화가 되려면 이 정도의 거래에 쓰여야 하고, 외환보유고의 과반을 점유해야 한다. 과연 그럴 수 있을까.

달러는 어떻게
화폐의 왕좌에 올랐나

달러를 기축통화로 만든 건 미국의 경제력과 군사력, 그리고 금융 네트워크였다. 미국의 GDP는 연간 30조 달러에 육박한다. 한 해 국방비로 1조 달러를 쓴다고 해 천조국이라는 별칭을 얻었을 정도로 군사력은 그야말로 '넘사벽'이다. 미국은 월가를 중심으로 글로벌 금융산업을 지배한다고 해도 과언이 아니다. 금융 부문의 GDP는 연간 1조 5000억 달러를 웃돌고, 이는 전체의 7.6%를 차지하는 규모다.

달러를 갖고 있으면 미국이 생산하는 30조 달러어치의 상품과 서비스를 구입할 수 있다. 세계 경제 전체의 30%가량을 차지한다. 이 점만으로도 달러가 기축통화가 될 가능성은 충분하다.

달러 이전 기축통화는 영국 파운드다. 이 역시 영국의 경제력과 군사력, 금융 네트워크라는 삼박자가 맞아떨어진 결과다.

달러와 파운드를 기축통화로 만든 공통 요인이 바로 금융 네트워크다. 기축통화의 국적은 거의 100년마다 바뀌었지만, 금융 네트워크가 기축통화를 만들어왔다는 사실에는 변함이 없다. 정권은 바뀌어도 부자는 바뀌지 않는다는 말이 있다. 한국에서 대통령 임기는 5년이지만, 이재용 삼성 회장은 임기가 없다. 대통령이 여러 차례 바뀌어도 그가 삼성의 오너라는 사실에는 변함이 없다.

달러와 파운드의 사례만 봐도 글로벌 금융 네트워크를 장악한 세력이 기축통화를 만들었다고 할 수 있다. 기축통화의 국적은 세계 경제의 흐름에 따라 선택되어지는 것이었다. 그 선택의 가장 중요한 기준은 경제력과 군사력이다. 이제까지는 금이 어디에 쌓이느냐에 따라 경제력의 향방이 결정되었고, 그 국가의 군사력이 기축통화의 지위를 지키는 호위무사가 되었다.

그렇다면 달러를 비롯해 기축통화를 만든 금융 네트워크는 과연어떻게 형성되었을까? 비트코인은 이들의 인정을 받아 기축통화가될 수 있을까?

파운드에서 달러로 패권을 넘긴 건 누구인가

달러가 기축통화가 된 건 1944년 브레턴우즈 협정에 의해서다. 2차 세계대전 전후 세계 경제 시스템을 논하는 이 자리에서 영국은 달러를 세계 유일의 금본위제 화폐로 공식 인정했다. 파운드가 달러에 패권을 넘겨주는 순간이다.

2차 세계대전을 겪으며 미국은 세계 최대 금 보유국이 됐다. 영국의 중앙은행인 영란은행의 금이 연준의 금고로 옮겨진 것이다. 당시 영국의 안정적인 금 공급을 책임진 건 유럽 5개국을 근거지로세계 금융을 지배했던 금융 재벌 로스차일드 가문이었다. 로스차일드 입장에서는 금의 VIP 고객이 영국에서 미국으로 바뀐 셈이다. 그에 맞춘 새로운 사업 모델이 필요했을 것이다.

이 같은 시대적 배경과 브레턴우즈 체제를 설계한 해리 덱스터

화이트Harry Dexter White가 유대인이라는 이유로 로스차일드가 브레
턴우즈 협정 체결에 영향력을 행사한 게 아니냐는 일종의 음모론이
회자되기도 했다. 모든 음모론이 그렇듯 이에 대한 명확한 증거는
없다. 하지만 당시 글로벌 금 시장을 장악하고 있었던 로스차일드
입장에서 브레턴우즈 체제가 시장 장악력을 유지하는 데 더 유리했
을 것이라는 사실은 부인할 수 없다.

1930년대 대공황 당시 영국은 금본위제를 사실상 포기했다. 파
운드 발행이 더 이상 로스차일드가 가진 금 수요를 견인하지 못하
게 된 것이다. 브레턴우즈 협정이 체결되고 2년이 지난 1946년 영
국은행이 완전히 국유화된 것도 로스차일드가 영국에서의 사업 비
중을 축소하는 과정에서 생긴 결과라는 해석도 나온다. 그 전까지
영국은행은 지금 연준처럼 로스차일드를 비롯한 민간은행들이 지
분을 가진 민간은행이었다.

로스차일드는 19세기 초중반 미국 독립 직후 철도와 석유 산업
에 대한 투자로 미국에서의 금융 지배력을 확대했다. 그 과정에서
미국에서 영국으로 건너온 J. P. 모건John Pierpont Morgan과 글로벌 석
유 사업을 확대하려는 록펠러Rockefeller 가문을 이용했다.

맨해튼 파크애비뉴 270번지에 위치한 JP모건체이스J.P. Morgan
Chase & Co.는 로스차일드의 미국 지배를 가능하게 한 베이스캠프다.
J. P. 모건은 미국의 금융공황이 발생한 1837년에 태어나 죽을 때
까지 금융자본으로 미국 산업을 집어삼켰다. 모건 가문과 로스차일
드 가문의 인연은 J. P. 모건의 아버지 주니어스 스펜서 모건Junius
Spencer Morgan III으로 거슬러 올라간다.

주니어스 스펜서 모건은 1854년 조지피보디앤드컴퍼니George Peabody & Company의 파트너로 참여하면서 런던과 월가를 잇는 금융 사업에 발을 디뎠다. 조지피보디앤드컴퍼니는 J. P. 모건이 태어난 1837년 미국에서 런던으로 건너간 금융가 조지 피보디가 설립한 회사다.

조지 피보디는 미국이 대영제국군을 물리친 직후인 1795년 매사추세츠 댄버스Danvers에서 태어났다. 댄버스의 일부였던 지역은 피보디의 이름을 따서 피보디라는 도시로 분리됐다. 그가 미국인의 존경을 받는 인물인 건 사실이다. 하지만 자신의 의도와는 상관없이 그는 영국의 금융 재벌들이 미국을 지배하는 데 결정적인 역할을 했다.

가난한 집안의 아들로 태어난 피보디는 1837년 미국 금융공황 당시 런던으로 건너갔다. 미국 경제 회복에 런던 금융계의 자금이 필요하다는 판단에서다. 그는 돈 냄새를 맡는 재능이 있었다. 당시 런던 금융계에서는 로스차일드 가문의 영향력이 막강했다. 조지 피보디는 로스차일드 가문이 미국 정부와 기업의 채권에 투자하는 데 연결 고리의 역할을 했다.

주니어스 스펜서 모건은 조지 피보디가 은퇴한 1864년에 회사를 인수해 이름을 JS모건앤드컴퍼니J.S. Morgan & Co.로 바꾸었다. 피보디는 결혼하지 않아서 회사를 물려줄 아들이 없었다. 그래서 J. P. 모건이 기업을 이어받아 뉴욕과 런던을 잇는 금융 네트워크를 구축했다. 이것이 지금의 JP모건체이스다.

록펠러 가문도 로스차일드 가문의 돈을 빌려 석유 사업을 확장했다. 존 D. 록펠러는 1870년 스탠더드오일Standard Oil Co.을 설립하고, 미국 석유 산업을 독점적으로 장악해 세계 최대의 석유 기업으로 키웠다. 록펠러는 당시 뉴욕에 있는 쿤러브앤드컴퍼니Kuhn, Loeb & Co.를 통해 런던에 채권을 팔았다.

쿤러브앤드컴퍼니는 1867년 아브라함 쿤Abraham Kuhn과 솔로몬 러브Solomon Loeb가 뉴욕에서 공동 설립한 투자은행이다. 두 사람은 독일에서 건너온 유대인으로 유대인 커뮤니티의 지원으로 뉴욕에서 정착하는 데 성공했다. 처음엔 의류 사업으로 돈을 벌었다. 이후 금융업에 진출해 부동산 금융을 주로 다루다가 철도 분야의 기업금융으로 사업을 확장했다. 쿤 러브 앤드 컴퍼니는 특히 유니언 퍼시픽 철도Union Pacific Railroad의 채권을 로스차일드 가문과 연결하는 역할을 했다.

쿤러브앤드컴퍼니의 본격적인 성장은 역시 독일계 유대인인 야코프 시프Jacob Henry Schiff가 합류하면서부터 이루어졌다. 시프는 1847년 독일 프랑크푸르트에서 태어났다. 프랑크푸르트는 로스차일드 가문의 본거지로 금융계에서는 성지나 다름없는 곳이다. 시프는 1865년 뉴욕으로 이주하면서 월가에 합류했다. 솔로몬 러브는 유대인 커뮤니티를 통해 알게 된 시프의 능력을 한눈에 알아보고 1875년 그를 영입했다.

쿤러브앤드컴퍼니와 로스차일드의 관계는 러일 전쟁 당시 일본 채권거래를 통해 알 수 있다. 시프는 1904~1905년 러일 전쟁 당시 일본 정부의 채권을 대규모 매입하는 방식으로 금융지원을 했다. 당시 유럽 내 일본 국채의 판매를 담당한 것이 로스차일드였다.

JP모건과 쿤러브앤드컴퍼니는 모두 로스차일드에 미국 국채를 판매하고 있었기에 라이벌 관계였다. 쿤러브앤드컴퍼니는 1977년 리먼 브러더스와 합병했다. 이후 2008년 리먼 브러더스 파산은 금융위기의 신호탄이 됐다. 월가 금융제국의 맏형인 JP모건이 당시 베어스턴스Bear Stearns를 인수하고, 리먼 브러더스를 구제하지 않은 건 어쩌면 당연한 결과다.

모든 건
빛에서 시작됐다

모든 문제는 빚에서 시작됐다. 17세기 말 영국은 명예혁명(1688)과 윌리엄 3세의 왕위 계승 이후 프랑스와의 전쟁(1688~1697)으로 막대한 자금이 필요했다. 세수와 일반적인 왕실 채권 발행만으로 당시 필요했던 120만 파운드의 자금을 마련할 수 없었다.

당시 영국은 세계에서 가장 발달된 금융 시스템을 갖고 있었지만 지금과 비교하면 보잘것없는 수준이었다. 금융은 주로 금세공업자들과 상인은행, 사설 은행이 담당했다. 금세공업자들은 금을 보관해 주고 보관증서를 발행했는데, 보관하는 금보다 증서 액면가의 총액이 더 큰 경우가 많았다. 일종의 속임수인데, 좋게 말하면 현대적 의미의 신용 창출이다. 지금 은행들이 하는 신용 창출이 바로 이같은 속임수에서 비롯된 것이다.

당시 화폐는 금세공업자들이 발행한 금 보관증서, 무역 결제에 쓰이는 상업은행의 신용장, 사설 은행이 발행한 화폐 등이 혼재돼 있었다. 금융 세력들에 대한 일종의 교통 정리가 필요했다. 그래서 이들이 모여서 영국은행 설립을 모의했다. 왕실이 파산할 경우 빚을 받지 못하기 때문에 왕실의 채무를 재조정해 주자는 데서 논의가 시작됐다. 이들이 자본금을 모아서 영국은행을 설립하고, 그 자본금으로 윌리엄 3세가 발행하는 채권을 사주는 것이었다. 이전에 발행된 채권들은 새로 발행된 장기채권으로 차환해 주는 것이었다. 엄밀히 말하면 채권 만기가 없었다. 연간 8%의 이자만 갚으면 원금은 영원히 상환하지 않아도 됐다.

왕실 입장에서는 이자 부담이 줄어들고 안정적으로 빚을 내 전쟁을 할 수 있었으니 반대할 이유가 없었다. 민간은행들도 나쁠 게 없었다. 자칫 떼일 수 있는 돈을 받을 수 있었다. 8% 이자율이면 당시 채권 금리에 비해 높은 수익이었다. 영국은행의 수익에 따라 배당도 받을 수 있었다.

이들이 노린 건 어쩌면 다른 데 있었다. 바로 화폐 발행권이다. 당시 왕실의 화폐 발행권은 상당히 약해져 있었고, 화폐는 주로 금세공업자들이나 상인은행의 신용장 형태였다. 무질서한 화폐 발행권을 독점적으로 갖겠다는 것이었다.

역사를 보면 영국은 화폐 발행권을 놓고 왕실과 민간, 의회가 팽팽한 힘겨루기를 해왔다. 원래 화폐 발행권은 왕실이 갖고 있었다. 하지만 찰스 1세가 화폐 발행권을 갖고 분탕질을 치는 바람에 왕실의 화폐 발행권이 약해졌다. 역시 빚이 문제였다.

찰스 1세의 통치(1625~1649)는 심각한 재정 위기 속에서 시작됐다. 당시 스페인 무적함대와 싸우느라 막대한 자금이 필요했다. 부족한 세수를 메우기 위해 찰스 1세는 의회의 동의 없이 세금을 징수하려다 의회와 심각한 갈등을 빚었다. 1629년엔 골치 아픈 의회를 해산했다. 견제 세력이 없으니 자기 마음대로 화폐를 발행했다. 심지어 꼼수까지 부렸다. 금화와 은화에 불순물을 섞어 한 개를 만들 재료로 두 개를 만든 것이다.

처음엔 좋았는데 꼼수가 오래갈 리 없다. 상인들이 불순물을 섞은 사실을 알게 되고 왕실 금화의 신뢰도가 떨어졌다. 의회파와 왕당파 간의 내전이 발생하고 1649년 찰스 1세는 길로틴에 머리가 잘렸다. 크롬웰의 공화정이 수립된 것이다.

찰스 1세 때문에 왕실, 미국으로 치면 연방정부가 화폐 발행권을 갖겠다고 하면 의회가 도시락을 싸 들고 다니며 방해한다. 현재 연준도 의회가 만든 것이며, 의회의 감독을 받는다. 인사권이 대통령에게 있다는 이유로 중앙은행이라며 생색을 내지만 말도 안 되는 소리다.

영국은행은 윌리엄 3세 당시 왕실 부채를 재조정하는 것과 영국은행 설립에 자본금을 출자한 주주은행이 갖는 화폐 발행권 간의 빅딜이었다. 이로써 영국은행은 1694년 설립된 세계 최초의 중앙은행이 되었다. 네덜란드와 스웨덴은 자기 나라에서 중앙은행이 먼저 생겼다고 하는데 영국은행을 최초로 봐도 무방하다. 현대적 의미의 중앙은행이든 근대적 의미의 중앙은행이든 아무튼 영국은행이 역사적으로 의미가 있다.

영국은행의 설립 과정을 장황하게 설명한 이유가 있다. 미국 중앙은행 시스템의 문제를 이해하려면 영국은행부터 알아야 한다. 독립 전쟁 직후 미국 연방정부의 상황이 윌리엄 3세 때와 흡사했기 때문이다.

왜 미국은 중앙은행 설립 시도를 번번이 실패했나

독립 전쟁 당시 미국 연방정부는 총 5400만 달러의 국채를 발행했다. 당시 유럽의 금융 세력 중심지는 네덜란드였다. 주 정부들이 각자 발행한 채권도 2100만 달러에 달했다. 총 7500만 달러의 빚을 진 것이다. 독립 직후 연방정부는 빚을 갚을 능력이 없었다. 세수는 부족했고, 마땅한 재정 사업도 없었다. 당시 미국 국채의 신용은 매우 낮기 때문에 액면가의 10~20%에서 국채가 거래되기도 했다.

연방정부 초대 재무장관인 알렉산더 해밀턴Alexander Hamilton이 빚 상환 계획을 짜고 실행했다. 해밀턴은 1790년 공공신용보고서를 의회에 제출했는데, 연방정부가 국채와 주 정부 채권을 포함한 모든 부채를 갚는 데 책임진다는 내용이었다. 이를 계기로 연방정부의 위신이 높아지고 신뢰도도 함께 올라갔다. 기존 채권은 액면가로 모두 상환했다. 장기국채를 발행해 차환하는 방식이었다. 이자율은 연간 6%였다.

해밀턴은 이런 방법으로 연방정부의 권위를 강화했고, 기세를 몰아 중앙은행 설립을 추진했다. 해밀턴이 구상한 중앙은행 모델은 영국은행이었다. 해밀턴이 제시한 중앙은행 설립안은 윌리엄 3세 당시 영국 재무장관이었던 찰스 몬태규Charles Montague가 제출한 법안과 똑같았다.

결국 해밀턴의 생각대로 1791년 미국 제1은행The First Bank of the United States이 설립됐다. 20년간 한시적으로 운영하고 의회의 재인가를 받기로 한 조건이었다. 토머스 제퍼슨Thomas Jefferson이 1800년 대통령이 되면서 중앙은행 반대파인 민주공화당이 권력을 잡았다. 1811년 재인가 의결에서 찬반 동수였는데 조지 클린턴George Clinton 부통령이 거부권을 행사했다.

1816년 두 번째 중앙은행이 설립됐다. 미국 제2은행Second Bank of the United States이다. 이 역시 빚 때문이었다. 1812년 미국은 또 영국과 전쟁을 치렀다. 연방정부는 전쟁 자금이 필요한데 중앙은행이 없어 자금조달에 어려움을 겪었다.

중앙은행 설립에 반대했던 제임스 매디슨James Madison 당시 대통령은 중앙은행 설립의 필요성을 절감했고, 미국 제2은행 설립안을 승인했다. 미국 제2은행 역시 영국은행이 모델이었고, 연준의 전신이 됐다. 당시 민간은행들이 출자한 자본금은 총 3500만 달러로 지금 가치로 막대한 금액이다.

미국 제2은행은 앤드루 잭슨Andrew Jackson 대통령이 재인가에 극렬히 반대하면서 1836년 재인가를 받는 데 실패했다. 앤드루 잭슨은 1832년 중앙은행 폐지를 공약으로 재선에 성공했다. 상공업 중심의 북부와 농업 중심의 남서부 간의 양극화가 당시 사회문제였기 때문이다.

중앙은행 폐지 직후인 1837년 미국 역사상 유례없던 금융위기가 발생했다. 당시 상황을 되짚어 보면 런던에 근거지를 둔 금융제국의 위력을 실감할 수 있다. 이때를 전후로 금융제국의 역사에 로스차일드라는 이름이 본격적으로 등장한다.

금융위기를 기회로
미국을 집어삼킨 로스차일드

역사를 보면 금융위기의 씨앗은 부동산 투기 광풍과 막대한 대출이었다. 그 이후 금융 재벌이 갑작스러운 대출 회수에 나서면 여지없이 금융위기가 발생한다. 대출을 얻어 부동산 투기를 하는 게 문제이지만 부동산 투기 세력도 결국은 금융제국의 저금리 대출이 만들어낸 괴물일 뿐이다.

1830년대 남서부 농장 가격이 오르면서 투기 광풍이 불었다. 중앙은행이 없어지고 연방정부 자금을 이전받은 주 정부들은 화폐 발행을 남발하면서 투기 광풍에 기름을 부었다. 잭슨 대통령은 유동성을 조절하기 위해 주 정부 토지 매매는 금화와 은화 등 경화로만 하도록 했다. 유동성이 급격히 줄어 시중 금리가 올라가면서 투기꾼들은 대출을 갚지 못하고 연쇄 도산했다.

당시 영국은 경기 침체기였다. 미국산 면화 수입량이 급증하면서 무역적자로 영국은행과 런던 소재 은행들은 근원 자산인 금의 유출로 골머리를 썩고 있었다. 면화 수입량이 늘어날수록 금의 유출량이 증가했던 것이다. 이 같은 상황에서 미국에 대출해 준 돈은 상환이 불확실해졌다. 채무자들이 파산하면서 맨해튼 은행들이 나자빠지기 시작했다.

런던 금융제국은 맨해튼 은행들에 금 태환을 요구하고 나섰다. 만기가 도래한 채권을 들고 가 대출금을 상환하라고 채근했다. 금본위제하에서 최종적인 대출금 상황은 금으로 하는 것이다. 맨해튼 금융계는 설상가상, 내우외환의 지경이 됐다. 결국 금 태환이 불가능해진 은행들이 도미노식으로 도산했다. 위에서 언급했지만 미국의 금융위기가 발생한 1837년은 런던으로 건너간 조지 피보디가 조지피보디앤드컴퍼니를 설립한 해이기도 하다. 즉 이때부터 런던 금융 재벌의 미국 점령이 본격화된 것이다. 사자는 사냥할 때를 본능적으로 안다.

당시 영국 은행들에 금 태환 요구를 주도한 인물이 라이오넬 드 로스차일드Lionel de Rothschild다. 라이오넬은 런던에 N.M.로스차일드앤드손스N. M. Rothschild & Sons.를 설립하고 금융제국을 확장한 네이선 메이어 로스차일드Nathan Mayer Rothschild의 장남이다. 그는 로스차일드 가문의 글로벌 네트워크를 활용해 19세기 유럽과 세계경제에 막강한 영향력을 행사했다. 정치인으로서도 성공했는데, 유대인 최초 영국 하원의원으로도 유명하다.

로스차일드가 미국을 금융 식민지로 만들 수 있었던 건 금본위제 때문이다. 영국은 나폴레옹 전쟁 직후인 1821년 금본위제를 부활시켰다. 다시 한번 말하지만 모든 것은 빚에서부터 비롯된다. 나폴레옹 전쟁(1803~1815) 당시 영국 정부 역시 과도한 국채를 발행

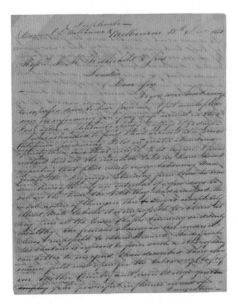

━ 1851년 호주의 사업가 조셉 배로우 몬테피에로가 N.M.로스차일드앤드손스에 보내는 편지. 빅토리아주의 금광에 대해 설명하고 있다. © The Rothschild Archive

했다. 금본위제를 무시하고 화폐 발행을 남발했다. 영국은행은 급기야 금 태환 중단 선언을 했다. 파운드가 금의 족쇄를 끊은 것이다. 지폐가 남발되면서 인플레이션 문제가 심각했다. 영국 의회는 인플레이션 문제를 해결하기 위해 1819년 현금지불재개법을 통과시켰다. 나폴레옹 전쟁 이전처럼 파운드화의 금 태환을 보장하라는 것이다. 이를 위해 영국은행은 필요한 금을 구해야 했다.

금본위제로 돌아가자 화폐 발행량이 줄었다. 화폐량이 감소하면 디플레이션 문제가 생긴다. 금리가 올라가고 화폐가치가 올라가면 상품 가치가 떨어진다. 대출을 받아 농사를 짓고 가내수공업을 했던 채무자들의 부담이 늘어난다. 영국 경제가 침체되기 시작한 것이다. 당시 영국 상황은 이른바 닉슨 쇼크 당시를 떠올리게 한다.

나폴레옹 전쟁 당시 영국 정부의 신뢰를 얻은 로스차일드 가문이 영국이 금본위제로 복귀하는 데도 결정적인 역할을 한다. 로스차일드는 남아프리카공화국, 호주, 러시아 등 주요 금 생산지의 채굴 사업에 대한 투자를 바탕으로 글로벌 금 공급망을 장악하고 있었다. 프랑크푸르트와 런던, 파리, 빈, 나폴리 등의 근거지를 십분 활용했다. 로스차일드 덕에 영국은행은 금본위제를 안정적으로 부활시켰고 이후 영국 파운드가 기축통화로 자리 잡았다. 1919년 시작된 런던 금 가격 고시 제도도 로스차일드가 주도했다.

이런 배경에서 촉발된 1837년의 미국 금융위기는 로스차일드가 미국 금융시장을 장악하는 데 결정적인 기회가 됐다.

금융공황이 연준을
설립할 계기가 되다

20세기 미국에서 또 한 번 큰 금융위기가 발생했다. 연준 설립 배경을 이해하려면 1907년 미국 경제를 휩쓴 금융공황으로 거슬러 올라가야 한다.

1907년 미국 금융공황을 촉발한 사건은 유나이티드코퍼United Copper의 공매도 사건이다. 오거스터스 하인츠Augustus Heinze는 유나이티드코퍼의 주가를 끌어올리기 위해 대량의 주식을 매집했다. 그 결과 이 회사의 주가가 일시적으로 급등했다. 이를 보고 공매도short 세력이 달려들었다. 공매도는 주가가 떨어질 것으로 예상될 때 주식을 빌려 판 후 주가가 하락했을 때 매입해 갚는 투자기법이다.

공매도 세력에 대응하기 위해 오거스터스 하인츠의 동생 오토 하인츠Otto Heinze는 쇼트 스퀴즈short squeeze를 시도했다. 쇼트 스퀴즈는 주가를 부양해 공매도를 무력화하는 방법이다. 호재를 터뜨려 주가가 올라가면 공매도 세력들은 더 높은 가격에 주식을 매입하지 않기 위해 서둘러 주식을 사들여야 한다. 이 때문에 주가는 연쇄적으로 급등하게 된다. 하지만 오토 하인츠의 쇼트 스퀴즈 시도는 결국 실패했다.

쇼트 스퀴즈의 실패로 유나이티드코퍼의 주가는 급락했다. 이로 인해 투자자들의 손실이 눈덩이처럼 불어나고 금융사들의 손실도 커졌다. 특히 니커보커 신탁회사Knickerbocker Trust Company는 대출로 큰 손실을 보았다. 예금자들이 소식을 듣고 예금을 인출하기 위해 몰리면서 뱅크런bank run이 발생했다. 뉴욕에서 세 번째로 큰 신탁회사였던 니커보커 신탁회사는 이 사태로 1907년 10월 22일 문을 닫았다. 이 소식이 전해지자 뉴욕증권거래소NYSE에서는 주가가 폭락하고, 이에 따라 유동성이 급격히 축소되면서 금융공황이 터졌다.

이때 J.P. 모건이 금융공황의 해결사로 나섰다. 그는 NYSE의 폐쇄와 니커보커 신탁회사 등 금융사의 도산을 막기 위해 긴급 자금을 지원했다. 정부가 담당할 구제금융을 은행가가 한 셈이다.

당시 금융공황으로 중앙은행 필요성이 다시 강하게 부각됐고, 이는 1913년 연준 설립의 기반이 됐다. 금융 재벌은 금융위기 때마다 정장을 입고 나타나 중앙은행의 필요성을 강조했다. 그들은 금융위기를 기획하고 실행할 능력이 충분하다. 금융 재벌이 반복되는 금융위기를 연준 설립의 지렛대로 활용한 건 역사적인 사실이다.

J.P. 모건을 중심으로 뭉친 금융 재벌들은 금융공황에 대한 구제 금융을 실행한 것을 명분으로 미국 중앙은행 설립을 본격 논의하기 시작했다. 이들의 타깃은 넬슨 올드리치Nelson W. Aldrich 당시 공화당 소속 상원의원이었다.

올드리치는 미국 석유재벌 록펠러 가문과의 혼맥을 통해 미국 재계와 연결돼 있다. 올드리치의 딸 애비 올드리치Abigail Greene Aldrich Rockefeller가 존 D. 록펠러 2세John D. Rockefeller, Jr.의 와이프다. 이들 사이에서 태어난 올드리치의 손자 넬슨 록펠러Nelson Rockefeller는 성장해 뉴욕주지사와 미국 부통령을 지낸 인물이다. 넬슨은 할아버지의 이름을 딴 것이다. 록펠러 가문은 1900년대 석유 사업을 확장하는 과정에서 로스차일드 가문의 자금을 쓰게 되고, 이로 인해 월가 금융제국과 연대했다.

올드리치는 1907년 금융공황 후 역시 영국은행을 모델로 한 중앙은행 설립의 필요성을 주장했다. 1908년 올드리치-브릴랜드법Aldrich-Vreeland Act을 발의했고, 이 법안이 연준 설립으로 이어졌다.

1910년 올드리치 의원의 주도로 J.P. 모건과 록펠러, 쿤러브 계열의 금융 엘리트들이 로드아일랜드주 재킬섬Jekyll Island에서 비밀 회동을 가졌다. 이 자리에서 1913년에 통과된 연방준비법Federal Reserve Act의 초안이 작성됐다.

올드리치 의원은 미국 우선주의 신봉자로 올드리치 관세법(1909)을 제정한 것으로도 유명하다. 미국 우선주의는 도널드 트럼프의 고유한 트레이드마크가 아니다. 차이가 있다면 트럼프는 올드리치가 주도해 설립된 연준을 해체하려 한다는 점이다.

재킬섬 회동은 철저히 비밀로 이뤄졌다. 이 때문에 많은 이야기가 만들어졌다. 재킬섬 회동의 주역은 현재도 월가를 장악하고 있는 금융 재벌의 주요 임원이었다. 헨리 데이비슨Henry P. Davidson JP모건 고위 임원과 찰스 노튼Charles D. Norton 뉴욕 퍼스트내셔널뱅크First National Bank of New York 회장, 프랭크 밴더립Frank A. Vanderlip 내셔널시티뱅크National City Bank of New York(현 시티은행) 총재, 폴 워버그Paul Warburg 웰스파고앤드컴퍼니Wells Fargo & Company 이사 등이 참석했다.

민주당 소속 우드로 윌슨Woodrow Wilson이 1912년 대통령에 당선되면서 연준 설립이 급물살을 탔다. 당시 윌리엄 하워드 태프트William Howard Taft 대통령의 재임이 확실시됐으나 같은 공화당 소속이었던 시어도어 루스벨트Theodore Roosevelt가 출마하면서 표가 갈려 윌슨이 당선됐다. 진보 성향의 윌슨은 금융개혁을 약속했고 1913년 취임 후 연방준비법에 서명했다.

영국은행을 모델로 설립된 연준은 JP모건을 비롯한 금융 재벌이 50% 이상의 지분을 가진 민간 기업이다. 주주사들은 360억 원에 달하는 출자금에 대해 매년 6%의 배당금을 받는다.

지금까지 장황하게 미국 금융 재벌의 역사를 설명한 건 비트코인이 기축통화가 될지는 이들의 선택이 중요하다는 얘기를 하기 위해서다.

비트코인의 영웅 서사에서 그동안 월가의 금융 재벌은 영웅의 DNA를 갖고 태어난 비트코인을 억압하는 기득권 세력의 역할을 맡았다. 존 메이너드 케인스가 브레턴우즈 회의 당시 해리 덱스터 화이트를 상대해 달러를 강하게 견제했던 것도 간단히 말하면 파운드의 기득권 때문이었다. 1971년 닉슨 쇼크로 금본위제가 폐지된 후 로스차일드를 비롯한 금융 재벌은 투자은행과 헤지펀드를 중심으로 미국 국채와 개발도상국의 자산 투자로 돈을 벌었다. 미국 국채와 개발도상국 자산은 달러 유동성과 관련이 깊다.

그런 점에서 최근 월가의 움직임을 보면 비트코인이 기축통화가 되는 데 최소한 이들이 걸림돌이 될 것 같지는 않다. 금융 재벌이 비트코인의 조력자로 돌아설 수 있을까?

비트코인이
기축통화가 될 수 있을까?

탈중앙화 화폐 시스템인 비트코인은 달러의 기득권에 직접적인 위협이 된다는 점에서 금융 재벌들에게 탄압의 대상이 될 수밖에 없었다. 월가의 황제 제이미 다이먼 JP모건 회장은 비트코인을 폰지 사기라고 맹비난하며 기득권을 지키는 데 앞장섰던 대표적인 인물이다.

이런 금융 재벌이 최근 비트코인에 대한 입장을 180도 바꿨다. 시티뱅크는 2020년 11월 발표한 보고서에서 비트코인을 '21세기의 금'이라며, 2021년 12월까지 비트코인 가격이 31만 8000달러에 이를 수 있다는 전망을 내놓았다. 연준 대주주가 달러를 위협하는 자산에 투자를 권유한 것이다. 이는 월가 금융 재벌의 비트코인에 대한 관점 변화를 보여주는 신호탄이었다.

2024년 1월 미국 SEC가 블랙록 등 12개 자산운용사가 신청한 비트코인 현물 ETF 상장을 승인한 뒤 기관투자자들의 자금이 비트코인에 유입되고 있다. 2024년 기준 현물 ETF에 투자된 자금은 총 100억 달러를 넘어섰다.

비트코인에 대해 부정적이었던 래리 핑크 블랙록 회장은 현재 월가를 대표하는 비트코인 전도사 역할을 톡톡히 하고 있다. JP모건 같은 대형 은행이 비트코인 수탁 서비스를 할 수 있게 도널드 트럼프가 규제를 푼 것도, 비트코인 저격수였던 제이미 다이먼 회장과 같은 영향력 있는 인물들의 로비 결과다. 월가 금융 재벌이 '파도를 막을 수 없다면 서핑을 즐기자'라는 식으로 비트코인에 대한 관점을 수정한 것이다.

비트코인이 기축통화가 될 수 있는 필요조건은 일정 부분 충족된 셈이다.

비트코인이
달러 세력과 공존하는 방법

이제 관건은 미국의 경제력과 군사력이 비트코인을 기축통화로 지지해 줄 것인가다. 도널드 트럼프가 비트코인 대통령을 자임하고 있다는 점을 감안하면 이 또한 가능성이 열려 있다고 볼 수 있다.

그런데 바로 이 점에서 비트코인과 달러는 근본적인 차이가 있다. 달러가 기축통화가 된 건 금융 재벌과 미국 정부 간에 일종의 공모가 가능했기 때문이다. 미국 정부는 국채를 발행해 무제한 달러를 쓸 수 있고, 금융 재벌은 미국 국채에 투자해 지속적인 이자 수입을 얻기 때문에 이해관계가 맞아떨어졌다.

비트코인은 발행량이 2100만 BTC로 한정돼 있어 속성상 법정화폐인 달러보다 금 또는 금화와 비슷하다. 닉슨 쇼크 이전 금본위제 아래서의 달러를 말한다.

따라서 비트코인을 둘러싸고 금융 재벌과 미국 정부 간에 공생 관계가 성립하려면 과거 영국 왕실과 로스차일드가 그랬던 것처럼 금본위제와 같은 형태로 통화 시스템이 바뀌어야 한다. 이를테면 비트코인을 기축자산으로 하는 통화 시스템BTC Standard이 돼야 한다는 말이다. 이는 비트코인이 기축자산이면서 동시에 어떤 형태로든 화폐가 되는 상황을 의미한다. 예전에 금화가 그랬다.

이 경우 금융 재벌이 금을 공급한 것처럼 미국 정부에 비트코인을 안정적으로 공급하는 역할을 하게 된다. 비트코인 현물 ETF에 유입되는 자금의 속도를 생각할 때 2025년 연말까지 관련 운용사들이 확보하게 될 비트코인이 300만 BTC를 초과할 것으로 전망됐다. 이는 도널드 트럼프가 비축할 것이라고 언급했던 100만 BTC를 훨씬 웃도는 규모다.

페트로달러 시스템이 붕괴되고 미국 국채의 인기가 갈수록 떨어지는 상황을 고려할 때, 이 같은 시나리오가 현실화할 가능성이 크다. 미국 정부는 달러의 신뢰도를 뒷받침할 기축자산을 찾아야 하기 때문이다.

지금과 같은 법정화폐 시스템이 유지되는 상황에서는 금융 재벌과 미국 정부가 비트코인 보유 경쟁을 벌일 가능성이 오히려 더 크다. 금융 재벌은 시세차익을 위해서, 미국 정부는 부채 상환을 위해서다. 이 시나리오가 지금의 상황을 더 잘 설명해 줄 수도 있다.

비트코인 투자자 입장에서는 두 가지 시나리오 모두 나쁠 게 없다. 어떤 경우든 비트코인 가격을 끌어올릴 호재이기 때문이다.

비트코인 부정론에 대한
반박

비트코인을 달러처럼 실제 결제에 쓸 수 있느냐는 질문은 더 이상 듣지 않았으면 좋겠다. 역사상 가장 오랜 기간 화폐로 쓰인 건 쇠보다 훨씬 무거운 금이었다. 그런데도 금을 어떻게 화폐로 썼느냐고 질문하는 사람은 보지 못했다.

비트코인을 화폐로 쓸 수 없다는 주장의 대부분은 '무겁다'는 점을 근거로 내세운다. 비트코인으로 결제하려면 보통 10분이 걸리기 때문이다. 반면 지폐는 금의 무게 문제를 해결한 중량 감축, 즉 라이트닝Lightnig 화폐다.

비트코인의 거래 시간을 단축하기 위한 라이트닝 네트워크 기술은 이미 등장한 상태다. 라이트닝 네트워크는 별도의 채널에서 일단 결제를 처리한 후 그 채널을 닫을 때 최종 결과만 블록체인에 저장하는, 이를테면 신속 처리 기술이다.

비트코인이 디지털 금으로 확실히 자리매김하는 순간 그것을 지불에 사용하는 건 첨단 기술이 얼마든지 해결할 수 있다. 비트코인이 기축통화가 되는 데 가장 큰 관건은 이용자들의 합의다.

비트코인의 발행량이 한정됐다는 점도 비트코인이 기축통화가 될 수 없다는 부정론의 근거로 자주 쓰인다. 한정판이라는 게 가치를 저장하는 데는 유리하지만 교환의 매개라는 화폐의 중요한 기능을 하기에는 오히려 단점이 된다는 주장이다.

전 세계 금 보유량은 2024년 기준 총 20만 톤 정도다. 채굴되지 않은 금 매장량은 5만 4000톤 정도로 추정된다. 이는 12미터 컨테이너 박스에 담을 경우 155개 정도의 분량에 불과하다. 금은 물리적으로 분할이 쉽지 않다. 부산항이 하루에 처리하는 컨테이너 박스는 평균 3만 3000개이고 상하이항은 이의 두 배가 넘는다. 금본위제하에서는 155박스의 금으로 하루 수십만 박스의 무역 거래를 해왔다는 의미다.

비트코인의 발행량은 2100만 BTC이지만, 1BTC는 1억 사토시 Sats로 나눌 수 있다. 실제 유통량은 2100조 Sats로 유통량 걱정은 기우다.

비트코인이 소비를 줄여 경제성장을 방해하는 화폐가 될 수 있다고 우려하는 전문가들도 많다. 사람들이 집을 사는 이유는 집값이 오를 것이라고 기대하기 때문이다. 바꿔 말해 화폐가치가 계속 떨어질 것이라고 걱정하기 때문이다. 집이 화폐에 비해 가치를 저장하는 데 유리하다는 것이다. 발행량이 늘어 가치가 떨어지는 화폐를 인플레이션 화폐라고 한다. 달러를 비롯한 현대 법정화폐는

100% 인플레이션 화폐다.

현대 인플레이션 경제는 존 메이너드 케인스의 이론 위에 지어진 거대한 성이라고 할 수 있다. 케인스의 유효수요 이론이 정부가 계속 돈을 찍어내는 데 강력한 면죄부를 만들어줬다. 유효수요는 갖고 싶다는 생각이 아니라 실제 소비자가 지갑을 열어 구매하는 수요를 뜻한다. 경기가 안 좋을 때 정부가 화폐를 발행해 지출을 늘려야 소비자가 지갑을 열고, 경기를 살릴 수 있다는 게 케인스의 시그니처 이론이다.

연준은 이 이론을 바탕으로 2% 이내의 인플레이션은 경제성장에 긍정적이라는 프레임을 만들었다. 다시 말해 매년 2%씩 화폐량을 늘리는 게 좋다는 것이다.

비트코인은 이와 반대다. 비트코인은 희소성이 가장 큰 자산으로 달러와는 반대인 디플레이션 화폐다. 집을 사는 것보다 비트코인을 보유하는 게 부자가 되는 데 더 유리하다면, 누가 비트코인을 쓰겠느냐는 의문을 가질 수 있다. 비트코인을 부정하는 근거들 중 가장 논리적이다.

1970년대 태어난 X세대 이후 세대는 평생을 인플레이션 화폐의 시대에서 살았다. 케인지 경제학Keynesian economics이 만들어낸 프레임이 진리인 세대다. 그 반대의 세상은 경험한 적도 없고, 심지어 들어본 적도 없다. 예측할 수 없는 대상은 두렵다. 디플레이션 화폐의 시대 역시 어떤 모습을 일지 모르기에 두려움과 거부감을 느낄 수 있다.

이는 역사에서 힌트를 얻을 수 있다. 금본위제 시대를 돌이켜 보면 디플레이션 화폐의 시대에 경제가 어떤 모습일지 어느 정도 가늠해볼 수 있다. 당시에도 금화는 보유의 대상이기도 했지만, 엄연히 거래의 매개 역할도 충실히 해냈다.

IMF 외환위기 전만 해도 한국에는 집값이 최근 한강 변 아파트처럼 폭등한다는 개념 자체가 없었다. 부모 세대가 열심히 저축한 건 내 집 마련이라는 평생의 숙원을 이루기 위해서였다. 당시 집은 재테크 수단과는 거리가 멀었지만 집은 모든 사람이 사고 싶어 한 자산이었다. 인플레이션 시대가 아니어도 사람들은 '필요'에 의해 소비를 충분히 한다는 방증이다.

물가를 계산할 때 기술 발전이라는 개념은 포함되지 않는다. 이 점은 디플레이션 경제를 예측할 때 아주 중요한 단초가 된다. 갤럭시 S24는 구모델인 S22보다 AI 성능이 획기적으로 개선됐다. 갤럭시라는 이름을 빼면 완전히 다른 상품이다. 하지만 가격은 거의 같다. 성능을 생각하면 가격이 떨어진 셈이다. 그래도 신모델이 나올 때마다 MZ 세대는 열광한다. 기술 발전이 디플레이션으로 인한 소비 감소를 충분히 상쇄시킬 수 있다는 증거다.

디플레이션 자체가 오히려 소비를 늘리기도 한다. 화폐의 구매력이 향상되면 하나 살 것을 두 개 사게 된다는 것이다. 할인할 때 색색의 티셔츠를 구매한다거나, 2+1 행사 때 기필코 두 개를 사는 경우가 이에 해당한다. 물론 이는 장기적으로 볼 때 행사가 끝나면 다시 물가가 오르리라는 판단이 전제된 것이기는 하다.

디플레이션 화폐가
필요한 이유

케인스의 그늘에 가려 경제학 교과서에서는 대부분 빠졌지만 디플레이션 화폐에서 탈중앙화 화폐로 이어지는 경제 이론은 이미 수많은 학자에 의해서 다듬어져 왔다. 비트코인 시대를 앞두고 의미가 재조명되는 이들의 이론을 정리해 보는 것도 도움이 될 듯하다. 이들은 주로 오스트리아학파로 불리는 계보에 속한다.

오스트리아학파는 19세기 후반 오스트리아 빈을 근거로 발전한 학문 계보다. 이들은 정부의 역할을 강조한 케인스학파와는 궤를 달리 했다. 정부와 중앙은행의 역할을 배제한 탈중앙화를 강조했고, 금본위제 같은 디플레이션 화폐를 옹호했다.

대표적인 학자는 루트비히 폰 미제스Ludwig von Mises와 프리드리히 하이에크Friedrich Hayek다.

미제스는 '보이지 않는 손'인 가격의 기능을 신봉했다. 미제스는 화폐는 정부가 강제해서 생긴 게 아니라 시장의 필요에 의해 발생했다는 오스트리아학파의 주장을 체계화했다. 이는 현대 비트코인 철학으로 명맥이 이어졌다.

미제스가 1912년에 출간한《화폐와 신용 이론The Theory of Money and Credit》에서는 중앙은행이 화폐를 계속 찍어내면 인플레이션이 발생하며, 이는 경제를 왜곡한다고 비판했다. 미제스 이론의 핵심은 인플레이션의 본질이 통화 팽창, 즉 화폐가치 하락이라는 것이다. 인플레이션을 물가 상승으로 이해하는 건 본질을 흐리는 것이

— 루트비히 폰 미제스(왼쪽)와 프리드리히 하이에크(오른쪽)의 사진.
© Ludwig von Mises Institute

라는 게 미제스의 주장이다. 미제스의 관점에서 보면 인플레이션은 대공황의 주범이며, 빈익빈 부익부의 근본 원인이다.

미제스는 불황과 호황을 오가는 경기 순환 주기가 발생하는 원인을 신용 팽창의 개념으로 설명했다. 중앙은행이 금리를 낮추면 돈을 쉽게 빌릴 수 있게 된 기업이 경기가 좋아진다는 왜곡된 신호를 받아들여 투자를 늘리고 버블을 형성한다. 상업은행의 부분지급준비제도로 신용이 과도하게 팽창하면서 버블을 키운다. 경기가 과열되는 것을 막기 위해 중앙은행이 금리를 올리면 버블이 터지고 경기 침체가 찾아온다.

미제스는 인위적인 통화 팽창, 즉 인플레이션의 수혜자는 정부 자신과 은행, 재벌, 부자뿐이라는 '캉티용 효과론'을 계승했다. 서민이 돈을 빌릴 때가 되면 이미 물가가 많이 올라 혜택을 전혀 볼 수 없게 된다는 게 핵심이다.

하이에크는 미제스보다 급진적 이론으로 유명하다. 1976년 펴낸 《화폐의 경쟁The Denationalization of Money》에서 정부의 화폐 발행권을 없애야 한다고 주장했다. 민간이 경쟁적으로 화폐를 만들면 결국 시장이 가장 효율적인 화폐를 선택하게 될 것이라고 낙관했다. 이는 사토시 나카모토를 비롯한 초기 비트코인 개발팀의 철학적 기반이 됐다.

인플레이션에 대응하는 자산으로서의 비트코인

"인플레이션은 언제 어디서나 화폐 현상이다." 밀턴 프리드먼의 이 말은 인플레이션의 본질을 가장 잘 설명한 이론으로 평가된다. 프리드먼은 통화량을 늘린 정부 때문에 인플레이션이 발생한다고 해석했다. 케인스가 인플레이션에는 임금 인상, 공급망 문제, 정부 지출 등 복합적인 원인이 작용한다고 했던 것을 정면으로 반박한 것이다. 케인스 이론이 재정적자에 면죄부를 주기 위한 것이라면, 통화주의는 재정 지출에 유죄를 구형한 셈이다.

이는 전통적인 화폐수량설을 발전시킨 이론이다. 화폐수량설은 'MV = PQ'라는 피셔의 교환방정식으로 설명할 수 있다. 방정식을 'P = MV/Q'로 변환할 수 있는데, 이는 곧 '물가(P)는 통화량(M)이 늘어나면 오른다'는 뜻이다. 전통적인 화폐수량설에서 통화의 유통속도(V)와 실질 GDP(Q)는 안정적이기 때문에 물가는 통화량에 좌우된다고 본 것이다. 통화 유통 속도는 소비 성향과 관련이 있는데 한 세대의 소비 성향은 쉽게 바뀌지 않는다. 실질 GDP도 완전 고용 상태를 가정하면 통화량이 늘어난다고 쉽게 증가하지는 않는다.

프리드먼의 주장은 1970년대 말에 오일쇼크와 함께 찾아온 스태그플레이션, 즉 경기 침체 중 인플레이션이 발생했을 때 증명됐다. 2차 세계대전 이후 유럽 부흥 계획과 베트남 전쟁, 복지 정책 등으로 미국 정부가 재정 지출을 늘린 게 스태그플레이션으로 이어졌다는 논리가 설득력을 얻었다.

케인스 이론이 고개를 숙이면서 1980년대 신자유주의 물결이 세계 경제를 휩쓸었다. 정부 개입을 최소화하면 시장이 알아서 균형을 찾아갈 것이라는 경제 사조다. 로널드 레이건과 마거릿 대처 **Margaret Thatcher**가 신자유주의의 아이콘으로 등장했다. 신자유주의 물결을 타고 이른바 세계화가 급속히 진행됐다. 자유무역, 금융시장 개방, 공기업 민영화가 이 시대를 대표하는 키워드다.

세계화로 세계 경제는 양적 성장을 이루었지만 양극화라는 부작용에 시달리게 됐다. 그러자 이번엔 프리드먼이 숙연해지고, 다시 케인스가 고개를 들었다. 정부가 적극적으로 적자 예산을 편성해 복지 혜택을 늘려야 한다는 목소리가 커졌다. 재정적자가 커지면 후손들에게 빚 폭탄을 물려주는 것이라며 통화주의자들이 맞섰다. 이에 대응하기 위해 등장한 통화 이론이 현대통화이론**MMT**이다.

정말 무작정
돈을 찍어내도 괜찮을까?

현대통화이론은 법정화폐 제도에서 정부는 돈을 찍어내기만 하면 되기 때문에 부채를 걱정할 필요가 없다는 이론이다. 현대통화론자들은 정부 지출을 위해 국채를 발행하거나 세수를 늘릴 필요조차 없다고 주장한다. 정부가 돈을 인쇄할 수 있는데 왜 번거롭게 국채를 발행하느냐는 것이다. 이들의 관점에서 세금을 걷는 건 재정 지출을 위해서가 아니라 인플레이션 문제를 해결하기 위한 조치다.

2008년 글로벌 금융위기, 2020년 코로나19 팬데믹 당시 미국을 비롯한 선진국은 엄청난 양의 돈을 찍었다. 현대통화이론을 바탕으로 양적완화라는 개념이 등장한 것이다. 물론 당시에도 미국 정부는 국채를 발행해 연준으로부터 달러를 빌리는 형태를 취했기 때문에 엄격한 의미에서 현대통화이론을 그대로 적용한 것이라고 할 수는 없다. 하지만 당시 사상 유례없는 규모로 엄청난 양의 돈을 일시에 풀었다는 점에서 대규모 양적완화는 현대통화이론의 리트머스 시험지 역할을 했다.

대규모 양적환화, 즉 정부의 적극적인 적자재정이 성공적인가에 대해서는 지금도 논쟁 중이다. 하지만 시차를 두고 정부의 통화 팽창 정책이 인플레이션 문제를 야기한다는 사실은 누구도 부인할 수 없다.

그렇다면 인플레이션은 도대체 왜 문제가 되는 것일까?

'집값이 오르면 부자가 되니까 좋은 거 아닌가'라고 생각할 수도 있다. 미제스나 하이에크 등 오스트리아학파나 프리드먼 같은 통화주의자의 관점에서 인플레이션의 가장 큰 문제는 '빈익빈 부익부'를 심화시킨다는 점이다. 통화량의 증가는 실물 경제에는 거의 영향을 주지 않고 물가만 상승시키는데, 부자들의 자산 가격이 상대적으로 더 빨리, 더 많이 오르기 때문이다. 여러 차례 설명했던 캉티용 효과를 기억해 보자.

열심히 일하는 데 시간이 갈수록 더 가난해지는 이유를 알게 된 서민의 분노는 혁명으로 이어지거나 정권을 붕괴시켰다. 인플레이션에서 살아남는 정권은 없다.

인플레이션은
정권 교체를 부른다

스태그플레이션 때문에 카터는 레이건에게 백악관 키를 내주어야 했다. 2024년 미국 대선에서 도널드 트럼프는 "미국 국민은 인플레이션에 산 채로 잡아먹혔다"라는 한마디로 조 바이든을 케이오KO시켰다.

2024년 11월 5일 미국 대통령 선거를 마지막으로 세계 주요국 대선과 총선이 대부분 끝났다. 그해는 세계 70여 국이 대선, 총선, 지방선거 등을 치러 '슈퍼 선거의 해'라고 불렸다. 러시아와 베네수엘라 등 독재국가를 제외하면 대부분 국가의 선거에서 여당이 완패했다. 저마다 사정은 다르지만, 코로나19 당시 돈 풀기로 인한 글로

선거 일시	국가	물가 상승률 (연간)	결과
2024년 3월	튀르키예 지방선거	43.8%	야당 승리
2024년 4월	대한민국 총선	3.6%%	야당 승리
2024년 7월	영국 의회 선거	7.0%	야당 승리
2024년 7월	프랑스 의회 선거	5.0%	야당 다수당 차지
2024년 10월	일본 의회 선거	3.3%	여당 과반 실패
2024년 11월	미국 대통령·의회 선거	4.2%	야당 승리

— 주요국 물가 상승과 선거 결과 비교 표. © IMF

벌 인플레이션의 충격을 피하지 못했기 때문이라는 분석이 일반적
이다. 러시아-우크라이나 전쟁과 하마스-이스라엘 전쟁 등 두 개의
전면전이 인플레이션의 파고를 높였다.

2024년 10월 27일에 있었던 일본 총선에서 집권 여당이자 보수
주의 정당인 자민당이 단독 과반 의석을 지키지 못하며 참패한 배
경도 인플레이션이다. 일본은 2023년 3.3%의 물가상승률을 기록했
다. 이는 2차 오일쇼크의 영향으로 물가가 급등한 1982년(3.1% 상
승) 이후 가장 큰 상승폭이다. 일본이 수십 년 동안 저물가 상태였
다는 점을 고려하면 국민이 느끼는 고통은 더 컸다.

유럽의 사정도 비슷했다. 영국의 리시 수낵Rishi Sunak 전 총리, 프
랑스의 에마뉘엘 마크롱Emmanuel Macron 대통령은 낮은 지지율 때문
에 정치적 수세에 몰리자 의회 해산과 조기 총선이라는 초강수를
뒀다.

핵심은 역시 물가 문제였다. 두 나라는 코로나와 우크라이나-러시아 전쟁의 직격탄을 맞아 극심한 물가 상승에 시달렸다. 야당은 이 틈을 비집고 들어가 물가 상승 문제를 집중적으로 비난하며 호응을 얻었다.

이란도 인플레이션 문제가 선거의 핵심 이슈였다. 강경 보수 정권이 안정적으로 집권해 온 이란에서는 2024년 7월 전임 대통령의 사고사로 치러진 대선에서 개혁 성향의 마수드 페제시키안Masoud Pezeshkian 대통령이 예상을 깨고 당선됐다. 이란은 바이든 때 핵 협상 재개를 기대했었다. 하지만 베냐민 네타냐후Benjamin Netanyahu 이스라엘 총리와 빈 살만 사우디아라비아 왕세자의 반발로 바이든은 핵 협상을 재개하지 못했다.

미국의 경제 제재로 인해 지난 3년간 이란의 연평균 물가상승률은 40% 안팎으로 치솟았다. 서방과의 갈등을 부추기는 강경 보수 후보 대신 "서방과의 관계 개선을 통해 경제난을 해결하겠다"라고 나선 페제시키안이 유권자의 선택을 받았다.

2023년 11월 대선을 치른 아르헨티나도 극심한 인플레이션으로 정권이 교체됐다. 좌파 페로니즘(대중 영합주의) 정부 집권 당시 지나친 돈 풀기 정책으로 물가상승률은 211%까지 치솟았다. 지갑이 털린 아르헨티나 국민은 극단적인 '작은 정부'를 지향하며 지난 정부가 남발한 보조금과 복지 혜택을 싹 거두겠다고 선언한 하비에르 밀레이Javier Milei 대통령을 선택했다.

미국 정치 컨설팅 기업 유라시아그룹Eurasia Group의 조사에 따르면 1970년 이후 전 세계에서 발생한 57건의 인플레이션 충격 이후 선거에서 정권이 교체된 비율은 약 60%였다.

역사적 인플레이션의 공통점

인플레이션은 역사마다 배경이 다르지만 근본 원인은 한 가지였다. 정부가 금본위제를 폐지하거나 무시하고 화폐 발행권을 남발한 후에는 여지없이 인플레이션이 발생했다.

모든 정부는 재정 지출 확대의 유혹을 받는다. 역사상 흑자 재정을 유지한 정권은 찾아보기 힘들다. 국민의 인기를 끌기 위해서는 돈을 써야 하기 때문이다. 닉슨 정부에서 이 같은 유혹은 극대화했다. 결국 닉슨 정부는 금본위제라는 안전장치를 달러에서 떼어놓았다. 정부가 재정정책에 따라 통화량을 자율적으로 조절할 수 있게 된 것이다.

스페인 페소는 16세기부터 18세기 중반까지 기축통화의 지위를 유지했다. 스페인은 아메리카 대륙에서 채굴한 대량의 은으로 은화를 주조했고, 이 스페인 은화(페소)는 '실버 달러'로 불리며 전 세계 무역에서 널리 사용됐다. 페소는 유럽은 물론 중국과 아시아까지 통용되었으며, 마닐라 갤리온 무역을 통해 스페인령 필리핀과 중국을 연결하는 데 중요한 역할을 했다.

스페인은 16세기 말 시작된 80년 전쟁(1568~1648)으로 인플레이션 위기를 겪었다. 이 전쟁은 사실상 네덜란드의 독립 전쟁이었으나 점차 프랑스, 영국 등 유럽 내 주요국이 얽히면서 전쟁 규모가 커졌고, 이는 스페인 재정에 큰 부담을 줬다. 결국 1648년 베스트팔렌 조약으로 네덜란드가 스페인으로부터 독립하며 막을 내렸다.

이어 스페인 왕위 계승 전쟁(1701~1714) 역시 실버 달러가 대량 유통되는 계기가 됐다. 이 전쟁은 스페인의 합스부르크 왕가가 후계자가 없어 단절된 이후, 프랑스와 오스트리아가 왕위를 차지하기 위해 개입하면서 벌어진 국제 전쟁이었다.

두 번의 전쟁을 치르며 막대하게 공급된 실버 달러는 가격 혁명으로 이어진다. 특히 식료품 가격이 급격히 오르면서 도시 서민과 시골 하층민의 삶이 극도로 피폐해졌다. 구체적인 물가상승률에 관한 기록은 없지만 경제학자들의 추산에 따르면 가격 혁명 당시 스페인 식료품 가격은 서너 배가량 폭등했다. 당시엔 인플레이션 개념이 없던 시기여서 이 같은 물가 상승은 충격이었다.

18세기 프랑스에서도 인플레이션이 사회 문제가 됐다. 프랑스 정부는 프랑스 혁명(1789~1799) 기간 동안 종이 화폐인 아시냐Assignat를 대량 발행했다. 이로 인해 극심한 인플레이션이 발생했으며, 물가 상승으로 인한 사회적 불안이 혁명을 가속화하는 원인이 됐다.

프랑스 혁명 당시 혁명 정부는 전쟁과 정치적 혼란 속에서 막대한 재정적자를 겪고 있었다. 구체제하에서 이미 누적된 빚이 많았고, 혁명으로 인해 경제 혼란이 가중되면서 세입이 감소했기 때문이다. 혁명 정부는 새로운 자금을 마련하기 위해 가톨릭교회의 토지와 귀족의 재산을 몰수했다.

혁명 정부는 몰수한 토지를 담보로 아시냐라는 지폐를 발행했다. 하지만 점점 더 많은 자금이 필요했고 담보를 잡힌 토지보다 많은 아시냐를 발행하기 시작했다. 시장에 유통되는 아시냐가 증가하면서 그 가치가 급락했고, 이에 따라 생필품과 식료품 가격을 중심으로 물가가 급등했다. 1790년대 후반에 이르러서 아시냐의 가치는 처음 발행가의 100분의 1 정도로 하락했다. 물가가 100배 오른 것이다. 물가가 계속 오르자 상인들은 생필품 가격을 더 올렸고, 도시든 농촌이든 하층민의 삶은 더욱 고단해졌다.

혁명 정부는 인플레이션을 막기 위해 여러 차례 물가 통제법을 시행했다. 대표적인 것이 '최고가격법령Law of Maximum'(1793)이다. 주요 식료품과 생필품의 가격 상한선을 정해 인플레이션을 통제하려던 의도였다. 하지만 이 정책은 효과를 발휘하지 못했다. 상인들은 물가 통제에 불만을 느껴 상품 공급을 줄이거나 암시장에서 거래했다. 인플레이션이 극심해지자 혁명 정부는 1796년 아시냐를 폐지했다. 대신 토지 어음Mandats territoriaux을 새로운 지폐로 발행했지만, 이미 신뢰를 잃은 통화정책으로 인해 이 역시 성공하지 못했다.

나폴레옹이 집권한 이후 혼란스러운 화폐 정책을 안정시키기 위해 금본위제를 도입했다. 1803년에 발행된 금화 프랑gold francs은 금과 은으로 가치를 보장받는 화폐로, 이는 프랑스 경제의 안정을 회복하는 데 큰 역할을 했다. 19세기는 대체로 산업혁명, 전쟁과 금본위제의 확립이 인플레이션에 영향을 미친 시기였다. 19세기 초반 나폴레옹 전쟁(1803~1815) 동안에도 여러 나라에서 전쟁 자금을 마련하기 위해 국채 발행과 화폐 발행이 급증하면서 인플레이션이 발생했다. 특히 영국은 은행권 발행을 늘렸고, 이는 전쟁 후 인플레이션으로 이어졌다.

19세기 중반 이후, 산업혁명으로 생산성이 크게 증가하고, 교통과 물류 시스템이 개선됨에 따라 물가가 상대적으로 안정됐다. 그러나 산업화 초기에는 급격한 도시화와 원자재 수요 증가로 인해 일시적인 물가 상승이 있었다.

미국에서는 1861년부터 1865년까지 남북 전쟁이 벌어졌다. 이 기간에 북부(연방정부)와 남부(연합국) 모두 막대한 전쟁 자금을 충당하기 위해 종이 화폐를 발행했다. 이로 인해 급격한 인플레이션이 발생했다. 전쟁이 끝난 후 남부 경제는 더욱 심각한 인플레이션에 시달렸다.

당시 북부 연방정부가 발행한 지폐를 그린백Greenback이라고 한다. 뒷면이 녹색 잉크로 인쇄됐기 때문에 붙여진 이름이다. 그린백은 현재 달러의 조상인 셈이다. 그린백 발행에 결정적 역할을 한 인물이 당시 재무부 장관인 새먼 P. 체이스Salmon P. Chase다. 체이스맨해튼은행Chase Manhattan Bank은 그의 이름을 딴 것이다. 체이스는 전쟁 비용을 충당하기 위해 법정화폐를 발행하는 방안을 제안했다. 금이나 은 같은 실물자산에 의존하지 않고, 정부의 신용을 바탕으로 하는 화폐였다.

프랑스 혁명 당시 지폐는 토지를 담보로 했다는 점에서 정부 신용을 담보로 한 그린백과는 다르다. 1862년 미국 의회는 법정화폐법Legal Tender Act을 통과시켜 그린백 발행을 승인했다. 이 법으로 1862~1863년 발행된 그린백은 금이나 은으로 교환되지 않았고, 정부가 채무 상환의 수단으로 사용할 수 있는 법적 지위를 가진 화폐

— **1862년에 처음 발행된 1달러짜리 그린백.** © National Numismatic Collection, National Museum of American History

였다. 그린백 발행을 승인한 링컨 대통령은 남북 전쟁이 끝난 직후인 1865년 암살당했다. 체이스맨해튼은행은 JP모건에 합병당해 지금은 JP모건체이스가 됐다.

그린백 발행으로 북부는 전쟁 자금을 빠르게 조달할 수 있었다. 하지만 금본위제를 따르지 않는 법정화폐였기 때문에 인플레이션이 발생했다. 그린백의 가치가 불안정해지면서 물가가 상승했고, 사람들은 그린백보다 금과 은 같은 귀금속을 선호하게 됐다.

전쟁이 끝난 후 인플레이션 문제를 해결하기 위해 미국 정부는 그린백의 회수와 금본위제로의 복귀를 시도했다. 그러나 이미 발행된 대규모 그린백을 한꺼번에 회수하기 어려웠고, 민간에서는 여전히 그린백이 유통되었다. 결국 1879년 금본위제를 공식적으로 복구하면서 그린백도 금으로 교환할 수 있게 했다.

남부는 자체적으로 남부연합의 화폐를 발행했다. 이를 남부연합 달러라고 불렀다. 남부는 경제적으로 북부보다 열악했고, 특히 해상 봉쇄로 인해 수출이 제한되면서 경제 상황이 악화됐다. 그 결과 남부연합 화폐의 가치는 급격히 떨어졌고, 인플레이션이 북부보다 극심했다. 전쟁 후반에는 남부연합 화폐의 가치가 제로가 되다시피 했다.

19세기 후반에는 여러 국가가 금본위제를 도입하면서 인플레이션을 억제하고 통화 가치를 안정시키려 했다. 영국은 이미 1816년에 금본위제를 도입했고, 1870년대에는 유럽의 주요 국가와 미국이 이를 따랐다. 금본위제는 통화 발행을 금 보유량에 맞추기 때문에, 통화 팽창과 그로 인한 인플레이션을 제약했다. 그러나 금본위제 역시 완전한 방패가 되지는 못했고, 특히 세계 대공황이나 전쟁 시기에는 여전히 심각한 인플레이션이 발생했다.

양적완화의 충격은
자산 시장이 흡수한다

인플레이션의 역사를 이처럼 장황하게 설명한 건 이제부터 그와 관련된 미래를 예측하기 위해서다.

통화 팽창을 공모한 정부와 금융 재벌은 이와 같은 역사에서 어떤 교훈을 얻었을까. 인플레이션이 정권을 붕괴시킨다는 사실을 알게 된 정부는 재정 지출을 줄이기 위해 균형 예산을 편성할까? 그렇다는 쪽에 베팅한 사람이라면 투자를 안 하는 게 좋다. 고양이가 생선을 마다할 리 없다고 생각하는 게 오히려 승률을 더 높이는 방법이다.

경제 원론 교과서의 첫 줄은 '인간은 이기적이다'라는 전제 조건으로 시작한다. 경제 기자로 25년을 일하고, 나이가 50이 넘은 한참 후에야 이것이 무엇을 의미하는지 알게 됐다. 이 전제 조건을 부정하면 18세기 애덤 스미스부터 2025년 현재까지의 모든 경제학 이론은 의미를 잃게 된다. 인간의 이기심 때문에 완전경쟁시장이라는 유토피아를 설정할 수 있고, 이 때문에 가격이 어떻게 결정되는지를 설명할 수 있다. 인간을 이타적인 존재로 생각한다면 경제학 교과서에 나오는 선명한 그래프들은 모두 오려 내야 한다.

세상의 모든 정부는 앞으로도 적극적으로 돈을 찍어낼 것이다. 금융 재벌은 금본위제에서는 금의 판매를 늘리고 법정화폐 시스템에서는 국채 매각을 늘리는 방법으로 돈을 벌고, 동시에 인플레이션 압력을 낮췄다. 공모자의 역할을 톡톡히 한 것이다.

현대통화주의자들은 2009년과 2020년 대규모 양적완화 때 한 가지 사실에 주목했다. 당장이라도 하이퍼인플레이션이 발생할 것이라는 우려와 달리 인플레이션 문제가 한동안 생각보다 심각하지 않았다는 점이다. 무엇이 인플레이션 압력을 낮춘 것일까.

시장에 쏟아져 나온 통화량(M2)의 충격을 흡수하는 범퍼가 있었다. 중앙은행의 양적완화 정책이 폭주해도 범퍼가 대형 사고를 막아줄 수 있다는 것을 알게 됐다.

최첨단 범퍼의 이름은 바로 '자산 시장'이다. 사람들은 정부가 지갑에 꽂아준 돈으로 미국 국채를 사고, 금을 매입하고, 매그니피센트 7 주식에 투자했다. 자산 가격이 급등했지만, 이는 소비자물가지수 산정 항목에는 포함되지 않는다.

양적완화와 주요 자산 가격 상승에는 어떤 관계가 있는지 구체적으로 살펴보자. 역사적으로 미국은 2008년 금융위기부터 2020년 코로나19 팬데믹까지 네 차례 대규모 양적완화를 실행했다.

1차 양적완화는 2008년 11월부터 2010년 3월까지이며 1조 7000억 달러 규모였다. 2차는 2010년 11월부터 2011년 6월까지 6000억 달러 규모의 양적완화가 시행됐다. 3차 양적완화는 2012년 9월부터 2014년 10월까지 매월 850억 달러, 총 2조 2100억 달러 규모였다. 4차는 가장 규모가 큰 양적완화로, 코로나19 팬데믹 당시인 2020년 3월부터 2021년 12월까지 총 4조 달러를 풀었다.

양적완화를 할 때마다 자산 가격은 큰 상승폭을 보였다. S&P500 지수는 3차와 4차 양적완화 때 각각 39%, 108% 상승했다. 양적완화 규모와 자산 가격 상승률은 대체로 일치했다. 금 가격은 4차 양적완화 때 38% 상승했다. 하지만 3차 때는 31% 하락했다. 경기회복에 대한 기대감에 달러가 강세를 띠면서 금값이 하락했다. 비트코인 가격은 3차 때 3400%, 4차 때 850% 상승했다. 반감기와 맞물리면서 상승폭이 컸다.

4차 양적완화 때 금과 비트코인의 시가총액은 각각 3조 6000억 달러, 8000억 달러 증가했다. 양적완화로 시중에 풀린 통화량보다 큰 규모다. 이는 양적완화로 증가한 통화량의 대부분이 자산 시장에 흡수된다는 사실을 보여준다.

유동성이 커지면(금리가 떨어지면) 자산 가격이 상승하는 이유는 인플레이션을 헤징하기 위해서다. 화폐가치가 하락하기 때문에 가격이 오르는 자산을 사두자는 심리가 강해지기 때문이다.

금리가 하락하면 미국 국채의 매력이 떨어진다. 100억 원을 미국 국채에 투자했는데 매년 5% 이자를 받다가 4% 이자를 받는다고 생각하면 1년에 1억 원을 손해 보는 셈이다. 이때 사람들은 미국 국채를 팔고 금이나 비트코인을 산다. 저금리로 돈을 빌릴 수 있기 때문에 미국 국채보다 좀 더 과감한 투자를 하게 되는 것이다.

반대로 금리가 올라 시중에 유동성이 줄어들면 미국 국채 매입이 늘면서 금이나 비트코인 가격이 떨어진다. 양적완화 때 비트코인 가격이 많이 오른 것과 반대로 긴축 때는 금과 비트코인 가격이 큰 폭으로 떨어지는 경향이 있다.

매크로 전략 투자자 린 앨든Lyn Alden의 분석 보고서에 따르면 2013년 5월부터 2024년 7월까지 비트코인 가격은 글로벌 유동성과 0.94의 높은 상관관계를 보였다. 이는 유동성이 100 증감할 때 비트코인 가격은 94만큼 증감한다는 의미다. 그러나 짧은 기간에서는 그 상관관계가 약해져 12개월 기준으로 평균 0.51, 6개월 기준으로 0.36을 기록했다.

이는 장기적으로 비트코인 가격은 유동성에 따라 움직이는 추세를 보이지만, 단기적으로는 다른 요인들에 의해 변동성이 커질 수 있다는 의미다. 장기 투자 시엔 유동성 지표에 따라 투자하면 되지만, 단기 투자 시엔 각종 온체인 데이터를 확인하며 시장 상황에 민감하게 대응하는 게 좋다.

비트코인과 유동성의 상관관계

실제로 비트코인과 유동성의 상관관계는 주요 사건이나 극단적인 시장 상황에서 여러 번 깨졌다. 마운트곡스 해킹 사건 등 비트코인의 신뢰도를 깨는 사건이 발생할 때 비트코인 가격이 급락했다. 반대로 2024년 1월 비트코인 현물 ETF 상장 승인 전후에는 비트코인 가격이 수요 요인에 의해 많이 올랐다. 투자는 결국 이런 메커니즘을 더 깊이 이해하고 자산 시장을 활용하는 것이다.

정부와 금융 재벌은 자산 시장을 일반보다 더 잘 활용해 돈을 번다. 일반은 실물 경제에서 돈을 모은다. 월급을 착실히 저축하고, 치킨집을 차려 가족을 부양한다. 25년간 월급쟁이 생활을 했는데 연봉이 전년보다 5% 이상 오른 적은 별로 없다. 10년마다 찾아온 경제위기를 전후로 수년씩은 연봉이 동결됐다. 이 기간 강남 아파트 가격은 매년 7%, S&P500지수는 매년 12% 이상 올랐다. 비트코인은 지난 15년간 2500만 배가량 상승했다. 갑종근로소득세를 내는 사람이 금융소득종합과세를 내는 사람보다 시간이 갈수록 가난해지는 건 구조적인 문제다. 앞으로도 이 같은 상황이 바뀌지 않을 것이라는 말이다.

더 큰 문제는 금융위기 때마다 정부는 일반의 세금으로 자산 시장을 먼저 구제한다는 점이다. 타이타닉이 가라앉을 때 구명보트를 탈 수 있는 번호표를 특실에 있는 부자들이 먼저 받은 것과 같다. 실제 2009년 금융위기 당시 미국 정부는 금융 재벌을 상대로 대규모 구제금융을 실시하면서 집을 압류당하고, 파산 신청을 한 대출자들은 외면했다.

사토시 나카모토는 제네시스 블록에 이 같은 부조리를 깨는 것이 비트코인을 만든 목적이라는 점을 명시했다. 비트코인의 채굴 이익은 지난 15년간 초기 채굴에 참여한 개인이나 개인사업자들이 비교적 많은 부분을 차지했다. 이는 로빈 후드가 영주의 곡식 창고를 털고 그 이유를 남겨놓은 것과 비슷하다. 비트코인을 만든 목적이 정부와 금융 재벌의 통제로부터 금융 서민을 해방시키기 위한 것이라는 점을 분명히 한 것이다.

하지만 2024년 현물 ETF 상장 승인 이후 기관이나 부자들이 참여했고, 2025년 도널드 트럼프의 취임 이후 국가 간 보유 쟁탈전이 시작될 조짐이다.

비트코인은 디지털 금인가?

"비트코인은 결제 수단으로 사용되지 않으며 변동성이 매우 크다. 비트코인은 달러가 아니라 금의 경쟁자라고 생각한다."

제롬 파월 연준 의장이 2024년 12월 4일 뉴욕에서 열린 뉴욕타임스 행사에서 한 말이다. 파월 의장의 발언 취지는 비트코인이 달러가 아니라는 점을 강조한 것이다. 기축통화가 되기에는 변동성이 크다고 비판한 것이다. 하지만 시장은 오히려 그가 비트코인을 '금의 경쟁자'라고 한 부분에 방점을 찍었다.

파월은 왜 비트코인을 디지털 금이라고 했을까. 이 말을 이해하려면 우선 금의 본질이 무엇인지 알아야 한다.

왜 금과 은 중에
금만이 화폐로 살아남았는가

금은 인류 역사에서 가장 오랫동안 지속된 화폐다. 금은 내구성, 휴대성, 분할 가능성, 동일성, 희소성, 인식 가능성 등의 기준에서 모두 완벽한 화폐의 조건을 충족한다.

금은 부식되지 않으며, 가치에 비해 휴대가 편하다. 쇠보다 무겁지만 같은 값일 경우 중량이 훨씬 가볍다. 녹여서 나누기 비교적 쉽고, 상태가 변하지 않는다. 채굴량과 매장량이 한정돼 가치 저장에 적합하고 고유한 반짝거림이 있어 짝퉁과 구분하기 쉽다. 보석과 산업용 재료로도 널리 쓰인다.

금은 이처럼 압도적인 경쟁력을 갖춘 상품화폐다. 생존에 가장 적합한 자질을 두루 갖춘 것이다. 이 때문에 금은 기원전 3000년경부터 지금까지 줄곧 가장 널리 쓰이는 화폐로 살아남았다.

하지만 금이라는 영웅이 역사에서 살아남은 것은 단순히 우생학적인 특질 때문만은 아니다. 모든 영웅 서사에는 결정적인 조력자가 등장하는 법인데, 금도 예외는 아니다. 금이 가장 오랫동안 화폐의 왕좌를 지킨 건 숨은 킹메이커들이 있었기 때문이다.

은은 근대까지만 해도 금과 함께 어깨를 나란히 한 상품화폐였다. 하지만 몇 번의 변곡점을 거치며 어느 순간 화폐의 역사에서 이름이 아예 지워져 버렸다.

첫 번째, 16~18세기 스페인 무적함대가 세계 시장을 지배할 때 스페인이 은을 너무 많이 채굴하면서 은의 가치가 금에 비해 상대

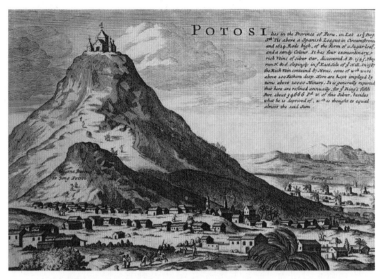

— 1715년 작품으로 안데스 산맥의 도시 포토시(Potosí)를 그렸다. 현재 볼리비아 포토시주의 주도인 이곳은 1545년에 은 광산이 발견되어 전 세계 은의 60%를 생산하기에 이르렀고, 이 은은 스페인 제국을 부흥시킨 부의 핵심이 되었다. © HistoryToday.com

적으로 많이 떨어졌다. 보통 금과 은은 1 대 10~12 정도의 비율로 교환됐다.

만유인력의 법칙으로 유명한 아이작 뉴턴Isaac Newton은 금의 영웅 서사에서 빼놓을 수 없는 조력자다. 수학자이자 물리학자였던 뉴턴은 주식 투자로 폭망한 천재로 유명하다. 뉴턴은 당시 영국 남해회사의 주식에 투자했다 2만 파운드, 지금 가치로 약 60억 원을 날렸다. 당시 뉴턴은 "나는 천체의 움직임을 계산할 수 있지만, 인간의 광기Madness of People는 예측할 수 없다"라는 유명한 말을 남겼다. 실물 경제엔 문외한이었던 셈이다.

영국 조폐국장이었던 뉴턴은 1717년 금과 은의 비율을 1 대 15

로 고정하는 조치를 취했다. 시장에서 금화와 은화가 동시에 유통되면서 생긴 혼란을 정리하고자 했던 것이다. 문제는 뉴턴이 글로벌 거시경제 상황을 고려하지 않고 단순히 수학적으로 교환 비율을 정한 데서 발생했다.

글로벌 시장가치보다 은을 과소평가, 즉 금을 과대평가한 것이다. 당시 영국의 수입 상대국이었던 중국은 은전을 주로 썼다. 은의 가치가 영국보다 높았던 것이다. 영국의 수입상들이 값싼 은을 주요 결제 수단으로 사용하면서 영국에서 대량의 은이 중국으로 유출됐다.

이 같은 상황은 19세기 영국이 금본위제를 채택하는 시장 환경을 만들었다. 18세기 말 산업혁명으로 자본을 축적한 영국이 글로벌 시장을 장악하면서 영국은 기축통화로 은이 아닌 금을 선택할 수밖에 없었다. 중국이 은을 너무 많이 갖고 있었기 때문이다.

영국 정부는 1844년 은행 헌장법Bank Charter Act 1844, 일명 필 은행법the Peel Banking Act을 제정해 공식적으로 금본위제를 채택했다. 법적으로 금과 파운드의 교환 비율을 보장한 것이다. 이것이 바로 최초의 법정 금본위제다. 이후 프랑스와 독일 등 주변 강대국이 차례대로 금본위제를 채택하면서 금은 확실한 글로벌 기축자산으로 자리매김했다.

1971년 닉슨 쇼크로 법정 금본위제는 종식됐다. 로스차일드와 같은 금융 재벌이 금에서 미국 국채로 타깃을 바꾸면서 금은 예전의 지위를 잃었지만, 여전히 가장 유용한 가치 저장 수단으로서의 명맥을 유지하고 있다. 법정화폐인 달러의 가치가 지속적으로 하락하면서 역설적으로 금의 가치 저장 기능이 부각된 것이다. 반면 은은 사실상 산업용 금속으로 전락했다.

비트코인이
금보다 뛰어난 점

사토시 나카모토는 이 같은 금의 역사를 열심히 공부한 것 같다. 제롬 파월의 말처럼 사토시 나카모토는 금과 경쟁하는 자산으로 비트코인을 설정했을 수도 있다.

블록체인 네트워크인 비트코인은 양자컴퓨터가 일반화하기 전까지는 기술적으로 훼손할 수 없다. 금보다 내구성이 좋은 것이다. 2100만 BTC로 한정돼 있으면서, 동시에 1BTC를 1억 Sats로 쪼갤 수 있다. 희소성과 분할성도 금만큼 좋다. 해시 파워의 51%를 장악하기 전에는 장부를 변경할 수 없다. 불변성도 금 못지않다. 비트코인은 디지털 자산으로 휴대성은 금을 압도한다. 비트코인은 금보다 우월한 유전자를 갖고 태어난 셈이다.

좀 더 현실적인 얘기를 해보자. 금을 금으로 만든 건 도대체 무엇일까. 금은 단순히 반짝이기 때문에 금이 된 게 아니다. 금을 상품화폐로 만든 건 채굴 과정에서 막대한 생산 비용이 투입되기 때문이다. 상품의 가치(가격)는 생산 비용이 밑에서 밀어 올리고, 수요가 위에서 끌어당긴다. 이를 각각 비용 인상Cost-Push 인플레이션과 수요 견인Demand-Pull 인플레이션이라고 한다. 백화점 진열대 위의 상품에 가격표를 붙일 수 있는 건 생산 비용이 들었고 수요가 있기 때문이다.

생산 비용은 생산에 투입된 토지와 자본, 노동 비용을 합한 것이다. 금 1트로이온스의 가격은 약 2000달러이며, 이를 생산하는 데 대략 1000달러가 들어간다. 생산 비용이 밀어올리는 힘 때문에 금 가격이 1000달러 밑으로 떨어질 가능성은 거의 없다.

미국의 경우 비트코인 한 개를 채굴하는 데 약 5만 달러의 전기료가 들어간다. 2025년 2월 10만 달러 안팎인 비트코인 가격의 50%를 전기료로 설명할 수 있다. 개인과 기관, 더 나아가 정부의 수요가 겹치면서 비트코인 가격을 끌어올리는 상황이다.

비트코인은 물리적인 실체가 없어 금처럼 가치를 가질 수 없다고 말하는 사람이 많다. 내재가치나 사용가치와 같은 어려운 말들이 소환된다. 이런 사람들은 비트코인을 사지 않으면 그만이다. 그들에겐 시간을 내 설명할 가치가 없다. 세계 경제 대통령인 연준 의장이 이미 망치를 두드려 비트코인이 디지털 금이라는 것을 확인해 주지 않았는가.

비트코인으로 결제를 할 수 있을까?

금은 비중이 커서 쇠보다 2.5배 무겁다. 스마트폰 정도 크기의 금괴가 1킬로그램이고, 영화 속 중앙은행 금고에 나오는 금괴는 12킬로그램으로, 한 손으로는 들기 힘들다. 금궤를 한 사람이 들어 올리는 건 영화에서나 가능하다. 금 1톤은 한 변이 37센티미터의 큐브 모양이다. 미국 재무부 금고에 저장된 금 8000톤은 12미터짜리 컨테이너 6개에 모두 담을 수 있는 정도다. 이렇게 무거운 금이 어떻게 인류의 역사에서 가장 오랫동안 화폐로 쓰이고 있을까.

금을 교환 수단으로 쓰는 첫 번째 이유는 쪼갤 수 있기 때문이다. 최대한 가볍게 분할해서 쓴 것이다. 중세 시대 유럽 각국에서 유통된 금화의 무게는 대략 3.5~7.8그램 정도였다. 영국이 해상 무역에서 썼던 금화 노블^{Gold Noble}이 7.8그램으로 가장 무거웠다. 크기는 20~30밀리미터로 1유로짜리 동전보다 대부분 작았다.

두 번째 이유는 매번 소지하지 않아도 되기 때문이다. 실제로 금을 갖고 다닌 게 아니라 장부로 거래를 한 후 일정 기간마다 정산하는 방식을 썼다. 중세 베네치아와 제노바 상인들은 환어음을 교환하고 최종적으로 잔액만 중앙 청산소에서 금을 인출했다. 1609년 네덜란드 암스테르담 은행이 설립되면서 상인들은 은행에 금을 맡기고 금 보관증서를 결제에 사용했다. 영국 파운드와 1971년 닉슨 쇼크 이전 미국 달러는 금본위제하에서 금과 일정 비율로 가치가 고정된 대표적인 법정화폐다.

무겁고 느린 비트코인

디지털 금인 비트코인은 무겁다. 실물이 없어 물리적인 무게는 없지만, 거래 속도가 느리다. 속도는 무게에 반비례하기 때문에 무겁다고 생각할 수 있다.

카페에서 비트코인으로 아이스 아메리카노를 주문하면 결제에 10분 이상이 걸린다. 이는 하나의 블록이 생성되는 데 10분이 걸리기 때문이다. 이렇게 무거운 비트코인이 교환 수단이 될 수 있을까?

비트코인은 금보다 쪼개기가 더 쉽다. 금괴를 쪼개서 금화를 만들려면 녹여서 거푸집에 붓고 굳혀야 한다. 비트코인은 한 개를 1억 개로 쪼갤 수 있다. 이를 1사토시^{Sats}라고 한다.

비트코인을 쪼개는 건 유통량을 늘리기 위한 설계지, 그렇다고 결제 속도가 빨라지지는 않는다. 비트코인 결제는 액수와 상관없이 10분이 넘게 걸린다.

비트코인 개발 초기 코어 개발팀은 이 결제 속도를 높이는 방법을 놓고 두 갈래 진영으로 나뉘었다. 비트코인 결제 속도를 결정하는 건 블록 생성 속도로 개당 평균 10분으로 설계됐다. 비트코인 한 개의 블록은 용량이 1MB로 담을 수 있는 거래량이 한정돼 있다. 따라서 거래가 일시에 몰리면 결제 속도가 느려진다. 만원 버스가 오면 다음 버스를 기다려야 하는 것과 같다.

비트코인 블록은 요금을 더 많이 내는 거래를 먼저 태우기 때문에 거래가 많아지면 요금이 비싸진다.

암호화폐가 거래를 얼마나 빠르고 효율적으로 처리할 수 있느냐를 확장성이라고 한다. 무거울수록 확장성이 떨어진다. 확장성의 기준으로 쓰이는 '초당 거래 건수TPS'는 1초에 처리되는 거래 건수를 의미한다. 비트코인은 평균 7TPS다. 초당 7건의 거래가 처리된다. 하나의 블록에 보통 2000~3000건의 거래 정보를 담을 수 있다.

비트코인의 확장성 문제를 개선하기 위해 만들어진 대표적인 알트코인이 이더리움과 솔라나다. 이더리움은 30TPS로 비트코인보다 네 배 정도 빠르다. 솔라나는 6만 5000TPS다.

비트코인은 디지털 금으로서 가치 저장 수단으로 남고, 실제 거래는 스마트 계약과 디파이DeFI 앱 구현이 가능한 이더리움 생태계에서 이뤄질 것이라는 전망이 나오는 이유다.

#	Name	↓ Real-time TPS ⑦	⟡ Max TPS (100 blocks) ⑦ ⓪	⟡ Max Theor. TPS ⑦
1	∞ ICP Layer 1	1,169 tx/s ⓘ	25,621 tx/s ⓘ	209,708 tx/s
2	▤ Solana Layer 1	902.8 tx/s ⓘ	2,909 tx/s ⓘ	65,000 tx/s
3	✳ Taraxa Layer 1	884.7 tx/s ⓘ	4,906 tx/s ⓘ	50,000 tx/s
4	◈ Tron Layer 1	93.14 tx/s ⓘ	272 tx/s ⓘ	2,516 tx/s
5	◉ Stellar Layer 1	86.53 tx/s ⓘ	176 tx/s ⓘ	1,137 tx/s

━ 2025년 3월 기준 TPS 상위 5개 암호화폐. 이더리움은 19위, 비트코인은 20위에 위치하고 있어 그만큼 무겁고 느리다는 의미다. © Chainspect

비트코인은 왜 처리 속도가 느리게 만들어졌을까?

사토시 나카모토가 확장성의 제약에도 불구하고 블록 용량을 개당 1MB로 제한해 블록 생성 속도를 평균 10분 정도로 설정한 데엔 그 나름의 이유가 있다. 사토시 나카모토가 비트코인을 설계할 때 가장 중요하게 생각한 건 탈중앙화라는 비트코인 본연의 철학이다. 이를 위해서는 보안과 네트워크 안정성이 뒷받침돼야 한다.

블록 크기가 커지면 네트워크에 참여하는 모든 노드가 더 많은 데이터를 저장하고 검증해야 한다. 만약 블록 크기를 무제한 늘리면 확장성은 개선되지만 데이터센터 같은 대형 설비를 갖춘 소수만 네트워크 운영에 참여할 수 있게 된다. 이는 비트코인이 결국 중앙화된다는 걸 의미한다.

블록 크기가 크면 수수료가 낮아진다. 악의적인 공격자가 네트워크를 마비시킬 목적으로 수많은 스팸 거래를 발생시킬 수도 있다. 네트워크에 부하가 많이 걸릴수록 수수료가 비례해 올라가도록 설계해, 스팸 거래를 방지하는 것이다.

거래 수수료는 채굴자 입장에서도 중요하다. 비트코인 채굴 비용은 반감기마다 두 배로 증가한다. 다시 말해 채굴 보상이 반감된다. 2140년 이후엔 궁극적으로 채굴 보상이 제로가 되고 거래 수수료가 채굴자 수익의 핵심이 된다.

블록 생성 시간이 짧아지면 네트워크 안정성에도 문제가 생긴다. 전 세계 네트워크 참여자들이 블록을 검증하고 전파하는 데 일정한 시간이 필요하기 때문이다. 블록 생성 시간이 짧으면 51%의 공격자가 짧은 시간에 다수의 블록을 생성해 네트워크를 교란시킬 위험이 커진다. 또 비트코인은 2주마다 난이도를 조절해 블록 생성 시간을 평균 10분으로 일정하게 조절하는데, 생성 시간이 짧아지면 난이도 조절이 어려워진다.

거래 수단으로서
비트코인의 보완책은?

비트코인 진영에서도 확장성 문제를 해결하려는 시도들이 지속적으로 이뤄지고 있다. 해결 방법은 온체인Onchain과 오프체인 Offchain 두 가지 솔루션이 있다.

온체인 솔루션은 메인체인 자체를 개선하는 방식이다. 한 블록에 더 많은 거래 정보를 담을 수 있는 다양한 방법들이 나오고 있다. 오프체인 솔루션은 메인체인은 그대로 두고 별도의 체인을 만드는 방식이다. 컴퓨터에 비유하면 온체인 솔루션은 하드를 업그레이드 하는 것이고, 오프체인 솔루션은 외장 하드를 설치하는 것이다.

과부하를 해결하는 온체인 솔루션 중 하나는 버스를 더 크게 만드는 것이다. 블록 용량을 최대 8MB까지 점진적으로 키워서 거래 속도를 개선하자는 주장이 나왔다.

하지만 앞서 설명했듯 이 방법은 데이터센터처럼 대형 자본만이 노드로서 네트워크 운영에 참여하게 되는 단점이 있다. 버스가 커지면 유지와 보수 비용이 증가하듯 비트코인 블록이 커지면 거래를 검증하는 참여자의 컴퓨터 스펙이 더 좋아져야 하기 때문이다. 이는 탈중앙화라는 비트코인 철학에 위배된다는 점에서 치명적인 단점이다.

비트코인 철학을 최대한 유지하는 온체인 개선책으로 세그윗 SegWit 기술을 적용하는 방안이 나왔다. 비트코인 블록에는 크게 송금하는 사람의 서명(개인 키)과 주소(공개 키), 송금 액수와 받는 사람의 주소 같은 거래 내용이 저장된다. 이 중 송금자의 서명과 주소가 용량의 60% 이상을 차지한다. 노드들이 거래를 검증한다는 건 우선 송금자의 서명과 주소가 맞는지 확인하는 것을 말한다. 서명과 주소 정보를 합쳐서 위트니스Witness라고 한다. 세그윗SegWit

은 분리된Segregated 위트니스Witness 데이터의 합성어로 용량이 큰 위트니스 데이터만 떼서 처리하는 기술을 말한다. 데이터 무게를 60% 이상 감량할 수 있어 거래 속도가 그만큼 빨라진다.

비트코인 코어 개발팀에서는 탈중앙화 철학에 부합하는 세그윗을 옹호하는 파가 다수였다. 결국 블록 용량을 키우자는 진영은 비트코인 네트워크를 쪼개 새로운 네트워크을 만들어나갔다. 네트워크 쪼개기를 하드포크라고 한다. 스타트업에서 노선이 다른 사람들이 모여 분사해 나가는 것과 같다. 2018년 하드포크한 비트코인캐시BTC가 대표적이며, 비트코인캐시는 블록당 용량을 32MB까지 키웠다.

나중에 이와 비슷한 해결책으로 탭루트Taproot 기술이 나왔다. 이는 스마트 계약을 강화하는 기능이다. 스마트 계약은 일정 조건이 충족되면 계약 내용이 자동으로 이행되는 똑똑한 계약을 말한다.

세 명이 동시에 서명해야 송금이 이루어지는 경우를 생각해 보자. 이는 다중 서명이라는 조건이 있기 때문에 단순한 형태의 스마트 계약이다. 앞에서 설명했듯 서명 정보는 데이터의 60% 이상을 차지하기 때문에 다중 서명의 경우 데이터 용량이 훨씬 커진다. 탭루트는 서명 알고리즘을 바꿔 다중 서명을 하나의 서명처럼 묶어서 처리하는 기술이다. 용량이 줄어들고, 각각의 서명이 보이지 않기 때문에 프라이버시가 강화된다는 장점이 있다.

다중 서명은 타임록Timelock과 함께 비트코인에서 구현할 수 있는 단순한 형태의 스마트 계약이다. 타임록은 일정 시간이 지나거나 일정 블록이 쌓여야만 송금이 이뤄지도록 잠금장치를 걸어놓는 것을 말한다.

사토시 나카모토가 스마트 계약 기능을 단순화한 것도 비트코인의 탈중앙화와 보안, 안정성을 위한 조치다. 스마트 계약은 필연적으로 자세한 조건들을 저장해야 하는데, 이는 네트워크 부하 문제와 직결된다.

탭루트는 스마트 계약에 필요한 필수 조건만 정리해서 블록에 저장하는 기능을 포함한다. 이 또한 데이터 용량을 줄여서 거래 속도를 개선하는 방법이다.

탭루트 기술의 개발로 비트코인도 이더리움처럼 스마트 계약과 디파이 앱을 만들 수 있는 플랫폼으로서의 가능성이 열렸다. 하지만 이더리움만큼 복잡한 스마트 계약을 구현하는 데는 여전히 한계가 있다.

지금까지 설명한 온체인 자체를 개선하는 방식을 '레이어 1'이라고 한다. 이제부터는 별도의 체인을 만들어 확장성을 개선하는 오프체인 솔루션인 '레이어 2'에 대해서 알아보자.

블록체인 외부에서
확장성을 높이는 기술

비트코인 거래 속도를 높이는 또 다른 기술로 라이트닝 네트워크Lightning Network 기술이 있다. 금 결제 시 장부 거래를 한 뒤 일정 기간의 거래를 정산해 잔액만 금으로 청산하는 것과 비슷하다.

별도의 장부를 만들어 거래한 후 장부를 폐기할 때 청산 당시 내용만 블록에 저장하는 기술이다. 이는 거래가 빈번한 당사자 간의 결제에 유용하다. 예를 들어 삼성전자와 하청 업체 A가 비트코인으로 거래한다고 하자.

삼성전자와 하청 업체 A는 별도의 P2P 결제 네트워크를 하나 만든다. 블록체인 밖에 있는 채널이라는 뜻으로, 이를 오프체인이라고 한다. 삼성전자와 하청 업체 A가 일정 비트코인을 공동 지갑에 예치하고 일정 조건이 충족되면 바로 정산되는 스마트 계약을 관리한다. 이때 양쪽이 10BTC씩 총 20BTC를 예치했다고 하자.

이후 삼성전자와 하청 업체 A는 계약 기간 동안 비트코인으로 거래를 하지만 이 거래는 블록체인에 기록되지 않는다. 계약 기간이 끝나고 정산 결과 하청 업체 A가 삼성전자로부터 30BTC를 받아야 한다면 공동 지갑에 있는 20BTC는 스마트 계약에 따라 하청 업체 A의 지갑에 자동 이체되고, 잔금 20BTC는 블록체인에서 최종 정산을 하면 된다.

오프체인 거래는 블록체인이 아니기 때문에 거래 속도가 빠르고, 수수료도 거의 없다. 이 같은 거래가 실제로 이뤄지려면 사적 네트워크를 서비스하는 라이트닝 네트워크 서비스 제공 업체**LSP, Lightning Service Providers**를 이용해야 한다. 매번 현금 결제가 번거로워 비자와 같은 신용카드 서비스를 이용하는 것과 비슷하다.

신용카드 서비스 초기에는 5성급 호텔과 그곳에 갈 수 있는 부자 간의 결제만 가능했다. 지금은 전 세계 어디서나 비자 카드 서비스를 받을 수 있듯, 글로벌 라이트닝 네트워크 서비스 인프라가 구축되면 비트코인도 신용카드처럼 쓸 수 있을 것이다.

리퀴드 네트워크Liquid Network도 비트코인 확장성 개선을 위한 대표적인 레이어2 기술이다. 블록스트림이 개발해 운영하는 사이드체인이다. 라이트닝 네트워크가 일상의 소액 거래를 위한 것이라면, 리퀴드 네트워크는 거래소나 트레이드 기관 간의 거래에 적합하다.

리퀴드 네트워크는 메인체인과 별개지만 일대일로 연동된다. 사용자가 1BTC를 리퀴드 네트워크로 보내면 1L-BTC로 변환된다.

스테이블코인이 달러를 블록체인상에서 사용하기 위한 것이라면, L-BTC는 비트코인을 토큰화한 것이다. 스테이블코인은 테더USDT처럼 기업이 운영하지만, L-BTC는 다수의 기관이 노드로 참여하기 때문에 비교적 탈중앙화된 운영이 가능하다.

리퀴드 네트워크는 1분에 하나의 블록을 만들기 때문에 거래 속도가 빠르다. 하지만 라이트닝 네트워크처럼 즉각적으로 결제가 되지는 않는다. 거래 내역이 모두 공개되는 비트코인과 달리 송금액과 자산 유형을 암호화해 프라이버시가 강화된다. 비트코인뿐만 아니라 스테이블코인, 토큰화된 자산, 증권, NFT 등 다양한 디지털 자산을 발행할 수 있다. 예를 들어 테더USDT 같은 스테이블코인이 리퀴드 네트워크에서도 운영된다.

비트코인의 스마트 계약 기능을 확장하기 위한 루트스톡RSK, Rootstock이라는 오프체인도 있다. 비트코인 버전의 스마트 계약과 디앱DApp 플랫폼이라고 할 수 있다. 리퀴드 네트워크처럼 'RBTC' 라는 토큰을 사용한다. 이 역시 비트코인과 일대일 연동된다. 이더리움과 호환돼 이더리움에서 개발된 디앱을 RSK로 옮길 수 있다.

비트코인 채굴자들이 추가 보상을 받고 네트워크를 보호하기 때문에 이더리움보다 보안성이 좋다는 장점이 있다. 30초마다 블록이 생성돼 거래 속도가 비트코인이나 리퀴드 네트워크보다 빠르다.

비트코인의 소유권을 넘기는
스테이트체인 기술

비트코인을 직접 전송하지 않고 소유권만 넘기는 스테이트체인 기술도 있다. 비트코인 거래는 '미사용 거래 출력UTXO'이라는 방식을 사용한다. 일종의 현금 같은 개념이다.

예를 들어 A에게 1BTC짜리 UTXO가 두 개 있다고 해보자. A가 B에게 1.5BTC를 보내려면 두 개의 UTXO를 보낸 후 0.5BTC짜리 UTXO를 거슬러 받으면 된다. 실제로는 기존 UTXO가 사용되면서 소멸되고 0.5BTC짜리 UTXO가 생성되는 것이다.

이에 반해 이더리움은 계좌 잔고 개념을 사용한다. 총 2.0BTC의 잔고를 갖고 있다면 송금한 1.5BTC가 차감되고 잔고가 0.5BTC가 되는 식이다.

UTXO는 거래마다 독립적으로 존재하기 때문에 검증이 쉽고 보안성이 강화된다. 잔고 방식은 거래 순서대로 검증해야 하지만 UTXO는 각 거래를 동시에 검증할 수 있어 확장성에 도움이 된다.

기존 UTXO는 사용 즉시 폐기되기 때문에 이중 지불을 할 수 없다. 이더리움과 같은 잔고 방식의 경우도 이중 지불이 안 되지만, 별도의 인증 작업이 필요하다.

UTXO는 동전 개념이어서 개별 UTXO를 사이드 체인으로 옮길 수 있다. 잔고 방식은 사이드 체인에 잔고 전체를 옮기는 식이어서 오프체인을 사용할 경우 옮기는 과정이 까다롭다.

온체인에서 비트코인을 송금할 때 핵심 정보는 서명(개인 키)과 주소(공개 키)다. 개인 키는 서명을 생성하고 소유권을 증명해 준다. 공개 키는 서명을 증명하고 주소를 생성하는 데 쓰인다. 스테이트 체인에서는 UTXO의 소유권만 이전한다.

A가 스테이트체인을 통해 B에게 1BTC를 보내는 과정을 예로 들면, 일단 A는 온체인에서 스테이트체인으로 1BTC짜리 UTXO를 옮긴다. 스테이트체인 UTXO가 생성된 것이다. 스테이트체인 엔터티Entity(스테이트체인 노드)는 이 UTXO의 개인 키를 둘로 쪼개 A와 공유한다. 두 개의 조각을 합치지 않으면 UTXO를 쓸 수 없는 상태가 된 것이다. 이후 스테이트체인 엔터티는 A의 조각을 B에게 건네준 즉시 A가 가진 개인 키 조각의 백업 데이터를 삭제한다.

B가 온체인에서 이 비트코인을 사용하려면 받은 키 조각을 스테이트체인 엔터티의 조각과 맞춰서 새로운 UTXO를 생성한다. 쉽게 말해 소유권만 빨리 이전해 놓고 필요할 때 소유권을 행사하는 것이다.

비트코인의 확장성을 개선하는 다양한 기술이 발달하면서 비트코인 기반의 토큰, 스마트 계약, 디파이 관련 프로젝트도 풍성해지고 있다.

타로**Taro, Taproot Asset Representation Overlay**는 주로 비트코인상에서 스테이블코인이나 실물자산 토큰화**RWA**와 같은 대체 가능 토큰**FT**을 발행하고 전송할 수 있는 대표적인 프로토콜이다. 오프체인인 탭루트를 이용한 빠른 전송이 장점이다.

스택스**STX**는 비트코인 스마트 계약과 디앱 구현을 가능케 하는 플랫폼이다. 비트코인을 활용하지만 별도의 체인에서 스마트 계약을 처리한다.

소버린**Sovryn**은 비트코인 기반의 디파이 플랫폼이다. 대출, 스테이킹, 레버리지 트레이딩 등 디파이 기능을 제공한다. 과담보 방식의 스테이블코인인 제로**Zero**가 이 플랫폼을 이용한 대표적인 토큰 프로젝트다. 코인 액면 가액의 1.5배에 해당하는 비트코인을 예치해야 한다.

비트코인과
NFT의 결합

비트코인이 금융 혁신과 디지털 자산 생태계의 중심으로 자리 잡고 있다. 비트코인은 디지털 금일 뿐만 아니라 스마트 계약과 디앱의 플랫폼으로서 NFT나 RWA 산업이 잉태되는 자궁 역할을 할 것으로 기대된다.

오프체인 기술의 발달로 비트코인에서도 이더리움처럼 NFT 등 가상자산을 발행할 수 있게 됐다. NTF는 유일무이한 디지털 자산의 원본 증명서 같은 것이다.

1달러와 1BTC는 다른 것으로 대체할 수 있다. 내가 1달러를 빌려주고 받을 때 일련번호가 같은 달러를 받는 건 아니다. 하지만 모나리자 원본은 다른 그림으로 대체할 수 없다. 복제품이 많지만 원본과 같은 가치를 갖지는 않는다.

반면 디지털 아트는 파일이기 때문에 무한대로 완벽하게 똑같이 복제할 수 있다. 원본과 복제품을 구분할 수 없으므로 원본의 가치는 사실상 제로다. NTF는 바로 이런 디지털 자산의 원본을 증명해 주는 역할을 한다. NTF는 ID와 메타 데이터로 구성되며, 블록체인에 보관된다. 메타 데이터는 디지털 자산의 작품 제목, 콘셉트, 창작자 정보, 창작 일시, 작품 실제 저장 위치 등에 관한 정보다. 일종의 작품 설명서라고 보면 된다.

NFT의 소유권 문제와
비트코인의 계약 기능의 상호 보완

NFT는 두 가지 측면에서 큰 의미가 있다. 디지털 자산의 원본을 증명해 주기 때문에 디지털 자산이 가치를 갖게 됐다. 디지털 자산의 원본을 그대로 블록체인에 저장하는 게 아니어서 블록체인 네트워크의 과부하를 막을 수 있다. 디지털 자산이 생성되고 유통되는 데 결정적인 역할을 하는 것이다.

NTF는 디지털 세상인 메타버스metaverse 구현에 필수적이다. 오프라인 세상에 시장이 존재하는 건 자산의 소유권 증명이 가능하기 때문이다. NTF 덕분에 디지털 자산의 소유권 증명이 가능해짐으로써, 실제 세상과 똑같은 시장이 디지털 세상에도 형성되었다.

이에 따라 디지털 아트와 게임 아이템의 거래가 가능해졌다. 비

— '매일-첫 5000일'은 5000일 동안 매일 작업한 디지털 아트를 콜라주한 작품이다.
© Mike Winkelmann

플Beeple의 '매일-첫 5000일Everydays-The First 5000 Days'이라는 디지털 아트가 6900만 달러에 팔리면서 NFT가 주목받는 계기가 됐다.

명품 브랜드 구찌의 경우 메타버스에서 디지털 패션 아이템을 NFT로 만들어 판매하기도 했다. 실제 부동산을 NFT로 만들어 소유권을 블록체인에 기록하는 프로젝트들도 있다. 블록체인이 디지털 등기소 역할을 하는 건데 아직 법적인 효력은 없다.

NFT의 가장 큰 문제는 실제 소유 여부다. NFT는 소유권을 증명하는 원본 증명 개념이지, 디지털 자산의 원본은 블록체인과 연결된 IPFS와 같은 외부 저장소에 보관되는 경우가 많다. IPFS 저장소가 폐쇄되거나, 해당 NFT 프로젝트가 중단돼 파일이 사라지면 소유권 자체가 의미 없어진다. 루브르 박물관에 전시된 모나리자 그림은 도난당해도 소유권 증명서만 갖고 있으면 도둑을 잡으면 된다. 하지만 NFT 원본 파일은 영원히 사라질 수 있다. 이 때문에 NFT 시장이 발전하려면 더 명확한 소유권 개념이 확립되고, 원본 파일을 영원히 저장할 수 있는 다양한 방법이 나와야 한다.

비트코인은 기존 이더리움에 비해 이 같은 원본 소유권 문제를 해결할 수 있다는 장점이 있다. 비트코인은 스마트 계약 기능이 부족해 이더리움처럼 NFT를 직접 생성하기 어려웠다. 스마트 계약은 계약 조건과 관련된 데이터 용량이 커 블록 크기가 한정된 비트코인과는 맞지 않았다. 데이터 용량이 클수록 수수료가 급상승하기 때문이다.

하지만 오프체인 기술인 탭루트 업그레이드가 이뤄진 덕분에 비트코인 네트워크에 여유가 생겼다. 이미지나 텍스트, 동영상 등의 메타 데이터를 담을 수 있는 공간이 확보되면서 NFT 발행이 가능해졌다.

비트코인 개발자이자 예술가인 케이시 로드아머Casey Rodarmor가 2023년 비트코인에서 NTF와 같은 기능을 구현하는 오디널스Ordinals라는 프로토콜을 개발했다. 프로토콜은 컴퓨터 네트워크에서 데이터를 주고받을 때 사용하는 공통된 규칙이다.

오디널스 프로토콜은 비트코인의 가장 작은 단위인 사토시에 디지털 자산 원본 파일 자체를 저장하는 방식이다. 블록체인은 한번 저장하면 영구적이기 때문에 파일이 지워지지 않는다는 의미로 이를 각인^{Inscription}이라고 한다. 비트코인 NFT는 따라서 소유권이라기보다는 자산 자체에 가깝다.

오디널스 프로토콜의 가장 큰 특징은 사토시마다 일련번호를 붙인다는 것이다. 비트코인은 잔액 기반 시스템으로 사토시를 개별적으로 구분하지는 않는다. 지갑 속에서 동전을 꺼낼 때 액수만 맞으면 되는 것이지 동전을 일련번호에 따라 구분하지 않는 것과 비슷한 개념이다.

NFT는 특정한 자산에 대한 소유권을 거래하기 위해 만들어졌기 때문에 추적할 수 있어야 한다. 수많은 NFT 중 원하는 NFT를 쉽게 찾을 수 있어야 한다는 의미다.

비트코인 NFT는 원본 자체를 저장하기 때문에 이더리움 기반의 NFT보다 소유 개념이 명확해졌다. 반면 데이터 용량이 커져 수수료가 비싸다는 단점이 있다.

오디널스 프로토콜이 등장하면서 비트코인에서도 다양한 토큰 프로젝트가 진행됐다. 오디널스 프로토콜 기반 위에서 도모^{Domo}라는 개발자가 'BRC-20'이라는 실험적인 토큰 표준을 개발했다. 오디널스^{ORDI}, 사츠^{SATS}, 비트코인위자드^{WZRD} 등이 대표적인 BRC-20 토큰이다.

하지만 이 또한 오디널스 프로토콜 기반이어서 네트워크 용량을 많이 차지한다는 단점이 부각됐다. 실제 다양한 오디널스 기반의 프로젝트가 진행되면서 2023년 한때 비트코인 전송 속도가 느려지는 현상이 발생하기도 했다.

이를 개선해 케이시 로드아머가 만든 비트코인 대체 가능 토큰

표준이 룬스^{Runes} 프로토콜이다. 오디널스 프로토콜이 블록에 데이터를 각인하는 방식이라면, 룬스는 원래 비트코인의 데이터 전송 방식인 UTXO 모델을 그대로 사용해 네트워크 부하를 줄였다.

실물자산을 쪼개서
투자할 수 있는 RWA

룬스 프로토콜의 개발로 비트코인에서도 RWA 사업이 활성화될 것으로 전망된다. 그동안 NFT와 마찬가지로 RWA 프로젝트는 대부분 이더리움 플랫폼을 기반으로 이뤄졌다.

RWA는 부동산, 주식, 채권 등 전통적인 실물자산을 토큰화해 분할 투자가 가능하게 만든 디지털 자산이다. NFT가 디지털 자산의 소유권을 증명하는 것이라면, RWA는 실물자산을 토큰화했다는 게 가장 큰 차이다.

최근에는 실물자산을 NFT로 만드는 프로젝트도 등장하고 있다. 가까운 미래에 엠파이어 스테이트 빌딩을 NFT로 만들어 거래하는 날이 올 수도 있는 것이다. 그 NFT를 이전하면 엠파이어 스테이트 빌딩의 소유권이 이전되는 식이다. 하지만 이는 정부의 등기소 역할을 민간이 하는 것과 다름없기에 소유권을 법적으로 인정받기가 어려울 것으로 전망된다.

RWA는 엠파이어 스테이트 빌딩을 많게는 수백만 개의 토큰으로 만들어 거래한다는 점에서 NFT와는 다르다. 기업의 소유권을 나눈 주식이나, 실물에서 파생된 금융상품과 같은 개념이다. 이와 같이 전통 실물자산과 새로운 디지털 자산의 접점에 있다는 점에서 월가의 레거시 금융사들을 비트코인 생태계로 끌어들이는 촉매제 역할을 할 것으로 기대된다.

RWA 시장의 성장에 따라 가치 저장과 교환 수단으로서 비트코인의 활용 가능성이 덩달아 커질 수 있다. 비트코인을 담보로 온체인에서 스테이블코인이나 RWA를 빌릴 수 있고, 비트코인으로 RWA를 직접 거래할 수도 있기 때문이다.

실제 블랙록이나 피델리티 같은 초대형 자산운용사들이 RWA 사업 추진에 적극적이어서 규제 당국의 승인을 받을 가능성도 실물 기반 NFT보다 크다. 블랙록의 CEO인 래리 핑크는 2024년 1월 한 인터뷰에서 "모든 금융자산은 토큰화될 것"이라며, 블랙록이 RWA의 선두 주자로 나서겠다는 포부를 밝혔다.

비트코인 산업의 거대화 그리고 AI와의 연계

비트코인은 P2P 거래를 위한 화폐 시스템이며, 탈중앙화된 금융 시스템이다. 이는 비트코인이 레거시 금융을 파괴할 게임 체인저라는 의미다.

레이어 2 기술과 그에 따른 다양한 프로토콜의 발달로 비트코인이 순수 디지털 자산에서부터 토큰화된 실물자산까지 모든 자산을 생성하고 유통하는 인프라로 거듭나고 있다. 이에 따라 채굴과 거래소, 전력 등 비트코인 생태계를 둘러싼 산업은 물론 AI와 같은 미래 산업부터 음악과 미술 등 예술 산업까지 거의 모든 산업의 틀이 바뀌고 있다.

비트코인 생태계가 성장하면서 가장 먼저 눈에 띄는 건 연관 기업이 대형화, 독점화된다는 점이다. 대표적인 게 채굴 업체다. 초기엔 소규모 개인 채굴자도 경쟁에 낄 수 있었다. 하지만 시간이 가면서 채굴 비용이 증가해, 거대 자본이 운영하는 채굴 기업만이 살아남게 됐다.

거대 자본만이 살아남는 비트코인 산업

비트코인은 채굴 비용이 갈수록 상승하는 구조다. 채굴자가 많아지면 난도가 높아져 전력 소비가 증가한다. 약 4년마다 찾아오는 반감기로 보상이 반감하기 때문에, 결과적으로 채굴 비용이 배가된다. 채굴 난도가 높아지면서 채굴기는 점점 고성능이 된다. 이에 따라 채굴기 가격이 대당 수천만 원대로 올랐다. AI 산업 발달로 반도체 수요가 급증해 수급에 문제가 생기면 채굴기 가격은 더 오른다. 실제 2012년 비트코인 불장 때 GPU 가격이 거의 두 배가 된 적이 있다.

채굴 비용의 대부분을 차지하는 전기료도 지속적으로 상승 추세다. 미국의 경우 비트코인 한 개를 채굴하는 데 평균 50만 달러의 전기료가 들어간다. 각국의 규제도 채굴 비용을 증가시키는 원인이다. 전기료가 비교적 저렴한 중국은 2021년 아예 채굴을 금지했다. 카자흐스탄은 전력 부족 문제로 2022년 채굴 기업 수를 제한했다.

세금도 채굴 비용을 증가시키는 원인이다. 예를 들어 미국은 일부 주에서 채굴 수익에 소득세, 법인세, 환경세 등을 부과한다. 한국도 2027년부터 암호화폐로 인한 수익에 과세를 붙일 방침이다.

이에 따라 채굴 업체는 이합집산을 거듭하며 점차 대형화하는 추세다. 미국의 비트코인 채굴 업체인 클린스파크는 2024년 6월, 조지아주에 있는 비트코인 채굴장 다섯 곳을 총 2580만 달러에 인수했다. 또 다른 채굴 업체 비트디어는 같은 시기 채굴기 제조사인 데저위마이너를 약 1억 4000만 달러에 인수했다.

파산 기업도 속출하고 있다. 채굴 업체 로디엄엔터프라이즈는 2024년 8월 텍사스 남부 지방법원에 파산 신청을 했다. 부채는 최대 1억 달러 정도로 추산됐다.

JP모건 보고서에 따르면 2024년 6월 15일 기준 나스닥에 상장된 14개 채굴 기업의 시가총액 총합은 228억 달러(약 31조 5000억 원)에 달했다. 이후 비트코인 가격 상승과 함께 이 기업들의 시가총액도 급증해 2024년 말 기준엔 400억 달러에 근접했다.

시가총액 기준 최대 채굴 기업은 마라톤 디지털 홀딩스로 시가총액은 약 53억 달러다. 2010년에 마라톤 페이턴트 그룹이라는 이름으로 설립된 이 회사는 원래 특허 관리 및 기술 라이선싱에 주력했던 업체다. 그러나 2021년 2월, 지금 이름으로 변경하며 비트코인 채굴 사업에 집중하기 시작했다. 이후 대규모 채굴 장비를 확보하고, 오하이오주에 위치한 세 곳의 채굴 데이터센터에서 약 370메가와트의 용량을 확보했다. 마라톤 디지털 홀딩스는 약 2만 7000개의 비트코인을 보유하고 있다.

2위는 시가총액 약 40억 달러의 클린스파크다. 미국 네바다주 헨

더슨에 본사를 둔 채굴 기업인 클린스파크는 인수한 다섯 곳의 채굴 데이터센터에서 230메가와트의 개발 용량을 갖추고 있다. 추가로 샌더스빌에 150메가와트 용량의 데이터센터를 짓고 있다. 클린스파크는 원래 에너지 관리 및 마이크로그리드 솔루션을 제공하는 기업이다. 현재 약 8700개의 비트코인을 보유하고 있다.

라이엇 플랫폼스가 시가총액 30억 달러로 3위 채굴 업체다. 라이엇 플랫폼스는 2000년 7월 미국 캘리포니아에서 라이엇 블록체인이라는 이름의 생명공학 회사로 출발했다. 이후 2017년에 블록체인과 암호화폐 분야로 사업을 전환하며 현재의 사명으로 변경했고, 비트코인 채굴에 주력하기 시작했다.

라이엇 플랫폼스는 공격적인 인수합병 전략으로 몸집을 불렸다. 2021년에는 경쟁사인 채굴 기업 윈스톤을 인수하고, 전기 장비 업체인 ESS 메트론도 인수하면서 채굴 능력과 운영 효율성을 크게 강화했다. 약 1만 개의 비트코인을 갖고 있다.

비트코인 가격이 급등하면서 대규모 자본이 채굴 기업에 속속 투자되고 있다. 비트코인 현물 ETF 상품을 운용 중인 세계 최대 자산운용사인 블랙록은 수년 전부터 주요 채굴 기업의 지분에 총 4억 달러 이상을 투자했다. 이는 2022년 기준 블랙록이 운영하는 총자산의 0.35%에 해당한다.

업체별 투자 현황을 보면 블랙록은 라이엇 플랫폼스에 약 1억 9900만 달러를 투자해 6.14%의 지분을 가지고 있다. 마라톤 디지털 홀딩스의 지분도 6.44% 보유하고 있으며, 투자 금액은 약 1억 9000만 달러다. 이 밖에 테라울프에 1400만 달러, 사이퍼 마이닝에

800만 달러가량을 투자했다.

과점화된
비트코인 거래소

거래소도 상위 5개 거래소가 전체 암호화폐 거래의 80% 이상을 차지할 정도로 과점화된 상황이다. 거래소의 대형화는 주로 규제와 관련이 있다. 대부분 국가가 암호화폐가 자금 세탁 창구로 쓰이는 것을 방지하기 위해 고객확인제도**KYC**와 자금세탁방지**AML** 규제를 강화하면서 자금력이 약한 소형 업체는 자연스럽게 시장에서 퇴출당했다.

KYC는 거래소가 고객의 신원(여권, 운전면허증, 거주지 증명 등)을 확인하는 절차이고, AML은 불법 자금의 세탁을 막기 위해 자금 흐름을 모니터링하고, 의심스러운 거래를 금융 당국에 보고하는 제도다. 쉽게 말해 거래소는 모든 고객의 신원을 확인하고, 모든 거래를

# ▼	거래소	Trading volume(24h)	평균 유동성	주별 방문	페어 수	# 순위
1	Binance	₩26,405,079,190,672	922	13,632,590	1862	478
2	Bybit	₩3,965,546,121,003	690	4,019,594	1201	761
3	Coinbase Exchange	₩4,421,629,174,655	792	60,923	431	289
4	Upbit	₩2,938,753,965,536	550	1,849,669	454	237
5	OKX	₩3,969,612,845,040	756	6,568,845	1061	342

━ 2025년 3월 기준 거래량 상위 5개 거래소. ⓒ CoinMarketCap

확인해야 하는 데 막대한 비용을 써야 하는 것이다. 실제 바이낸스나 코인베이스 같은 대형 거래소는 전담 법무팀, AI 기반 자금세탁 감시 시스템, 외부 감사 비용 등에 엄청난 돈을 쓰고 있다.

규제 사항을 준수하지 않으면 은행 계좌 개설조차 어려워 처음부터 영업이 불가능하며, 당국의 감시망에 걸릴 경우 퇴출당하거나 막대한 벌금이 부과된다. 대표적으로 2023년 미국 정부는 바이낸스에 43억 달러(약 5조 6000억 원)의 벌금을 부과했다. AML과 은행비밀법BSA 등을 위반한 혐의다. 이는 미국 정부가 기업에 부과한 벌금 중 역대 최대 규모로, 창업자 자오창펑趙長鵬은 이 일로 CEO직에서 사퇴했고, 바이낸스는 미국 시장에서 철수했다.

당시 법원은 바이낸스가 고객의 신원 확인 절차를 제대로 수행하지 않아, 테러 조직과 범죄자들이 거래할 수 있도록 방치했다고 판단했다. 또 미국의 제재 대상인 북한, 이란, 시리아 등의 이용자에게 거래를 허용하여, 총 166만 건, 약 7억 달러 규모의 제재 위반 거래를 중개했다고도 했다. 아동 성적 학대, 불법 마약, 테러 등과 관련된 10만 건 이상의 의심스러운 거래를 금융 당국에 보고하지 않았다는 것도 벌금을 부과한 이유다.

개인 간 직거래가 가능한
탈중앙화 거래소

일부 소형 업체는 탈중앙화 거래소DEX로 전환하면서 살길을 모색하고 있다. DEX의 경우 각종 규제 대상에서 제외되기 때문이다. DEX는 중개 기관 없이 블록체인상에서 직접 암호화폐를 거래할 수 있는 플랫폼이다. 스마트 계약을 활용해 자동으로 P2P 거래가 이뤄지는 시스템이다. 중개소를 거치지 않는 개인 지갑 간의 거래라고 보면 된다.

거래소에서는 검증된 코인만 거래할 수 있지만, DEX에서는 누구나 코인을 만들어 거래할 수 있다. 신원인증 절차가 없으니 익명성이 보장되고, 중개소 지갑을 거치지 않기 때문에 해킹의 위험도 덜하다. 이 때문에 이른바 '떡상'의 기회도 많지만 사기당할 위험도 크다.

DEX의 유형은 거래 방식에 따라 크게 세 가지로 나뉜다.

첫째, 원하는 가격이 같은 매도-매수 주문을 매칭해 주는 오더북 방식이다. 주식이나 중앙화 거래소CEX에서의 거래 방식과 같다. 모든 주문 내용을 블록체인에 저장하는 온체인과 거래 결과만 저장하는 오프체인 방식으로 나뉜다. 세럼Serum이 온체인 방식이고, dYdX와 루프링Loopring이 오프체인 방식이다. 레버리지나 마진콜 등 트레이딩이 가능하다. 온체인 방식의 경우 데이터 용량이 커 거래 속도가 느리고 수수료가 비싸다.

둘째, 교환할 토큰 쌍을 선택하면 당시 가격에 따라 자동으로 거래가 이뤄지는 '유동성 풀 거래AMM 방식'이다. 유니스왑, 팬케이크스왑, 스시스왑 등의 업체가 대표적으로 이 방식을 쓴다. 투자자 A가 10개의 이더리움ETH을 테더USDT로 바꾸는 거래를 원한다고 해보자. 거래소에서 'ETH-USDT' 쌍을 선택해 10개의 ETH를 유동

성 풀에 제공하면 거래소가 A의 지갑에 그게 맞는 USDT를 보내준
다. 교환 비율은 거래 당시 유동성 풀에 있는 ETH와 USDT의 비율
에 따라 자동으로 결정된다. 편의점에서 정해진 가격에 원하는 상
품을 사는 것과 비슷하다.

신원 확인 등의 절차가 없으므로 원하는 즉시 거래가 가능하다
는 게 장점이다. 하지만 유동성이 작을수록 가격 변동성이 커 거래
에 신중해야 한다. 교환 비율이 유동성에 따라 달라져 고액 거래를
할 때는 파는 쪽의 유동성이 늘어나면서 가격이 떨어지는 슬리피지
slippage 현상이 일어난다.

셋째, 거래 당사자끼리 가격을 협상하고 거래하는 방식이다. 비
스크Bisq와 로컬크립토스LocalCryptos가 대표적이다. 가격이 맞으면
스마트 계약에 의해 자동으로 거래가 이뤄진다. 달러 등 법정화폐
로도 거래가 가능하다. 에스크로 결제 방식을 쓰지 않으면 사기의
위험이 있어 조심해야 한다.

AI 산업과의
연계 가능성이 높다

비트코인은 전력 저장장치로서 미래 경제의 핵심인 AI 산업과
밀접한 관계를 맺을 전망이다. 비트코인은 전기로 채굴되며, 전기
의 저장장치ESS 역할을 한다. 전력 소비가 많은 AI 산업과 운명적으
로 얽혀 있다. AI 기업에 비트코인은 가장 효율적인 전력 소비 수단

이 되고, 비트코인 네트워크는 AI를 통해 탈중앙화, 보안, 안정성 등의 핵심 가치를 강화할 수 있다.

이런 운명으로 비트코인과 AI 산업은 일단 지리적으로 한데 모일 가능성이 크다. 비트코인 채굴과 AI 데이터센터는 둘 다 전력 집약적 산업이기 때문이다. 전력 허브를 중심으로 비트코인 채굴과 AI 데이터센터가 결합하면 에너지 효율을 최적화한 수익 모델을 만들 수 있다.

예를 들어 AI 부하가 많을 때는 비트코인 채굴을 멈추고, AI 부하가 적을 때는 값싼 잉여 전력을 활용해 비트코인 채굴을 하는 식이다. 이 같은 조합은 특히 태양광과 풍력 등 전력 공급이 일정하지 않은 친환경 발전과 잘 어울린다. 비트코인을 채굴해 전력의 가치를 저장해 놓고, AI 부하가 많을 때 비트코인으로 전력을 사서 쓰는 운영 방법이 생길 수 있다. 비트코인 채굴과 AI 데이터센터에서 나오는 폐열로 인근 거주 지역의 난방 비용을 절감할 수도 있다.

AI를 활용하면 비트코인 채굴을 최적화할 수 있다. AI가 채굴 프로세스를 분석해 전력 소모량을 최소화기 때문이다. AI가 실시간으로 채굴 난이도 변화를 예측해 자동으로 해시 파워를 조절하는 스마트 채굴 시스템도 구현이 가능하다. 지금은 블록 생성 속도를 평균 10분에 맞추기 위해 비트코인 코어 개발팀이 2주마다 난이도를 적절히 조절한다.

실제 미국 텍사스주 오스틴에 본사를 둔 채굴 업체 코어사이언티픽Core Scientific Inc은 비트코인 채굴과 AI 데이터센터 운영을 결합해 큰 성공을 거두고 있다. 코어사이언티픽은 채굴 데이터센터의 일부 컴퓨팅 파워를 AI 데이터센터로 전환해 AI 기업인 코어위브 CoreWeave와 12년간 장기임대 계약을 체결했다. 코어사이언티픽은 이를 통해 35억 달러의 수익을 올릴 수 있을 것으로 전망된다.

AI 업체가 발전 사업에 투자하거나, 에너지 업체가 채굴 사업을 병행하는 경우도 있다. MS는 AI 연구와 데이터센터 운영에 필요한 막대한 전력을 안정적으로 공급받기 위해 소형 모듈 원자로SMR 개발에 투자하고 있다. 석유 기업 엑손모빌은 노스다코타 지역에서 폐가스를 이용한 비트코인 채굴 파일럿 프로젝트를 진행하였으며, 코노코필립스도 유사한 방식으로 비트코인 채굴 회사에 가스를 공급하고 있다. 미국의 원자력 스타트업 오클로는 비트코인 채굴 업체 컴퍼스 마이닝과 20년간 전력 공급 협력 계약을 체결했다.

AI 기술로 비트코인의 보안과 스마트 계약 기능을 강화할 수 있다. AI가 비트코인 거래 패턴을 분석해 이상 거래를 감지하고, 해킹을 탐지한다.

AI가 온체인 데이터와 매크로 경제 지표를 분석해 비트코인 가격 예측 및 투자 전략을 최적화할 수도 있다. AI가 자동으로 담보 관리와 대출 심사를 수행해 디파이 발전을 앞당길 수 있다.

비트코인은
문화 산업도 바꿀 것이다

비트코인은 단순한 금융 혁명을 넘어서 예술, 학문, 문화 산업의 패러다임까지 변화시키고 있다. 디지털 소유권 개념, 탈중앙화 학문 연구, 블록체인 기반 예술 창작, 글로벌 문화 및 경제 시스템이 등장하며 창작자들에게 새로운 기회를 열어주고 기존 권력 구조를 흔들고 있다.

예술과 학문 분야는 다른 산업에 비해 중앙화된 유통구조에 대한 의존성이 크다. K팝의 경우 JYP나 SM 등 소수의 기획사와 멜론 등 소수의 음원 플랫폼이 공급망을 독점하고 있다. 인디 밴드가 음원 소비자와 직접 연결되기는 쉽지 않다.

아직 활성화되지 않았지만 블록체인 기술과 암호화폐의 발전으로 음악 산업에서도 새로운 거래 방식과 플랫폼이 등장하고 있다. 세계 최초 음악 저작권 조각 투자 플랫폼인 뮤직카우musicow는 2024년 10월 우리은행과 토큰증권ST 사업 추진을 위한 업무협약을 체결했다. 뮤직카우는 음악 저작권 일부를 양도받아 수익증권화한 뒤 투자를 받고 수익을 나누는 플랫폼이다. 토큰증권은 이 수익증권을 토큰화해 블록체인에서 거래하는 것이다. 증권의 성격을 가진 RWA라고 생각하면 되고, 각국의 증권 관련 법의 규제를 받는다. 뮤직카우는 이 모델로 미국 시장 진출을 계획하고 있다.

미술도 마찬가지다. 작가들이 권력화된 소수의 갤러리를 통하지 않으면 작품을 판매할 방법이 사실상 없다. 작가에 따라 다르지만 갤러리가 판매 금액의 50% 이상을 가져간다. 미술계에서는 조각투자가 가능한 RWA, 저작권 보호를 위한 NFT, 작가와 컬렉터를 직접 연결하는 P2P 플랫폼 등 다양한 분야에서 블록체인 기술이 활용되고 있다.

미술품 조각 투자 플랫폼으로 한국의 테사TESSA가 있다. 1000원 단위까지 투자가 가능하다. 마에크Maecenas는 같은 방식의 글로벌 플랫폼이다.

레드아트RedArt는 아트테크 플랫폼으로, 미술품과 연계된 NFT를 제공한다. 오프라인 전시회에서 감상한 작품을 NTF를 통해 구입하는 방식이다. 레드아트는 하나은행과 협업해 미술품 신탁 계약과 소유 증명 서비스도 제공하고 있다. 비블리오Bibliotheca도 NFT를 발행해 작품의 소유권과 진위를 보증하고, 거래까지 가능한 플랫폼이다.

캔버스엔CANVAS N은 온오프라인을 통합한 블록체인 프로젝트다. 작가와 컬렉터가 플랫폼상에서 직거래할 수도 있고 거래 내용은 블록체인으로 관리된다. 캔버스엔은 NFT 프로젝트인 밀코메다엔Milkomeda N을 통해 1만 개의 작품을 성공적으로 오픈씨OpenSea에서 거래minting했다. 최근엔 캔버스엔 오프라인 갤러리를 개관하고 NFT와 연계된 다양한 작품을 전시하고 있다.

아트리Atrium도 아티스트와 컬렉터를 직접 연결하는 블록체인 기반의 플랫폼이다.

네이처와 사이언스가 양분했던 학술 플랫폼도 블록체인을 통해 탈중앙화하고 있다. 블록사이언스BlockScience는 블록체인 기술을 활용하여 학술 연구의 검증과 재현성을 강화하는 플랫폼이다. 연구 방법, 데이터 수집 과정, 분석 절차 등 모든 과정을 블록체인상에 공개해 다른 연구자들이 동일한 방법으로 실험을 재현할 수 있게 했다. 평가자의 신원과 평가 내용이 모두 공개돼 평가 과정의 투명성과 공정성을 높였다. 스마트 계약을 활용해 연구 데이터의 접근 권한과 보상 등도 자동화했다.

아카데믹스Academics는 학술 연구자들이 자신의 연구 데이터를 블록체인에 저장하고 공유할 수 있는 플랫폼이다. 데이터 공유에 따른 보상을 제공한다.

비트코인에 투자하기 전
알아야 할 것들

반감기로 보는
비트코인 가격 사이클

과거 반감기 때마다 비트코인 시세는 일정한 패턴을 보였다. 반감기가 지나면 6~7개월 후부터 가격이 오르기 시작해, 1년가량 상승장이 지속됐다. 상승장이 지나면 큰 폭의 조정을 거치고, 반감기가 지나면 비슷한 패턴이 반복됐다. 여기서 주목할 점은 반감기가 반복될수록 조정폭과 상승폭이 줄어든다는 점이다.

실제 반감기별로 반감기 전 주요 저점과 반감기 후 최고점을 정리해 보면 앞서 설명한 패턴이 반복된다는 것을 알 수 있다.

1차 반감기인 2012년 11월 이후 2013년 말에 비트코인 가격이 1000달러를 넘어서면서 최고점을 찍었다. 반감기 전 저점은 12달러였다.

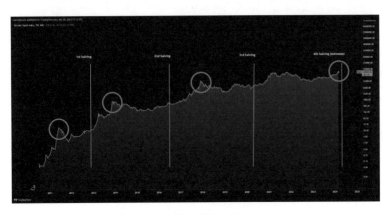

━ 반감기 이후 고점이 갱신되는 모습을 보여주는 차트. © TradingView

    2차 반감기인 2016년 7월 이후 18개월 정도가 지난 2017년에도 비트코인 가격이 1만 9000달러 선으로 역사적인 고점을 갈아치웠다. 반감기 전 저점은 650달러 선이었다.

    2020년 5월 3차 반감기 때도 마찬가지였다. 이때는 8000달러 선에서 6만 9000달러 선까지 비트코인 가격이 올랐다.

3차 반감기 이후
비트코인 가격의 추이

    2024년 4월 4차 반감기 이후 2025년 1월 말 현재까지도 이전 반감기와 같은 패턴이 반복되고 있다. 이번 반감기는 비트코인 가격 상승에 긍정적인 이벤트가 많았다. 2014년 1월 미국 SEC가 비트코인 현물 ETF 상장을 승인하면서 반감기 전 비트코인 가격이 한 단계 상승했다. 반감기 직전 비트코인 가격은 7만 3000달러 선까지 치솟았다. 반감기 이후 6개월이 지난 11월부터 비트코인 가격이 본격 상승세를 탔다. 선거 유세 기간부터 비트코인 대통령을 자임하던 트럼프가 대통령에 당선되면서 가격 상승 열기에 기름을 부었다. 여러 호재가 겹치면서 비트코인 가격은 2024년 12월 4일 역사상 처음 10만 달러를 돌파했다.

기관 수요와 국가 간 비트코인 비축 경쟁 등 비트코인이 제도권에 진입한 점, 이에 따라 비트코인에 대한 일반의 인식이 확산된 점 등을 고려하면 이번 반감기는 이전과는 다른 패턴을 보일 것이라는 전망이 일각에서 나온다. 막대한 자금이 유입되면서 비트코인 가격을 지지해 줄 것이라는 기대가 반영된 결과다.

2004년 금 현물 ETF 상장이 승인된 후 금 시세의 변동 추이를 바탕으로, 이번 비트코인 반감기 다음은 큰 폭의 조정을 받았던 이전 반감기와 다를 수 있다는 전망이 나오기도 했다. 2004년 11월 현물 ETF 상장 승인 당시 트로이온스당 430달러 선이었던 금 가격은 2011년 9월 트로이온스당 1895달러까지 줄기차게 올랐다. 금 가격은 이후 조정을 거쳐 2015년 12월 18일 1050달러까지 떨어졌다. 44%가 떨어졌지만 현물 ETF 승인 당시와 비교하면 여전히 두 배를 넘는 수준이었다.

비트코인 현물 ETF 승인 이전 비트코인 가격이 7만 3000달러 선이었다는 점을 고려할 때 조정기가 와도 이 가격 밑으로 떨어지지는 않으리라고 전망하는 것이다. 원화로는 대략 1억 원이 지지선

이 될 것이라는 의미다.

비트코인은 언제 사든
지금이 가장 싼 가격이다

하지만 투자할 때는 미래를 최대한 보수적으로 전망하는 게 안전하다. 반감기 이후 지난 10개월간의 패턴이 이전 반감기와 유사하다는 점도 간과해서는 안 되는 대목이다. 조정이 올 것이라는 우려가 커질수록 실제로 조정이 올 가능성이 커진다. 과거 패턴을 참고해서 투자를 한다면 2025년 하반기부터는 매도 시점에 대한 구체적인 계획을 갖고 있는 게 좋다.

비트코인뿐만이 아니다. 비트코인과 알트코인 시세 간에도 일정한 패턴이 있다. 이를 참고하면 비트코인보다 위험도가 더 높은 알트코인의 투자 성공률을 높일 수 있다.

보통 암호화폐 시세는 비트코인 → 대형 알트코인 → 중소형 알트코인 순으로 상승하는 경향이 있다. 비트코인의 시장점유율 dominance이 높아지면 알트코인의 점유율은 상대적으로 떨어진다. 이후 비트코인에 몰렸던 자금이 차익실현을 하고 이더리움이나 XRP, 솔라나와 같은 대형 알트코인으로 유입된다. 이더리움 상승장을 보통 알트코인 불장의 신호로 본다. 이후 같은 추세가 중소형 알트코인까지 이어지고 나면 다시 비트코인 불장을 시작으로 한 사이클이 반복된다.

이번까지 네 차례의 반감기 동안 반감기별 최고점을 찍어보면 비트코인 가격은 장기적으로 줄곧 우상향했다. 반감기의 한 사이클인 4년 이상 장기 투자를 한다면 어느 시점에 사든 '지금이 가장 싼 가격'이다.

비트코인
가격 예측 지표들

비트코인 투자 시 반드시 확인해야 하는 거시경제 지표가 있다. 바로 통화량**M2**이다. M2는 현금, 요구불예금, 저축성 예금 등을 포함한 광의의 통화 지표로, 경제 내 유동성을 나타낸다.

M2가 증가하면 비트코인 가격이 올라가고, 반대로 M2가 감소하면 비트코인 가격도 내려간다. 2013년부터 2024년까지 둘의 상관관계는 0.94로 매우 강한 상관관계를 보였다. 무조건적이라고 봐도 무방하다.

대표적인 사례가 2020년 코로나19 팬데믹 당시의 양적완화다. M2가 급증하면서 비트코인 가격이 300% 상승했다. 반대로 2022년 연준이 양적완화 속도를 늦추는 테이퍼링에 들어가면서 유동성이 축소되자 비트코인 가격은 60% 하락했다.

통계적으로 M2는 10주 정도의 시차를 두고 비트코인 가격에 영향을 미치는 것으로 나타났다. 통화량이 증가하면 약 두 달 뒤부터 가격이 상승했다는 것이다.

비트코인의 탄생 목적과
가격 메커니즘의 모순

하지만 여기서 중요한 지점이 있다. 비트코인 가격과 M2는 근본적으로 모순 관계에 있다는 사실이다.

사토시 나카모토가 비트코인을 만든 목적은 통화 남발로 인한 부작용이 없는 건전한 화폐 시스템을 만들자는 것이다. M2의 증가가 자산버블을 만들고, 그것이 붕괴하는 과정에서 대공황이나 금융공황이 여러 번 발생했기 때문이다.

그런데 투자자산으로서 비트코인 가격이 상승하려면 M2가 증가해야 한다. 앞서 설명했듯 비트코인 가격은 M2와 정비례하기 때문이다. 비트코인 생태계가 커지려면 M2의 증가가 필수다. 어느 미래에 비트코인이 달러를 완전히 대체할 때까지는 M2의 증가가 비트코인 생태계의 생명선이라는 뜻이다.

냉정하게 말하면 비트코인은 자신의 숙주를 위협하는 기생충 같은 존재다. 달러 유동성이라는 숙주가 없으면 이제 막 사춘기에 접어든 비트코인은 살아남을 수 없다. 반대로 비트코인이 장성하면 달러라는 숙주는 생명을 다한 상태가 된다.

화폐 패권 전쟁에서 이 같은 모순은 어쩌면 숙명 같은 것인지도 모른다. 투자자는 이처럼 모순된 관계를 잘 이용해야 한다. 비트코인을 달러로 사고파는 한 비트코인 가격과 M2의 상관관계는 유효할 것이기 때문이다.

비트코인이 명실상부한 기축통화나 기축자산이 되면 비트코인 가격을 달러로 묻는 모습은 일상에서 사라질 것이다. 그때가 되면 비트코인으로 살 수 있는 전력량이 얼마인지가 비트코인의 가치를 따지는 척도가 될 것이다.

장단기 금리 차가 커지면
비트코인은 오른다

통화량과 관련된 지표 중에 달러 인덱스도 있다. M2가 늘어나면 보통 달러 가치는 떨어진다. 따라서 비트코인 가격과 달러 인덱스는 역의 상관관계를 보인다.

달러 인덱스는 세계 주요 6개국 통화인 유로, 일본 엔화, 영국 파운드, 캐나다 달러, 스웨덴 크로나, 스위스 프랑 대비 미국 달러의 평균적인 가치를 나타내는 지표다. 1973년 3월의 값을 100으로 두고 연준이 작성한 뒤 발표한다.

이 밖에 비트코인 투자 시 참고할 만한 거시경제 지표로 미국 장단기 금리 차가 있다. 보통 미국 10년물 국채 금리와 2년물 국채 금리 간의 차이를 말한다. 2년물 금리는 연준의 금리 결정에 즉각 영향을 받는 금리다. 10년물 금리는 장기 경기 전망에 반응한다.

경제가 안정적이고 성장이 지속될 것으로 판단될 때는 장기 금리가 단기 금리보다 높다. 투자 심리가 호전되는 상황이기에 장기적으로 돈을 빌리려면 더 높은 이자를 내야 하는 것이다.

반면 경제가 불안정하거나 경기 침체가 예상될 때는 장기 금리가 단기 금리보다 낮아진다. 투자 심리가 악화하면 투자자들은 상대적으로 안전한 장기국채에 관심을 돌리게 돼 장기국채 가격이 올라가는 것이다. 이를 장단기 금리 역전이라고 한다. 장단기 금리가 역전되면 보통 경기 침체의 전조로 해석된다.

과거 추이를 보면 장단기 금리 차가 양수인 경우, 그리고 장단기 금리 차가 커지는 경우 비트코인 가격이 많이 올랐다.

비트코인 가격의
고점과 저점을 예측하는 온체인 지표

비트코인에 투자할 때 참고할 지표는 크게 온체인On-chain 지표, 시장 지표, 파생상품 지표 등 세 가지다. 온체인 지표는 블록체인 데이터에서 직접 추출하는 정보다. 블록체인 네트워크상의 데이터를 기반으로 투자자의 행동을 분석해 실제 매수와 매도 시점을 예측하는 데 도움이 된다.

온체인 지표 중 대표는 해시 레이트Hash Rate다. 비트코인 네트워크의 총연산 능력을 의미한다. 비트코인 블록체인에 참여한 컴퓨터의 연산력을 모두 합친 것으로 보면 된다.

해시 레이트가 증가한다는 건 더 많은 채굴자가 참여했다는 뜻이다. 채굴기가 고도화돼도 해시 레이트가 늘어난다. 반대로 해시 레이트가 급락하면 채굴자들이 문을 닫았다는 의미다. 해시 레이트가 클수록 네트워크가 안정적으로 유지된다.

비트코인 채굴 풀인 클로버풀CloverPool(구 비티씨닷컴BTC.com)의 데이터에 따르면 2025년 2월 현재, 비트코인 네트워크의 해시 레이트는 사상 최고치를 기록하고 있다. 2월 초 기준으로, 7일 이동 평균 해시 레이트는 약 833엑사해시EH/s에 도달했다.

이러한 해시 레이트의 증가는 비트코인 네트워크의 보안과 안정성이 강화되고 있음을 나타낸다. 특정 채굴 풀이 해시 레이트의 50% 이상을 점하면, 블록체인을 통제하는 '50%+1의 공격'을 할 수

─── 2025년 2월까지 비트코인 네트워크의 해시 레이트(주황색 선)로, 2024년 10월 전고점을 돌파한 이후로 급격하게 오르는 모습을 볼 수 있다. © Glassnode

있어 중앙화된다는 것을 의미한다.

하지만 해시 레이트가 증가할수록 채굴 경쟁이 심화하기 때문에 채굴 수익이 악화할 수 있다. 채굴 수익은 비트코인 보상과 채굴 수수료 등의 이익에서 전기료를 비롯한 비용을 뺀 수익이다. 2025년 1월 기준, 채굴 수익은 14억 달러를 기록해 비교적 안정적인 수준을 유지했다. 비트코인 가격이 상승한 주된 이유다.

MVRV**Market Value to Realized Value**(시장가치 대비 실현가치)는 투자자가 중요하게 생각하는 온체인 지표 중 하나다. MVRV는 비트코인 온체인 분석을 개척한 니컬러스 마틴**Nicholas Merten**과 데이비드 푸엘**David Puell**이 비트코인의 고점과 저점을 예측하기 위해 2018년 공동으로 개발했다. 이 지표는 현재 글라스노드**Glassnode**, 크립토퀀트**CryptoQuant**, 센티멘트**Santiment** 같은 온체인 분석 플랫폼에서 널리 사용되는 온체인 지표의 고전이 됐다.

이 지표는 현재 유통되는 비트코인의 현재 가격을 최종 매수 가격 평균으로 나눈 값이다. 값이 클수록 보유자들이 큰 수익을 내고 있다는 의미다. 이 지표가 3.5를 초과하면 고점 가능성이 높다는 신호로 해석된다. 반대로 1 미만일 경우는 보유자들이 손해를 보고 있다는 의미로, 저점 매수 기회로 파악하는 게 좋다. 지표가 1.6 안팎이면 보통 상승장 초입의 신호다. 실제 2017년 말 불장과 2018년 급락장 당시 등에서 이 지표가 위의 설명과 일치했다. 이 지표는 글라스노드 사이트**www.glassnode.com**에서 확인할 수 있다.

미실현 순손익**NUPL, Net Unrealized Profit/Loss**은 투자자들이 평균적으로 이익을 보는지 손해를 보는지 보여주는 지표다. 보통 심리 분석 지표라고 한다. 투자자들이 보유하고 있는 미실현 이익에서 미실현 손실을 뺀 값을 시가총액으로 나눈 값인데 0보다 크면 순익, 작으면 순손실을 보고 있다는 뜻이다. 보통 이 지표가 0.75를 초과하면 고점 위험이 있다는 의미이고, 0.2를 밑돌면 저점 매수 기회로 간주한다.

강세장과 약세장을 전망하는 온체인 지표들

비트코인과 이더리움의 온체인 거래량Total Transfer Volumn을 나타내는 지표도 있다. 특정 기간 비트코인과 이더리움의 총거래량을 보여주는 것으로 유동성 지표라고도 한다. 거래소 거래량뿐 아니라 블록체인상의 모든 거래를 포함한다.

특히 거래소 입출금량Exchange Inflows/Outflows으로 매도와 매수 압력 수위를 가늠할 때 많이 활용된다. 거래소에 비트코인 입금이 증가한다는 건 보유자들이 개인 지갑에 보관했던 물량을 거래를 위해 거래소로 옮기고 있다는 뜻이다. 매도 압력이 증가해 가격이 하락할 전조다. 반대로 거래소의 비트코인 출금량이 감소하는 건 보유자들이 개인 지갑으로 비트코인을 옮겨 담고 있다는 뜻으로 장기 보유 의지를 표현한 셈이다. 공급량이 줄어 가격 상승 가능성이 커진다.

최근에는 스테이블코인 공급 비율Stablecoin Supply Ratio, SSR로 강세장과 약세장을 예측하기도 한다. 비트코인 시가총액을 스테이블 코인 시가총액으로 나눈 값으로, 그 값이 낮을수록 스테이블코인이 많다는 의미다. 스테이블코인 보유 목적은 주로 비트코인 매입이기 때문에 스테이블코인이 많을수록 비트코인 수요가 늘어, 가격이 상 승할 것으로 예측된다.

장기 보유자 SOPR^{Spent Output Profit Ratio} 지표로는 매도와 매수 압 력을 예측할 수 있다. 155일 이상 장기 보유자들의 매도 가격을 매 수 가격으로 나눈 값이다. 1을 초과하면 장기 보유자가 평균적으로 이익을 보고 매각하고 있는 상황으로, 매도 압력이 높아질 수 있다. 이 값이 1을 밑돌면 저점 매수 기회로 보면 된다.

활성 주소 수도 강세장과 약세장을 구분하는 기준이 된다. 이는 온체인상에서 하루 동안 활동한 주소 수를 나타내는 지표다. 이 지 표가 증가하면 강세장을, 감소하면 약세장으로 전망할 수 있다.

시장 심리를 분석하는
시장 지표

시장 지표는 시장 심리와 가격 움직임을 분석하는 데 주로 활용 된다. 대표적인 시장 지표로는 비트코인 도미넌스^{BTC Dominance}가 있다. 비트코인 시가총액이 전체 암호화폐 시장에서 차지하는 비중 을 뜻한다. 비트코인의 강세장이 형성된 이후 알트코인 강세가 이 어지기 때문에 도미넌스가 상승했다가 하락하는 시점을 체크하면서 비트코인과 알트코인의 투자 비중을 바꾸는 방법으로 수익성을 높일 수 있다.

보통 비트코인 점유율이 50% 이하로 떨어지면 알트코인 불장이 온다. 코인마켓캡coinmarketcap 사이트에서 각 코인의 점유율을 확인할 수 있다.

'알트코인 시즌 인덱스'가 75% 이상이면 알트코인 시즌을 의미한다. 이는 비트코인보다 수익률이 좋은 알트코인 비율이 75%를 웃돈다는 의미다. 코인마켓캡에서 CMC 알트코인 시즌 인덱스를 참고하면 된다.

트레이딩뷰tradingview에서 시가총액 추이로 알트코인 시세를 파악하는 방법도 있다. 알트코인 전체 시가총액 추이인 TOTAL2Crypto Total Market Cap Excluding BTC, $와 중소형 알트코인 시가총액 추이인 TOTAL3Find today's Crypto Total Market Cap Excluding BTC and ETH, $를 보면 된다.

공포 및 탐욕 지수Fear & Greed Index는 비트코인 시장의 투자 심리를 파악하는 대표적 지표다. 0부터 100까지의 숫자로 표기되며 0은 극단적 공포, 100은 극단적 탐욕을 보여준다. 보통 0~24는 매수 기회, 75~100은 매도 신호로 본다. 50 이하이면 투자 심리가 부정적, 50 이상이면 투자 심리가 긍정적이라는 뜻이다. 가격 변동성, 거래량 및 모멘텀, 소셜미디어, 비트코인 도미넌스, 구글 트렌드, 검색량 분석, 옵션 시장 데이터 등 여섯 가지 요소를 분석해 산출한다.

2020년 3월 코로나19로 비트코인 가격이 폭락했을 때가 10으로 극단적인 공포를 나타냈고, 이후 2021년 불장이 찾아왔다. 2021년

4월 비트코인 가격이 6만 4000달러를 돌파하기 직전에는 95로 극단적인 탐욕을 보였고, 이후 하락장으로 이어졌다.

한국 시장 가격과 해외 가격의 차이를 나타내는 김치 프리미엄Kimchi Premium도 시장 지표다. 김치 프리미엄이 높으면 시장 과열의 의미로 매도 신호다.

단기 투자에 참고하면 좋은
파생상품 지표

장기 투자가 아니라 단타를 치는 경우엔 파생상품(선물·옵션) 지표를 눈여겨보면 좋다. 파생상품 지표는 선물·옵션 관련 지표로 단기적 가격 변동성을 파악하는 데 도움이 된다. 특히 매수 또는 매도 포인트를 잡는 데 유용하다.

미결제약정OI, Open Interest은 시장의 유동성, 변동성, 참여자들의 심리를 분석하는 데 중요한 지표다. 선물·옵션 시장에 남아 있는 계약 수를 의미한다. 원유 선물 시장을 예로 들면, 누군가 롱 포지션을 잡고 다른 누군가 숏 포지션을 잡아 새로운 계약이 체결되면 OI는 +1이 된다. 계약 금액만큼 시장에 유동성이 증가한다.

2023년 비트코인 강세장 초입에 OI가 급증했다. 강세장을 예측한 트레이더들이 대거 매수long 포지션에 걸었기 때문이다. 계약이 체결됐다는 건 상응하는 매도short 포지션이 있었다는 의미다. 이때 숏 포지션을 잡는 건 강세장 조짐이 거품이라고 판단했을 경우나,

저항선을 뚫지 못하고 떨어질 것으로 기대한 경우가 있을 수 있다. 결과적으로 강세장이 오면 롱 포지션을 잡은 경우는 수익을, 숏 포지션을 잡은 경우는 손실을 본다.

OI 급감은 기존 계약이 종료되거나 청산되는 것을 의미한다. 이때 롱 혹은 숏 포지션이 강제로 청산되거나 투자자들이 시장을 떠나면 큰 변동성이 발생할 수 있다. 일례로 2021년 5월 비트코인 가격이 6만 달러 선에서 3만 달러 선까지 급락했을 때 비트코인 선물 시장의 OI가 단기간에 40% 이상 줄었다. 롱 포지션이 강제 청산되면서다. 이로 인해 비트코인 가격이 연쇄적으로 하락하는 롱 스퀴즈Long Squeeze 현상이 발생했다.

실제 선물 투자가 어떻게 이뤄지는지 예를 들어보자. '선물Futures 거래'는 미래 가격을 예측해 롱 또는 숏 포지션을 잡는 계약이다. 비트코인 3개월 선물 가격이 4만 달러라고 하자. 3개월 뒤 비트코인 가격이 이보다 오를 것이라고 예상된다면 롱 포지션을 잡는다.

A는 보증금 1000달러에 10배 레버리지로 롱 포지션을 잡았다. 이 경우 OI가 +1개가 된다. 3개월 뒤 비트코인 가격이 4만 2000달러로 올랐다면 A는 4만 달러에 비트코인을 매입해 4만 2000달러에 팔아 차익을 남긴다. 이를 포지션 청산이라고 한다. 수익률이 5%이기 때문에 A의 수익금은 1만 달러의 5%인 500달러다.

반대로 비트코인 가격이 3만 6000달러 이하로 떨어지면 A는 롱 포지션이 강제로 청산된다. 이를 롱 스퀴즈라고 한다. 레버리지를 10배 썼기 때문에 선물과 현물 가격 차이가 10% 이상 나면 보증금을 탕진하기 때문이다. 구체적으로 유지 증거금 비율 등이 적용되는 실제 금액은 미미하게 차이가 난다.

일반적으로 OI 증가와 가격 상승이 동반하면 강세장이 올 가능성이 크다. 반대로 OI 증가와 가격 하락이 같이 오면 약세장이 올 확률이 증가한다. 또 OI가 급감하고 가격이 상승하면 숏 포지션의 강제 청산, 즉 숏 스퀴즈 현상이 발생한 것으로 봐야 하고 가격이 추가 상승할 여지가 크다. 반대로 OI가 급감하고 가격이 하락하면 롱 스퀴즈로 가격이 더 떨어질 가능성이 크다.

OI와 함께 펀딩비Funding Rate를 보는 게 도움이 된다. 펀딩비는 선물 시장에서 롱과 숏 포지션 간 균형을 맞추기 위해 정기적으로 교환되는 수수료다. 펀딩비가 양수면 롱 포지션을 잡으려는 사람이 숏보다 많다는 것으로 롱을 유지하기 위해 숏에게 펀딩비를 지불해야 한다. 반대로 음수면 숏 포지션을 잡은 트레이더가 롱을 잡은 상대에게 수수료를 내야 한다.

펀딩비가 너무 높으면 과열 신호로 조정될 가능성이 크다. 반대로 펀딩비가 과하게 낮다면 시장이 과매도 상태로 반등할 여지가 많다는 의미다.

비트코인을 알아야
진짜 알트코인이 보인다

알트코인Alternatve Coin은 말 그대로 비트코인의 대안으로 나온 코인을 말한다. 비트코인의 단점을 보완하기 위해 만들어졌다는 의미다. 따라서 알트코인은 비트코인의 보완재지 대체재가 아니다.

투자자 입장에서도 알트코인은 비트코인을 대체하는 자산이 아니다. 비트코인에 투자하면서, 그것을 보완하는 의미로 포트폴리오를 구성하는 것이 좋다는 의미다. 비트코인에 장기 투자를 하면서 중단기 상승 가능성이 큰 알트코인에 투자하는 식으로 수익률을 높이는 방법이 있다. 알트코인의 변동성이 더 크기 때문에 하락할 경우 반대로 비트코인이 이를 완충해 주기도 한다.

암호화폐 정보 사이트 코인마켓캡에 따르면 2025년 3월 24일 기준 시가총액 순위는 비트코인, 이더리움, 테더, XRP, 바이낸스코인 BNB, 솔라나 등이다. 각각의 알트코인이 비트코인의 어떤 부분을 보완하는지를 알게 되면 이들의 투자 가치도 알게 될 것이다.

이더리움의 탄생

이더리움은 1994년 러시아에서 태어난 프로그래머 비탈릭 부테린이 만든 암호화폐다. 비탈릭 부테린은 2011년 아버지를 통해 비트코인을 처음 알게 됐고 '탈중앙화'라는 블록체인의 철학에 매료됐다. 그는 비트코인이 단순히 저장과 송금 기능에 제한된 것에 아쉬움을 느끼고 '코드를 실행할 수 있는 블록체인'을 만들자는 취지로 이더리움을 만들었다. 이로써 스마트 계약과 탈중앙화앱DApp,

#	이름		가격	1시간 %	24시간 %	7일 %	시가 총액
1	비트코인 BTC	구매하기	₩125,833,743.09	▲0.10%	▲2.14%	▲4.46%	₩2,496,679,376,744,751
2	이더리움 ETH	구매하기	₩2,915,115.99	▲0.04%	▼0.39%	▲5.68%	₩351,677,538,608,772
3	테더 USDT	구매하기	₩1,468.48	▲0.23%	▲0.19%	▲1.35%	₩210,708,809,956,694
4	리플 XRP	구매하기	₩3,560.68	▲0.25%	▲2.12%	▲5.23%	₩207,082,778,393,445
5	BNB BNB	구매하기	₩912,250.97	▲0.15%	▼0.21%	▲2.33%	₩129,971,121,012,793
6	솔라나 SOL	구매하기	₩196,215.27	▼0.66%	▲3.65%	▲5.83%	₩100,333,229,923,170

━ 2025년 3월 24일 시가총액 기준 점유율 상위 6개 암호화폐. 1월까지 5위였던 솔라나는 바이낸스에 밀려 6위를 차지했다. © coinmarketcap

Decentralized Application을 만들 수 있게 되었다.

이더Ether는 우주 공간을 채운 매질을 뜻하는 물리학 용어다. 빛과 에너지가 전달되는 플랫폼이다. 이더리움은 'Ether'에 알루미늄, 우라늄 등에 붙는 'um'을 합쳐 만든 신조어다. 모든 사람이 탈중앙화된 방식으로 연결되는 플랫폼을 상징한다고 한다.

비탈릭 부테린은 2013년 이더리움 백서를 통해 이 같은 비전을 제시했다. 그의 팀은 2014년 크라우드펀딩으로 약 3100BTC(당시 약 180억 원)를 모았다. 이후 2015년 이더리움 네트워크가 출시됐고, 스마트 계약과 디앱의 대표적인 플랫폼으로 자리 잡았다. 비트코인이 디지털 금이라면, 이더리움은 탈중앙화된 슈퍼컴퓨터인 셈이다.

스마트 계약은 일정한 조건이 충족되면 자동으로 실행되는 계약으로 중개자가 개입하지 않는다. 디앱은 중앙 서버 없이 블록체인 네트워크상에서 스마트 계약으로 보험이나 게임 등 일정 기능이 실행되는 응용프로그램이다. 이더ETH는 스마트 계약을 실행하고 거래를 처리할 때 지불하는 가스비로 사용된다.

이더리움을 키운 건
해킹이었다?

이더리움은 이후 몇 번의 사건을 거치면서 변화를 거듭했다. 가장 대표적인 사건이 2016년 발생한 '더 다오The DAO 해킹 사건'이다. DAO^{Decentralized Autonomous Organization}는 쉽게 말해 회장이나 운영위원회 등 중앙 조직이 없이 스마트 계약에 의해 블록체인상에서 운영되는 디지털 조직이다. 더 다오는 2016년 이더리움상에서 만들어진 첫 번째 DAO 프로젝트다. 더 다오는 당시 탈중앙화 투자 펀드라는 개념 때문에 엄청난 관심을 받으며 크라우드펀딩으로 1200ETH(약 1억 5000만 달러)에 달하는 자금을 모았다.

문제는 더 다오의 스마트 계약의 보안이 취약한 데 있었다. 중앙 조직이 없는 DAO의 특성상 보안 프로그램을 쉽게 업그레이드할 수 없었고, 이 같은 취약점을 이용한 해킹 사건이 발생한 것이다. 해킹 금액은 360ETH(약 6000만 달러)였다.

당시 이더리움 진영에서는 더 다오 해킹 사건에 대한 대응 방식을 두고 격렬한 논쟁이 벌어졌다. '블록체인상에서 발생한 모든 거래는 되돌릴 수 없다'는 불변성이라는 철학을 지켜야 한다는 쪽과, 피해자를 구제하기 위해 이더리움 네트워크를 하드포크해야 한다는 주장이 맞섰다. 하드포크는 해킹 사건이 발생하거나, 네트워크의 결정적인 결함을 수정하기 위해 기존 버전과 새 버전으로 네트워크를 나누는 것을 말한다.

예를 들어 심슨 가족에게는 오후 10시 통금이라는 원칙이 있는데 갑자기 아빠가 오후 9시 통금으로 규칙을 바꾸자고 제안했다고 하자. 가부장적인(중앙화된) 가족이라면 아빠의 말 한마디로 9시 통금이라는 새로운 규칙이 정해지겠지만 심슨 가족은 민주적인(탈중앙화된) 가족이어서 10시 고수파와 9시 변경파로 나뉘었다. 찬성파와 반대파로 가족을 하드포크한 것이다.

이더리움 커뮤니티는 결국 해커의 거래를 되돌리기 위해 하드포크를 결정했다. 이에 따라 기존 버전은 이더리움클래식ETC으로, 새 버전은 이더리움ETH으로 갈라졌다. 하드포크 결정 과정 자체가 탈중앙화의 증거라는 주장도 있다.

이후 이더리움 기반의 스타트업들이 새로운 암호화폐를 시장에 공개해 자금을 조달하는 코인공개ICO, Initial Coin Offering가 잇따르는 등 암호화폐 생태계가 급성장했다.

이더리움은 2022년 비콘 체인Beacon Chain과의 통합merge으로 새로운 전기를 맞는다. 비콘 체인은 이더리움 진영이 지분증명PoS 방식을 시험하기 위해 2020년 별도로 만든 네트워크다. 지분증명은 작업증명과 달리 채굴mining이 아니라 스테이킹staking, 즉 예치를 통해 블록 생성과 검증에 참여한다. 작업증명이 문제를 풀어야 입장권을 주는 것이라면, 지분증명은 돈을 예치하면 입장권을 주는 것으로 이해하면 된다. 최소 32ETH를 예치하면 무작위로 검증자로 선택되는 방식이다. 지분증명 방식은 기존의 작업증명 방식보다 전기 소모량을 99.95% 줄였다. 채굴에 비해 비용이 적게 들기 때문에 보상도 이에 맞춰 줄었다. 이더리움의 희소성이 커진 셈이다.

이더리움은 쪼개기Sharding 기술을 이용해 확장성을 개선하는 프로젝트를 진행 중이다. 확장성은 단위 시간당 거래 처리 건수를 늘릴 가능성을 말한다. 블록체인은 모든 네트워크 참여자nod가 모든 거래를 동시에 처리한다. 거래가 일시에 몰리면 병목이 발생해 처리 속도가 느려지는 문제가 생기는 것이다. 쪼개기 기술이란 데이터와 노드를 나누어 특정 데이터를 특정 노드들이 처리하는 방식이다. 100개의 거래가 있다면 10개씩 쪼개고, 노드들도 10개의 군으로 나누어 처리하는 방식이다. 하나의 네트워크 안에 여러 개의 소규모 네트워크가 생기는 셈이다. 10미터 폭의 1차선 도로를 2미터 폭의 5차선 도로로 나누어 차종별로 차선을 배정해 통행료를 받는다고 생각해 보자. 통행 속도도 빨라지고 그만큼 통행량이 늘어나 통행 수수료를 낮출 수 있다. 쪼개기 기술로 이더리움 네트워크의 확장성이 개선되면 가스비도 그만큼 낮출 수 있다.

이더리움은 2025년 2월 현재 비트코인에 이어 암호화폐 시가총액 점유율 2위를 기록하고 있다. 2024년 미국과 홍콩에서 현물 ETF 상장이 승인되면서 대규모 기관 자금이 유입되는 것도 이더리움 가격 상승에 긍정적인 영향을 미치고 있다. 2024년 12월에만 미국에서 11억 달러가 이더리움 현물 ETF 상품에 유입됐다. 이는 월간 기준 사상 최고치다.

XRP의 상승폭이
가장 큰 이유

XRP는 미국 대선 이후 2025년 1월 말 현재 암호화폐 중 상승폭이 가장 크다. 대선 전 0.5달러 선에서 2025년 4월 현재 2달러를 조금 웃돈다. 암호화폐 친화적인 트럼프 행정부가 들어서면서 SEC와의 법적 분쟁 이슈가 완화되리라는 기대가 반영된 결과다. SEC는 2020년 리플을 미등록 증권 판매 혐의로 고소했고, 현재 소송이 완전히 마무리되지 않은 상태다. '리플'은 리플에서 발행하는 암호화폐의 이름으로도 불렸으나 회사 이름과의 혼동을 막기 위해 암호화폐의 이름을 '엑스알피XRP'로 변경했다고 발표했다.

XRP의 역사는 2004년 라이언 푸거Ryan Fugger라는 개발자가 내놓은 리플페이 서비스로 거슬러 올라간다. 리플페이는 신뢰 기반 P2P 결제 서비스다. 회원 가입을 한 가족이나 친구, 지인 간에 거래 정보를 주고받거나 차후 정산하는 방식의 서비스였다. 블록체인 기술이 나오기 전 탈중앙화 결제 시스템이라는 점에서 의미가 있다. 하지만 서로 잘 모르는 사람끼리의 거래가 어렵다는 점 때문에 성장에 한계가 있었다.

2012년 제드 매케일럽Jed McCaleb과 크리스 라센Chris Larsen이 푸거의 아이디어를 바탕으로 오픈코인을 설립했다. 오픈코인은 빠르고 저렴한 국제 송금을 목표로 비트코인과는 다른 방식의 분산 원장 기술인 XRP 레저XRP Ledger를 개발했다. 비트코인이 블록체인 기반으로 완전히 탈중앙화된 분산 원장이라면 XRP 레저는 오픈코인과 파트너십을 맺은 은행 등의 기관이 검증자 역할을 하는 구조다. 중앙과 탈중앙 사이에 있는 시스템인 셈이다.

오픈코인은 2013년 리플랩스, 2015년 리플로 사명을 변경하면서 투자금을 점점 확장했다. 초기 산탄데르은행, 아메리칸익스프레스, 스탠더드차터드, SBI홀딩스, 미쓰비시도쿄UFJ은행, 스웨덴SEB은행, 쿠웨이트국립은행 등과 파트너 관계를 맺으며 사업이 급성장했다. 2018년 암호화폐 대세 상승장과 맞물려 XRP 가격이 개당 3.84달러까지 올랐었다.

SEC가 2020년 미등록 증권 거래 혐의로 고소하면서 리플은 법적 분쟁에 휘말렸다. 쟁점은 XRP의 증권 여부다. XRP가 증권이라면 SEC의 승인을 받지 않고 거래를 했기 때문에 위법이 된다. SEC가 XRP를 증권이라고 판단한 건 몇 가지 이유가 있다.

미국 법원은 자산의 증권 여부를 판단할 때 '하위 테스트Howey test'라는 것을 한다. SEC와 오렌지 농장 운영 회사인 하위Howey Co. 간의 소송에 관한 1946년 대법원 판례를 근거로 한 기준이다. 이 테스트에 따르면 투자금이 있고, 여러 사람의 투자로 회사가 운영되며, 투자 수익이 다른 사람의 노력으로 창출되고, 투자자가 수익을 기대한다면 증권에 해당한다.

XRP는 비트코인처럼 채굴하는 방식이 아니라, 리플이 코인공개를 했을 때부터 1000억 개를 발행하고 거래가 이루어졌다. 기관과 개인이 투자한 돈으로 리플이 운영되며, XRP의 가치가 오르는 데 리플의 경영 활동이 결정적인 역할을 한다. XRP를 구입하는 건 투자 수익을 얻기 위함이다. 이상이 SEC가 리플을 고소한 이유다.

법원은 2023년 개인 대상 XRP 판매는 증권이 아니라고 판단했다. 리플이 부분적으로 소송에서 이긴 것이다. 개인이 XRP를 거래하는 건 결제나 송금을 위한 것이지 100% 투자 목적으로 보기 힘들다는 게 법원의 판단 이유다. 은행 등의 기관이 XRP를 매입하는 건 투자 목적이라고 본 것이다. SEC가 항소를 제기하면서 소송은 여전히 진행 중이다. 참고로 비트코인은 증권성에 대한 논란이 없었고, 이더리움은 2014년 증권이 아니라는 판결을 받았다.

XRP는 소송의 여파로 주요 암호화폐 거래소에서 상장폐지되는 위기를 겪었다. 부분 승소 이후 다시 상장돼 거래 중이다. 2024년 대선 이후 XRP 가격이 급등한 건 무엇보다 이 같은 사법 리스크가 해소될 것이라는 기대감이 커졌기 때문이다. 신임 SEC 위원장인 폴 앳킨스는 SEC 위원으로 활동할 당시 친크립토 성향으로 유명했다. 리플은 법적 분쟁이 마무리되면 나스닥 상장을 본격 추진할 계획이다.

XRP 가격이 암호화폐 시가총액 점유율 3위까지 급등한 건 근본적으로 XRP의 유용성 때문이다. XRP는 초당 1500건의 거래를 처리하고, 수수료가 거의 없다. 실제 많은 은행이 송금망으로 채택하면서, SWIFT의 역할을 대신하고 있다. 비트코인을 비롯한 암호화폐가 표방하는 미래를 이미 실현하고 있는 셈이다.

2024년 1월 XRP 네트워크 기반에 달러와 일대일로 대응하는 스테이블코인 리플 USD^{RLUSD}가 발행되면서 리플 생태계가 빠르게 확장되고 있다. 2025년 1월 13일 기준 RLUSD 시가총액은 7500만 달러로 스테이블코인 전체 시가총액의 0.04%에 불과하지만, 일일 거래량이 1억 달러를 넘어서는 등 거래량 면에서 급성장하고 있다.

리플은 최근 각국 중앙은행과 CBDC 플랫폼으로 XRP를 사용하는 방안을 추진 중이다. CBDC는 법정화폐의 디지털 버전이다. 기존 법정화폐와 일대일로 교환된다. 콜롬비아, 홍콩, 부탄, 팔라우, 몬테네그로 등과는 이미 파트너십을 체결한 상태다. 영국, 프랑스, UAE, 브라질, 일본 등은 XRP 기반 CBDC를 연구하고 있다.

각국 정부가 비트코인이나 이더리움이 아니라 XRP를 CBDC 플랫폼으로 선호하는 건 한정적이지만 중앙 통제가 가능하다는 XRP

만의 특징 때문이다. 이는 XRP의 생태계가 양적으로 성장하는 데 긍정적 요인으로 작용할 수 있다.

정부의 완전한 통제가 불가능하다는 점 때문에 중국은 '디지털 위안e-CNY'이라는 독자적인 CBDC 네트워크를 구축했다. 반면 트럼프 행정부는 CBDC가 개인의 금융 자유를 침해한다는 명분을 내세워 부정적 태도를 보인다. CBDC가 통용될 경우 개인의 모든 금융 거래 관련 데이터가 온라인상에 남는다. 정부가 특정 목적을 위해 개인의 금융 계좌를 동결하는 등의 방식으로 거래를 통제할 수 있게 된다. 공화당 지지자들은 개인의 자유를 무엇보다 중시한다. 코로나19 팬데믹 당시 죽음조차 개인의 선택이라는 명분으로 마스크 착용을 강제하는 정부에 반발했던 게 이들이다.

달러와 연동되는 안정적인 비트코인, 테더

테더USDT는 달러와 일대일로 연동된 스테이블코인stable coin이다. 스테이블코인은 코인의 가치가 일정하다는 뜻이다. 달러의 암호화폐 버전인 셈이다.

테더는 2014년에 브록 피어스Brock Pierce, 크레이그 셀러스Craig Sellars, 리브 콜린스Reeve Collins가 공동 창립했다. 원래 회사 이름은 리얼코인RealCoin이었는데, 같은 해 테더Tether로 이름을 바꿨다. 테더는 명사로 '밧줄', 동사로 '밧줄로 묶다'라는 뜻이다. USDT가 달러와 가치가 연동돼 있다는 것을 상징하는 이름이다. 본사는 현재 홍콩에 있다.

테더는 출시 초기엔 주목을 받지 못했다. 이후 암호화폐 거래소들이 테더를 결제 화폐로 채택하기 시작하면서 암호화폐 시장의 기축통화로 자리매김하고 있다.

테더는 2018년 뉴욕 검찰이 테더의 USDT 발행량과 준비금 불일치 의혹을 조사하면서 힘든 시간을 겪었다. 테더는 달러에 연동되는 코인이기 때문에 1USDT를 발행하면 테더가 1달러나 그에 준하는 자산을 준비금으로 보유해야 한다. 뉴욕 검찰 조사 결과 테더는 당시 준비금의 49%를 기업어음과 단기부채로 보유했다. 현금이나 미국 국채보다 수익률이 높은 자산에 투자한 것이다. 준비금 부족으로 뱅크런 사태가 발생할 수 있다는 우려가 지속됐다. 테더는 이후 미국 국채 비중을 늘렸다.

테더의 준비금은 미국 국채가 82%를 차지한다. 비트코인으로 4%가량을 채웠다. 10%는 현금과 단기예금으로 보유하고 있다. 테더의 수요가 증가할수록 미국 국채 수요도 증가하는 구조다. 미국 정부가 테더와 같은 스테이블코인에 관심을 갖는 이유다. 테더가 보유하고 있는 미국 국채가 한국(1300억 달러), 인도(1000억 달러) 등과 맞먹는다. 중국을 비롯한 각국 정부가 외환보유고에서 차지하는 미국 국채 비중을 줄이는 가운데 테더가 신규 수요를 만드는 펌프 역할을 해줄 것이라는 기대도 있다.

테더의 총발행량은 2025년 1월 기준 1200억 달러로 스테이블코인 전체의 67%가량을 차지하고 있다.

테더는 실제 무역 거래에서도 달러처럼 기축통화로 쓰인다. 동대문 시장에서 중국 보따리 상인들이 테더로 결제하는 게 화제가 된 적도 있다. 결제 속도가 빠르고, 수수료가 낮기 때문이다. 달러처럼 기존 금융망을 이용하지 않기 때문에 규제의 위험도 적다. 이런 점 때문에 테더가 향후 CBDC와 경쟁할 것이라는 전망이 많다.

빠르고 값싼 이더리움, 솔라나

솔라나Solana, SOL는 퀄컴Qualcomm 엔지니어 출신인 아나톨리 야코벤코Anatoly Yakovenko가 기존 블록체인 네트워크의 확장성 문제를 개선할 목적으로 개발했다. 초당 6만 5000건의 거래를 처리하며, 수수료도 거의 제로(0) 수준이다. 이더리움이 초당 30건의 거래를 처리하며 가스비가 5~50달러라는 점을 감안하면 압도적으로 빠르고 획기적으로 싸다. 솔라나가 '더 빠르고 더 싼 이더리움'을 표방하고 있는 이유다.

솔라나가 비트코인이나 이더리움에 비해 압도적인 확장성을 갖는 건 앞서 설명한 대로 역사검증PoH이라는 독특한 검증 방식을 사용하기 때문이다. 비트코인은 작업증명PoW 방식으로, 수수료가 높은 거래부터 우선 처리한다. 검증자들이 이런 내용을 일일이 검증해야 해서 처리 속도가 느리다. 반면 솔라나는 시간 순서대로 바로 거래를 처리한다. 거래마다 시간을 표시하는 '타임 스탬프' 기능이 있기 때문이다.

실제 솔라나의 검증자 수는 2000명 안팎으로 1만 명 정도인 비트코인에 비해 적다. 또 솔라나가 운영 초기 소수의 벤처캐피털에 토큰을 배분한 것도 검증자가 적은 이유다.

솔라나는 빠르고 수수료가 저렴해서 일상의 소액 결제에 유리하다. 또 다양한 개발 언어를 지원해 다양한 웹3.0 프로젝트를 대거 빨아들이면서 생태계가 급속히 확장되고 있다. 웹3.0이란 블록체인과 암호화폐를 이용해 콘텐츠 소유자가 플랫폼을 이용하지 않고 직접 소비자와 거래할 수 있는 네트워크를 뜻한다. 유튜브나 인스타그램 같은 플랫폼 운영사와 수익을 나누는 네트워크를 웹2.0이라고 한 데서 붙여진 명칭이다.

솔라나는 압도적인 장점이 있지만, 그에 따른 단점도 많다. 비트코인이나 이더리움에 비해 검증자가 적다는 점이다. 이는 운영이 중앙화됐다는 뜻이다. 운영 초기 소수의 투자자가 토큰을 독점했고, 빠른 거래 처리 능력을 위해 고사양 컴퓨터가 필요하기 때문이다. 또 많은 거래를 빠르게 처리하다 보니 네트워크의 과부하로 다운되는 경우도 많다. 실제로 2021~2022년에 솔라나 네트워크는 일곱 번 이상 다운되었다.

비트코인 트렌드를 살펴라

투자에 성공하려면 트렌드Trend를 정확히 읽는 것이 중요하다. 트렌드는 장기간 지속되는 유행이나 흐름을 말한다. 사회, 문화, 경제 등 생활 전반에 영향을 미친다. 요약하면 인간의 삶에 장기적으로 영향을 미치는 유행이나 흐름이 트렌드다.

역사는 미래라는 한 방향으로 흐른다. 따라서 모든 것이 새롭다. 하지만 그 새로움 속엔 과거의 패턴이 반복적으로 영향을 미친다. 완벽하게 똑같은 것도 없고, 100% 새로운 것도 없다. 과거의 패턴을 알면 미래의 트렌드를 예측할 수 있다. 온고지신溫故知新은 투자에서 가장 유용한 경구다. '옛것을 익혀서 새것을 안다'라는 뜻이다. 투자 구루 중에는 이 같은 원칙을 지켜 성공한 이들이 적지 않다.

투자 구루들은
왜 사이클을 눈여겨보는가

세계 최대 규모의 헤지펀드 브리지워터 어소시에이츠Bridgewater Associates의 창립자인 레이 달리오Ray Dalio는 "거시경제 주기는 반복된다. 이를 이해하면 시장을 예측할 수 있다"라며 '부채 사이클'을 경제의 가장 중요한 요소로 꼽았다. 그는 "자본주의는 체제 자체의 한계를 가지고 있으며, 주기적으로 재조정될 필요가 있다"라고도 했다.

레이 달리오에 따르면 부채 사이클이 단기적으로는 8~10년, 장기적으로는 75~100년마다 반복된다고 했다. 부채가 늘어나면서 버블이 형성되고, 긴축 과정에서 버블이 붕괴하는 사이클이 순환한다는 것이다.

이 같은 분석을 통해 레이 달리오는 2009년 글로벌 금융위기 때 자산 방어에 성공했고, 2020년 코로나19 팬데믹 때는 양적완화로 경기가 급반등할 것으로 예측해 큰 이익을 거두었다. 1930년대 대공황은 장기적인 부채 사이클의 대표 사례로 꼽는다.

〈빅쇼트The Big Short〉의 주인공 마이클 버리Michael Burry는 "제 지표보다는 신용 흐름을 분석하는 것이 더 중요하다"라고 했다. 여기서 '신용 흐름'은 레이 달리오가 말한 부채 사이클을 말한다.

블랙 먼데이를 예측해 전설이 된 폴 튜더 존스Paul Tudor Jones 역시 "시장은 역사적으로 반복된다"라고 했다. 그러니 "매크로 흐름을 읽는 것이 가장 중요한 투자 전략"이라는 것이다. 그는 인플레

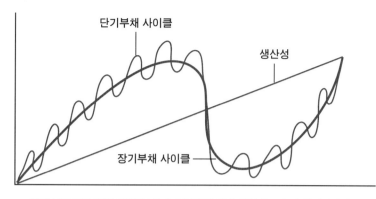

━ 레이 달리오의 부채 사이클. 경제가 부채에 의해 생산성보다 더 확대되지만, 신용 축소(디레버리지)로 다시 생산성 수준으로 내려오며 균형을 되찾는다. 경제 확대가 장기간 진행되면 대규모로 부채 조정을 겪는다. © Ray Dalio

이션, 금리 정책, 경기 침체 신호 등을 기반으로 투자하며, 변동성이 높을 때 오히려 기회를 잡는 전략으로 큰 성공을 거두었다. 대표적으로 1987년에 블랙 먼데이를 예측하고 대규모 숏 포지션을 취해 엄청난 수익을 창출했다. 2020년 팬데믹 초기에는 금과 비트코인 같은 인플레이션 헤지 자산을 매수해 성공하기도 했다.

이들의 말을 종합하면 거시경제는 일정한 트렌드를 반복한다는 것을 알 수 있다. 그중에서도 부채의 사이클을 파악하는 게 상당히 중요하다. 이 같은 조언은 36조 달러에 달하는 부채 더미 위에 앉은 미국을 구하기 위해 트럼프가 어떤 선택을 할지 예측하는 데 유용한 인사이트를 제공한다. 그리고 그것은 곧 비트코인의 미래와 밀접한 상관관계를 갖고 있다.

비트코인은 법정화폐, 즉 '피아트 스탠더드Fiat Standard'의 모순이 극에 달한 시점에 탄생했다. 피아트 스탠더드의 가장 큰 문제는 화폐 발행이 남발되고, 발행된 화폐의 이익을 국가나 금융 재벌 같은 중앙이 거의 독점한다는 점이다. 화폐 발행이 남발됐다는 건 레이 달리오의 관점에서 보면 부채 사이클이 변곡점에 달했다는 의미다.

내가 비트코인에 투자하기로 결심한 건 역사에서 피아트 스탠더드의 부작용이 극에 달했을 때 혁명과 상품화폐, 즉 금본위제로의 회귀가 반복됐다는 사실을 깨달았기 때문이다.

엄격한 의미에서 피아트 스탠더드는 1971년 닉슨 쇼크 이후 달러가 금본위제와 결별한 이후의 통화 제도를 말한다. 하지만 기본적으로 금본위제에 가까웠던 중세 유럽, 근현대 정권 중에서도 왕실이나 정부가 화폐 발행을 늘리기 위해 사실상 금본위제를 파괴하고 피아트 스탠더드를 적용한 사례들이 있다. 그 결과는 극심한 인플레이션과 그로 인한 혁명, 그리고 엄격한 금본위제의 부활로 이어졌다. 이 패턴은 한 치의 오차도 없이 반복됐다. 화폐 발행 당시의 어떤 시대적 요구와 신기술이 반영되었는가만 다를 뿐이다.

비트코인은 금본위제라는 과거 패턴과 암호학과 블록체인 기술이 접목된 통화 시스템이다. 이 같은 화폐 제도가 탄생했다는 건 현재 달러 중심의 피아트 스탠더드가 풍전등화의 상태라는 방증이다.

비트코인은 한순간 나타났다 사라지는 일시적인 현상이 아니라 화폐의 역사의 변곡점이 될 새로운 5000년의 시작이다. 그 이유는 역사적으로 금본위제로의 회귀는 피아트 스탠더드의 주체였던 왕실과 정부가 주도했는데, 비트코인 스탠더드는 탈중앙화된 상태로 민간이 트리거가 됐으며, 민간이 주도해 나갈 것이라는 점 때문이다. 풀뿌리 제도라는 점에서 비트코인 스탠더드는 과거 어느 시대의 금본위제보다 강한 생명력을 갖고 있다.

비트코인 스탠더드, 즉 디지털 금본위제는 세계 경제가 21세기식 제국주의로 회귀할 가능성이 크다는 근거다. 20세기 초까지 지속된 근대 제국주의는 19세기 말 영국에 이어 독일과 프랑스가 금본위제를 시행한 이후 본격화했다. 금을 많이 확보하는 국가가 패권을 차지하는 왕좌의 게임에서 승리하는 방법은 보호무역과 식민지 확보였기 때문이다.

비트코인 대통령을 자임했던 트럼프가 관세정책에 올인하고 영토 확장에 대한 야심을 드러내는 건 개인의 취향이 아니라 시대적인 현상이다. 뼈 아픈 건 트럼프의 관세정책이 협상용이 아니라는 사실이다. 과거 역사를 대입하면 트럼프는 관세정책에 진심이라고 봐야 한다.

세계 경제는 비트코인 네트워크에 맞춰 리모델링될 것이다

관세정책은 금본위제하에서 무역적자국이 금 유출을 막기 위한 조치다. 금이 유출되면 유동성이 줄어 경기 침체가 찾아오기 때문이다.

2001년 중국의 WTO 가입으로 세계화가 본격화한 이후 미국은 막대한 무역적자를 떠안았다. 그런데도 미국이 자유무역 질서를 유지했던 건 금이 없어도 달러를 찍어내는 방법으로 유동성을 공급할 수 있었기 때문이다. 그런데 국채 규모가 36조 달러를 웃돌고, 미국이 정치적으로 달러 패권을 악용하면서 달러에 대한 신뢰가 떨어졌다. 미국 국채 수요가 줄어 예전처럼 미국이 무역적자를 감수하면서까지 달러를 찍어낼 수 없게 됐다.

이런 상황에서 무역적자는 미국 내 유동성이 감소한다는 것을 의미한다. 법정화폐의 장점인, 찍으면 돈이 되는 마법을 부리지 못할 수도 있는 것이다. 미국이 돈을 더 찍어내려면 무역적자를 줄여야 한다. 그리고 금처럼 신뢰할 준비자산을 확보해야 한다. 이런 가운데 비트코인이 금의 대안으로 부상한 것이다. 준비자산으로서 비트코인이 논리적으로 금보다 못한 건 그 역사가 짧다는 것뿐이다.

트럼프의 보호무역주의는 세계 경제가 금본위제로 회귀할 것이라는 신호탄이다. 과거와 달라진 건 준비자산이 디지털 금인 비트코인이 될 가능성이 크다는 점이다. 트리거는 트럼프가 포트 녹스 금고에 있는 금을 팔아 비트코인을 사는 순간이 될 것이다.

19세기 영국이 금본위제를 시행한 이후 글로벌 경제의 중심은 금이었다. 런던 금 시장과 로스차일드가 보유한 글로벌 금 공급망이 글로벌 경제를 좌우했다. 금융 시스템은 이에 맞춰 재구조화됐다. 비트코인이 준비자산이 되면 글로벌 경제는 비트코인 네트워크에 맞춰 리모델링될 것이다. 이것이 현시점에서 예측되는 미래의 금융 트렌드다. 이는 탈중앙화 금융, 즉 디파이가 새로운 금융 트렌드로 자리 잡을 것이라는 의미다.

디파이는 스마트 계약과 디앱 플랫폼인 이더리움 출현 이후 급성장하다 테라와 루나 사태 등을 겪으며 주춤하는 추세다. 관련 시장 규제의 불확실성도 디파이 성장을 가로막는 요인이다. 관련 시장 규모는 2021년 한때 1800억 달러로 정점을 찍은 뒤 2023년 8월 기준 850억 달러로 내려앉은 상황이다.

이런 가운데 디파이와 AI 기술을 접목한 일명 DeFAI(디파이+AI) 프로젝트들이 속속 등장하면서 관련 시장 성장에 대한 기대감이 커지고 있다. DeFAI는 'AI 에이전트'를 활용한 금융 서비스 프로젝트다. AI 요원을 뜻하는 AI 에이전트는 딥러닝 기술을 활용해 데이터를 기반으로 스스로 판단을 내린다. 테슬라의 오토파일럿이나 챗GPT와 같은 챗봇이 대표적인 AI 에이전트다.

DeFAI는 블록체인에 기반한 금융 전문 AI 에이전트 서비스라고 요약할 수 있다. 대표적으로 에이아이식스틴즈**AI16Z**, 벨벳유니콘**VU**, 버추얼 프로토콜**VIRTUAL** 등의 프로젝트가 있다.

에이아이식스틴즈는 2024년 10월에 설립된 DeFAI 벤처캐피털이다. 솔라나 네트워크에 기반한 분산형 자율 조직**DAO, Decenterlized Autonomous Organization**으로 운영된다. 100개 이상의 토큰 보유자들은 투자 아이디어와 의견을 제시할 수 있고, 보유량에 비례해 의사결정에 반영된다. AI 에이전트인 'AI 마크**AI Marc**'가 최종적으로 투자 결정을 내린다. 펀드가 만료되면 토큰 보유량에 비례해 수익을 배분한다. 에이아이식스틴즈는 블록체인과 AI 기술의 융합 가능성을 보여준 사례로, 2025년 2월 현재 시가총액은 15억 달러에 달한다.

벨벳유니콘은 벨벳캐피털**Velvet Capital**이 운영하는 DeFAI 헤지펀드다. 벨벳캐피털은 2019년 바이낸스의 벤처캐피털 및 인큐베이팅 부서인 바이낸스 랩스의 지원으로 설립됐다. 바이낸스 블록체인인 BNB 체인과 이더리움 사이드 체인인 아비트럼Arbitrum상에서 운영된다. AI 에이전트인 '벨벳유니콘Velvet Unicorn'이 헤지펀드 매니저 역할을 담당하며, 시장 데이터뿐 아니라 SNS상에 떠도는 투자자들의 심리까지 파악해 투자 결정을 한다. 벨벳유니콘을 통해 투자에 참여한 투자자들의 평균 수익률은 28%를 웃돌며, 이는 보통 헤지펀드 수익률의 세 배 정도에 달하는 수치다.

버추얼 프로토콜은 블록체인상에서 AI 에이전트를 만들고, 육성하고, 판매할 수 있는 플랫폼이다. AI 에이전트가 DeFAI 서비스를 하는 게 아니라, AI 에이전트 자체를 토큰화하는 프로젝트인 셈이다. 버추얼 프로토콜은 2024년 10월 이더리움의 레이어2 솔루션인 베이스Base에서 처음 출시되었으며, 이후 2025년 1월에는 솔라나 블록체인으로도 서비스를 확장했다.

테마를 눈여겨보라

알트코인의 경우 특정한 목적이나 테마를 갖고 있는 경우가 많다. NFT, 디파이, AI 등의 테마에 따라 가격 변동성이 크기 때문에 유행할 테마를 공부하는 것도 중요하다.

예를 들어 실물자산 토큰화RWA, Real World Assets가 주요 테마가 될 경우 관련 알트코인 시세가 상승할 가능성이 크다. RWA는 부동산, 채권, 주식 등의 전통 자산을 블록체인상에서 사고팔 수 있는 형태로 토큰화한 것이다. 엠파이어 스테이트 빌딩은 물론 미국 국채나 엔비디아 주식을 토큰화할 수도 있다. 토큰은 작게 쪼갤 수 있기 때문에 소액 투자가 가능하고, 블록체인상에서 거래돼 결제 속도가 빠르고 수수료가 저렴하다는 장점이 있다. 국경도 문제가 되지 않는다.

골드만삭스 출신 네이선 올먼**Nathan Allman**이 2021년 출범시킨 온도 파이낸스**Ondo Finance**가 대표적인 RWA 플랫폼이다. 온도 파이낸스는 리플의 스테이블코인 RLUSD로 거래할 수 있는 미국 국채 토큰 OUSG를 출시해 화제가 됐다. 블록체인상에서 미국 국채 거래가 가능해진 것이다. 온도 파이낸스는 2024년 1월 암호화폐 온도 **ONDO**를 주요 거래소에 상장했다. 온도는 의결권을 가진 주식과 같은 암호화폐로 온도 파이낸스의 의사결정에 참여할 수 있다.

JP모건, 골드만삭스, 블랙록 등과 같은 월가의 주요 금융사들이 RWA에 깊은 관심을 갖고 있다. JP모건은 자체 RWA 플랫폼을 개발하고 있다. 매튜 맥더모트**Mathew McDermott** 골드만삭스 디지털 자산 글로벌 총괄은 "자산 토큰화는 금융의 미래로 주목받고 있으며, 골드만삭스는 올해 3개의 RWA 상품을 미국과 유럽에 출시할 예정"이라고 했다.

스테이블코인이나 CBDC와의 연계가 확장될 경우 RWA 관련 시장이 빠르게 성장할 수 있다. 예를 들어 테더**USDT**가 담보물로 OUSG를 매입할 수도 있는 것이다.

다만 규제 관련 리스크와 아직은 낮은 유동성이 변수다. RWA는 하위 테스트에 따르면 증권으로 판단되기 때문에 SEC의 규제 대상이 될 가능성이 크다. 발행 주체가 있고, 시세차익을 목적으로 한 투자자들이 매입하기 때문이다. 금융사들이 통제력을 갖기 위해 블록체인이 아니라 자체 네트워크를 개발할 수도 있다. 이 때문에 아직은 RWA에 대한 거래가 미약한 수준이다.

변동성이 큰 자산을
내 포트폴리오에 넣는 법

비트코인 투자에 무조건 성공하는 방법이 있다. 매입 후 적어도 4년은 팔지 않고 보유하는 것이다. 비트코인은 4년이라는 반감기 주기를 갖고 있고, 반감기마다 신고점을 돌파했다.

예를 들어, 가장 최근의 비트코인 반감기는 2024년 4월로 비트코인 가격은 10만 달러를 돌파했었다. 전 반감기 최고가는 2021년 11월로 6만 9000달러(약 8000만 원)였다. 당시 불장에서 비트코인을 매입했다면 상당히 힘든 시간을 보냈을 것이다. 정확히 1년 후인 2022년 11월에 비트코인 가격이 1만 6000달러(약 2000만 원)까지 떨어졌기 때문이다. 하지만 그 사람이 2025년 2월 현재까지 비트코인을 보유하고 있다면 10만 달러를 기준으로 평가차익은 1BTC당

3만 달러 정도다.

2012년 첫 반감기 이후 네 번의 반감기를 거치는 동안 변동폭은 점차 줄어들고 있다. 하지만 반감기 후 1~2년간 상승장이 오고 이후 조정장, 다시 상승장이 반복되는 패턴은 그대로 반복되고 있다.

이는 비트코인 생산 단가가 반감기마다 두 배로 증가하는 반면 공급량은 절반으로 줄어드는 구조적 설계 때문이다. 시간이 가면서 비트코인을 공부하는 사람이 늘어, 수요는 급증하는 반면 공급은 감소하기 때문에 수급 측면에서 가격 상승 압력을 받도록 장치를 해놓은 것이다.

2021년 전 반감기의 최고가인 6만 9000달러에서 물린 투자자도 4년 이상 보유했다면 2025년 최고가인 10만 9400달러(1월 20일)와 비교해 50% 이상의 이익을 거둘 수 있었다. 연평균 10% 이상의 수익률이다. 압구정 현대4차 44평 아파트의 지난 15년간 연평균 수익률인 약 7%보다 높은 수치다.

비트코인은
장기 투자가 적합하다

워런 버핏Warren Buffett은 "시간이 지나면 강한 자산은 스스로 가치를 증명한다"라는 말로 장기 투자의 중요성을 강조했다. 스트레티지 CEO로 비트코인 맥시멀리스트로 유명한 마이클 세일러는 "비트코인은 최고의 가치 저장 수단이다. 내가 아는 한, 절대 팔지 않을 것이다"라고 했다. 레이 달리오는 "비트코인은 금과 함께 장기적으로 포트폴리오의 일부가 되어야 한다"라고 했다.

비트코인 장기 보유의 최고 전도사는 도널드 트럼프다. 그는 "비트코인을 절대 팔지 말고 보유하라"라고 했다. 트럼프를 비롯한 장기 투자 전도사들은 희소한 자산의 가치는 시간의 함수라는 본질을 꿰뚫어 본 것이다. 반면 발행량이 무한대인 달러의 가치는 포장을 뜯자마자 반값이 되는 할인마트 진열대 위의 생필품과 같다.

비트코인을 언제 매입했든 무조건 절반 이상은 4년 이상 보유했으면 좋겠다. 그 절반이 100% 이상의 이익을 거두면 무조건 성공한 투자가 된다. 변동성이 큰 자산을 포트폴리오에 담는 또 다른 유용한 방법은 분할투자와 분산투자다.

투자의 본질은 같다

가장 일반적인 분할매수 전략으로 DCA**Dollar-Cost Averaging**라는 정기적 분할매수 방법이 있다. 가격에 신경 쓰지 않고 매주 또는 매달 일정 금액을 꾸준히 사 모으는 방법이다. 이 방법은 큰 폭의 단기 변동성을 피할 수 있다는 것과 장기적으로 평균 매입 단가를 낮출 수 있다는 장점이 있다.

가치 투자 대가인 벤저민 그레이엄**Benjamin Graham**은 "시장의 타이밍을 맞추려 하지 말고, 정기적으로 일정 금액을 투자하라"라고 했다. 퀀텀펀드 공동 창립자인 짐 로저스**Jim Rogers**도 "DCA 전략은 장기적인 성공을 위한 가장 효과적인 방법이다"라고 강조했다.

예를 들어 2021년 11월 비트코인이 가격이 6만 9000달러일 때부터 2025년 1월까지 매월 비트코인을 100달러씩 매입했다고 가정하자. 이 경우 투자금은 3900달러이며, 챗GPT에 따르면 수익률은 215.3%로 8386달러를 벌어서 계좌의 잔고는 1만 2286달러가 남는다고 한다.

분할매수 방법은 '리밸런싱 & 포트폴리오' 전략을 들 수 있다. 예를 들어, 비트코인과 현금을 50 대 50으로 포트폴리오를 구성해, 정기적으로 이를 리밸런싱, 즉 재조정하는 방법이다. 비트코인 가격이 올라 비중이 60%가 됐다면 비트코인을 팔아 50 대 50으로 맞춘다. 반대로 비트코인 가격이 떨어져 현금 비중이 60%가 됐다면 비트코인을 매입해 역시 50 대 50으로 리밸런싱한다.

투자에 성공하는 가장 쉬운 방법은 '싸게 사서, 비싸게 파는 것'이다. '리밸런싱 & 포트폴리오' 전략은 바로 이를 실현하는 가장 간단한 방법이다.

여기서 포트폴리오를 현금 이외에 알트코인이나 채권 또는 주식 등의 전통 자산으로 구성해도 방법은 같다. 만약 알트코인으로 포트폴리오를 구성하는 경우엔 각 코인의 도미넌스에 맞추는 방법이 있다. 비트코인의 도미넌스가 50이라면 포트폴리오의 50%를 비트코인으로 채우고 나머지를 알트코인의 도미넌스에 맞춰 매입하는 방법이다.

개인적 의견으로는 암호화폐에 투자한다면 전량 비트코인에 투자할 것을 권한다. 사실 암호화폐라는 새로운 자산을 공부하는 데 비트코인 하나만으로도 벅차다. 그런데도 알트코인에 투자하고 싶다면 알트코인별 테마를 확실히 이해하고 투자하기를 권한다. 자산이 가진 고유의 서사를 이해하지 못하고, 성장 가능성에 대한 확신이 없다면 변동성을 견디기 힘들다. 결국 잃는 투자를 하는 이유다.

비트코인에 투자하는 여러 가지 방법

비트코인에 투자하는 방법은 크게 중앙화 거래소CEX, 탈중앙화 거래소DEX, ETF, P2P 직거래, 채굴 등이 있다.

가장 쉬운 방법은 중앙화 거래소를 이용하는 것이다. 업비트, 빗썸, 코인원, 바이낸스, OKX 등의 거래소가 중앙화 거래소다. 초보자나 빠른 거래를 원하는 투자자라면 이 방법이 좋다.

한국 거래소는 업비트, 빗썸, 코인원 등이 있다. 거래소 계정을 개설한 후 본인인증KYC을 하면 된다. 거래소별로 원화 입출금이 가능한 은행이 정해져 있다. 업비트의 경우 케이뱅크, 빗썸의 경우 농협과 연계돼 있다.

바이낸스와 OKX 등에서는 원화 거래가 안 된다. 이곳에서 거래하려면 USDT나 USDC 등을 구입한 뒤 해당 거래소로 전송 후 매매하면 된다.

비트코인을 구입한 후엔 콜드월렛에 보관하는 게 안전하다. 콜드월렛은 네트워크에 연결되지 않은 지갑을 의미하며, 해킹에 안전

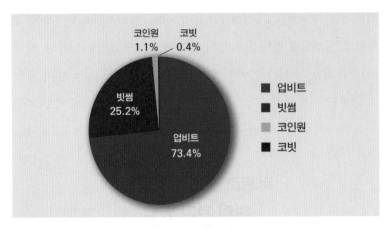

업비트
빗썸
코인원
코빗

코인원 1.1%
코빗 0.4%
빗썸 25.2%
업비트 73.4%

— 2024년 기준 국내 암호화폐 거래소들의 시장 점유율.

하다. 관련 법에 따라 업비트 등 국내 거래소는 고객 예치금의 80% 이상을 콜드월렛에 보관해야 한다. 최대 20%만 네트워크에 연결돼 있기 때문에 해킹의 위험이 적다. 레저나노 X^{Ledger Nano X}나 트레저 Trezor 등이 개인 콜드월렛 서비스를 제공한다.

익명성을 원하거나 디파이 활용을 원하는 투자자는 탈중앙화 거래소를 이용하면 된다. 유니스왑^{Uniswap}, 팬케이크스왑^{PancakeSwap}, dYdX 등의 DEX가 있다.

메타마스크^{Metamask} 지갑을 설치한 후 이더리움이나 BNB, USDT 등을 전송해 비트코인을 거래할 수 있다.

비트코인 현물 ETF나 코인베이스와 같은 관련 주식에 투자하는 간접투자 방식도 있다. 미국 주식 거래가 가능한 증권사 계좌가 필요하다. 제도권 금융사의 금융상품에 투자하는 것이어서 비트코인에 직접 투자하는 것보다 안전하다. 다만 수수료 등의 부담이 상대적으로 크다.

　서학개미들은 레버리지가 높은 선물 ETF를 선호하는 것으로 나타났다. 2X 비트코인 스트레티지 ETFBITX는 비트코인 선물 지수 수익률의 두 배를 추구하는 상품으로, 2024년 11월까지 한국 투자자들이 약 3억 6646만 달러(약 5050억 원)를 투자한 것으로 집계됐다. 이는 전체 펀드 총자산의 42%를 차지하는 비중이다.

　직접 채굴하는 투자자도 있다. 채굴 장비를 사서 개인 채굴을 하거나 채굴 풀에 가입하는 방법이 있다. 장기적이고 지속적으로 비트코인을 확보하는 장점이 있는 반면, 장비 구입 등 초기 비용이 많이 든다.

6장

비트코인의 시대는
어떻게 진화할 것인가

비트코인은
100만 달러를 넘을까?

비트코인은 과연 얼마까지 상승할 수 있을까?

스톡투플로S2F 모델의 창시자인 플랜비PlanB는 비트코인 가격이 100만 달러를 넘어설 수 있다고 예측했다. '돈나무 언니'로 유명한 아크 인베스트먼트의 CEO 캐시 우드Cathie Wood는 비트코인 가격이 장기적으로 50만 달러까지도 상승할 수 있다는 낙관적 전망을 내놓았다. 비트코인 맥시멀리스트인 스트레터지의 CEO 마이클 세일러도 비슷한 전망치를 내놓았다.

반면 비트코인의 가격이 제로(0)에 수렴할 것이라는 비관론도 만만치 않다. 마이크로소프트 창립자인 빌 게이츠는 비트코인 투자를 바보와 더 바보 간의 게임에 비유하며 "가치가 0이 될 것"이라고 했

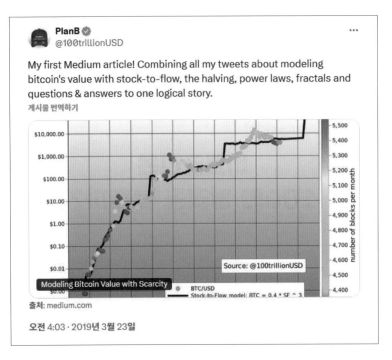

━ 플랜비는 2019년 3월 트위터를 통해 스톡투플로 모델을 처음으로 제안했다. 희소성이 가치를 좌우한다는 것을 전제로 비트코인의 가격을 예측하기 위해 만들어진 모델이다. 가격 예측이 정확하진 않지만, 큰 흐름이 맞기에 사람들이 주목했다. © PlanB

다. 노벨 경제학상 수상자인 유진 파마Eugene Fama도 "비트코인은 중앙 정부의 지원이 없고 가치가 오직 수요와 공급에 따라 결정된다"라며 "비트코인 가격이 0이 될 수 있다"라고 전망했다.

누구의 말이 맞을지는 타임머신을 타고 미래로 가봐야지 알 수 있다. 다만 누구의 말이 맞을 확률이 높을지는 논리로 일부분 가늠해 볼 수 있다.

화폐의 가치는
어떻게 결정되는가

화폐의 가치를 언급할 때 많이 나오는 용어가 내재가치와 사용가치, 교환가치 등이다. 비관론자들은 그중 특히 내재가치와 사용가치를 들어서 비트코인이 가치가 없다고 주장한다. 이들 대부분은 화폐의 기준이 변했는데 과거 기준을 적용하거나, 내재가치나 사용가치의 정확한 개념을 모르는 경우다.

특히 화폐나 금융, 경제를 어느 정도 안다고 생각하는 사람들이 이런 주장을 하는 경우를 자주 봤다. 새로운 현상을 체계적으로 받아들이려면 과거 자신의 지식 체계를 무너뜨려야 하는데 본전 생각 때문에 대부분은 낡은 지식을 고집한다. 시간이 가면 그것이 소탐대실이라는 사실을 깨닫게 될 것이다.

심지어 자신의 말에 오류가 있다는 것을 알면서도 비트코인의 가치를 부정할 수밖에 없는 입장에 있는 사람들도 있다. 정부나 한국은행에서 근무하는 직원이라면 공식 석상에서 그렇게 말하는 게 밥그릇을 지키는 데 유리하기 때문이다. 소신 없는 발언으로 월급계좌를 지키는 것보다 비트코인에 투자하는 게 미래의 밥그릇을 지키는 데 더 도움이 될 것이다.

지금부터 화폐가치의 본질이 무엇이며, 역사적으로 화폐가치가 어떻게 만들어졌는지 따져볼 것이다.

화폐가치의 본질은 구매력이다

맥도널드 햄버거 하나가 4달러라고 하자. 4달러의 가치는 맥도널드 햄버거 하나의 가치와 같다. 맥도널드 햄버거라는 상품, 즉 교환 대상이 없다면 4달러는 아무런 가치가 없다.

IMF 자료를 토대로 2024년 기준 글로벌 GDP를 추정하면 약 110조 달러다. 2024년 전 세계에서 생산된 재화와 용역의 총가치를 달러로 환산한 것이다. 반대로 110조 달러의 가치는 2024년 전 세계에서 생산된 재화와 용역 총량과 맞먹는다.

29조 달러가 있으면 2024년 미국이 생산한 재화와 용역을 모두 구입할 수 있다. 1달러의 가치는 1년간 미국이 생산한 재화와 용역의 29조분의 1에 해당한다.

글로벌 화폐 시스템이 암호화폐로 대체되고 나면 비트코인 하나의 가치는 얼마가 될까?

비트코인은 현재 디지털 금에 비유된다. 금의 시가총액이 비트코인의 대략 10배이기 때문에 비트코인 맥시멀리스트들의 추정치는 최대 100만 달러 정도다.

뒤에서 설명하겠지만 비트코인을 금에 비유하는 건 현재 일반이 직관적으로 받아들일 수 있는 가장 손쉬운 방법이기 때문이다.

비트코인의 본질은 '글로벌 화폐 시스템'이다. 이는 사토시 나카모토가 백서에 명시해 놓았다. 사토시 나카모토는 '개인 간 거래를 가능케 하는 전자 화폐 시스템P-2-P Electronic Cash System'으로 비트코인을 설계했다.

화폐 시스템의 가치는 GDP에 대응하는 개념으로 비트코인의 잠재적 가치는 글로벌 GDP가 된다. 비트코인의 발행량은 2100만 개로 정해졌기 때문에 글로벌 GDP가 증가할수록 비트코인의 가치는 커진다. 미래 어느 시점에 비트코인이 글로벌 화폐 시스템이 될 경우 2100만 BTC의 가치는 2024년 기준 110조 달러다. 대략 500만 달러, 한화로 70억 원이 넘는다.

비트코인의 시가총액이 궁극적으로는 글로벌 GDP가 될 수 있다는 점을 고려할 때 비트코인 가치 상승을 견인할 최대 변수 중 하나는 AI 기술의 발달이다. 18세기 말 증기기관의 발명으로 생산성이 급격히 상승하면서 글로벌 GDP가 급상승했다. 실제 영국 경제학자 앵거스 매디슨**Angus Maddison**의 연구에 따르면 1820년대 2조 달러 정도였던 글로벌 GDP가 1870년대에는 3조 달러로 50% 이상 증가했다.

AI와 양자컴퓨터 기술의 발달은 증기기관과는 비교가 안 될 정도로 생산성을 가파르게 끌어올릴 것으로 기대된다. 이 경우 1BTC의 가격이 산술적으로 100억 원을 넘을 수도 있다는 계산이다.

현실적으로 비트코인은 가까운 미래에는 달러 시스템을 일부 대체하거나 달러 패권을 보완하는 역할을 하면서 가치를 키워나갈 가능성이 크다. 비트코인 블록체인상에서의 거래가 증가할수록 비트코인의 가치도 커질 것이다.

좀 더 구체적으로 설명하면 비트코인은 비트코인 블록체인이라는 화폐 시스템과 그 시스템상에서 거래되는 화폐를 동시에 의미한다. 비트코인의 가치를 언급할 때 간과하기 쉬운 것 중 하나가 비트코인 블록체인이라는 화폐 시스템 자체다.

이는 달러 시스템의 가치를 산정하면서 달러의 구매력만 따지고, 글로벌 금융 시스템의 가치는 무시하는 것과 같다. 누군가 월가를 통째로 산다면 감정가를 얼마로 산정할 수 있을까.

상품화폐에서 법정화폐로

화폐의 역사는 상품화폐에서 법정화폐로 바뀌었고, 다시 암호화폐로 서서히 교체되고 있다. 법정화폐는 상품화폐의 한계를 깨기 위해 만들어진 시스템이고, 암호화폐는 마찬가지로 법정화폐의 모순에 대한 반작용에서 탄생한 화폐 시스템이다. 역사가 정반합의 원리에 따라 진화하듯 화폐도 과거의 장점을 계승하고, 단점을 개선하면서 발전하고 있다.

상품화폐는 말 그대로 그 자체가 상품인 화폐다. 잘 알려진 대로 금화가 대표적이다. 1트로이온스의 금으로 만들어진 금화로 4달러짜리 맥도널드 햄버거를 8개 사 먹을 수 있다면, 그 금화의 가격은 8개의 맥도널드 햄버거다. 바꿔 말해 맥도널드 햄버거 8개로 살 수 있는 상품이 1온스의 금화다.

상품의 가치는 생산비와 시장의 유효수요에 의해서 결정된다. 생산비에 적정이윤을 더한 가격을 시장에서 제시하고 수요자가 그 가격을 받아들여 실제로 구매가 이뤄지면 가격이 결정되는 것이다.

현실에서는 일상이 됐지만 사실 상품의 가치를 화폐 단위로 환산하는 메커니즘을 이해하는 건 기적에 가깝다. 인간의 행동을 숫자로 표현하는 경제학은 인간이 이기적이고 합리적인 존재라는 전제하에서 발전해 온 학문이다. 인간은 대체로 이기적이고 부분적으로 합리적이다. 하지만 드물게 이타적이거나, 빈번히 비합리적인 사람들이 존재한다. 경제학이라는 학문 자체가 불완전한 토대위에서 건설됐다는 의미다.

어쨌든 상품의 내재가치는 생산비에서 시작되는 경매와 비슷하다. 1트로이온스의 금화 한 닢을 생산하는 데 들어간 채굴비와 주조비 등 총생산 원가가 16달러라면 금화라는 상품화폐가 갖는 내재가치는 16달러에서 시작해 실제 수요자가 더 이상 나서지 않는 가격까지 올라갈 것이다.

비트코인을 디지털 금이라는 상품화폐로 본다면 내재가치는 최소 채굴 원가가 된다. 상품의 본질은 생산요소가 투입됨으로써 내재가치가 생기며, 그 가치를 수요자도 인정했다는 의미다. 비트코인이 물리적인 실체가 없으므로 상품이 아니라고 하는 건, 본질에서 벗어난 주장이다.

금은 공업용 원료나 장신구로 쓰이는데, 비트코인은 수요와 공급에 따라 가격이 결정될 뿐 사용가치가 없다는 주장도 있다. 전도체의 사용 목적은 전기를 흘려 보내는 것이며, 장신구의 사용 목적은 몸을 치장하는 것이다. 상품화폐의 사용 목적은 주로 교환 수단이다. 금이 상품화폐가 된 것은 핸드폰이나 목걸이를 만드는 원료라서가 아니라 가치를 재고 저장하는 데 유용하며 다른 상품과 교환하는 데 용이하기 때문이다. 화폐로 쓰일 수 있다는 그 자체가 바로 사용가치다.

비트코인은 달러라는 법정화폐 시스템의 반작용으로 탄생했지만, 역설적으로 법정화폐의 유전자DNA를 갖고 태어났다. 현대의 화폐 시스템을 거대한 데이터로 해석하는 관점에서 보면 달러나 비트코인의 가치는 데이터에서 나온다.

달러는 법정화폐, 즉 '피아트 머니Fiat Money'다. 피아트Fiat는 '되어라'라는 뜻의 라틴어다. 정부가 '돈이 되어라'라는 마법을 걸자 종이가 돈이 된 것이다. 법정화폐 시스템에서는 미국 정부의 신용이 과거 금본위제하에서의 금을 대신한다. 이것은 무슨 의미일까.

피아트 스탠더드에서 달러는 채무에 관한 데이터다. 달러 발행은 미국 정부 입장에서는 국채 발행이다. 연준과 재무부는 이와 관련해 회계 처리를 하는 데 여기서는 몰라도 좋다.

미국 시민이 갖고 있는 달러는 본질적으로 채권이다. 금본위제일 때는 이 채권을 들고 미국 정부를 찾아가면 달러에 적힌 양만큼 금을 줬다. 실제로 금을 인출하는 사례는 많지 않았겠지만 시민은 미국 정부가 금을 내줄 것이라고 믿고 그 채권을 시장에서 결제에 쓴 것이다. 그럼 법정화폐 제도하에서는 달러라는 채권을 미국 정부에 제시하면 무엇을 주는 것일까? 미국 시민은 어떤 믿음을 갖고 그 종잇조각을 시장에서 쓰는 것일까.

미국 정부는 그 종잇조각으로 세금을 받는다. 미국 시민이 달러를 제시하면, 세금 장부에서 그 금액만큼 삭감해 주는 셈이다. 미국 정부는 공사장 인부들에게 아무 가치가 없는 종잇조각을 임금으로 주고, 그 종잇조각으로 세금을 받아 채무를 탕감한다. 이 과정에서 유통된 종잇조각은 아무 가치가 없는 장부에 불과하다. 즉 채무에 관한 데이터다.

이처럼 화폐의 가치가 정부의 세금 부과 권한에서 비롯된다고 하는 화폐 신용이론을 '차탈리즘Chartalism'이라고 한다. 문서를 뜻하는 라틴어 '차르타Charta'에서 비롯된 말이다.

게오르크 프리드리히 크나프Georg Friedrich Knapp가 1905년 발표한 《국정화폐론Staats theorie des Geldes》에서 기초를 닦은 이론으로 화폐는 곧 국가가 발행한 문서다. 아바 러너Abba P. Lerner는 크나프의 이론을 확장해 정부의 재정정책과 통화정책이 경제에 어떻게 영향을 미치는지 체계화했다.

'돈이 되어라'라는 마법의 주문을 외칠 수 있는 건 정부뿐만이 아니다. 은행도 마법의 지팡이를 휘두를 수 있다. 은행은 대출을 통해 돈을 만들어낸다.

A가 J은행에서 1만 달러를 대출받는다고 하자. J은행은 A가 만든 대출 계좌에 1만 달러를 입금한다. 은행이 받은 예금에서 대출해준다고 생각하지만, 이는 사실이 아니다. J은행은 A에게 1만 달러를 대출해 준 것을 다음과 같이 회계 처리한다.

차변: 대출금(자산) 1만 달러
대변: 고객 예금(부채) 1만 달러

J은행은 A에게 빌려준 채권 1만 달러와 A에게 돌려줄 채무 1만

달러를 동시에 기장하기만 하면 된다. 이 과정에서 다른 고객의 예금은 전혀 필요하지 않다. 그냥 장부상의 대변과 차변에 1만 달러를 입력하는 것만으로 돈이 만들어진 것이다. 이렇게 은행이 돈을 만드는 마법을 신용 창출, 즉 빚 만들기라고 한다. 결론적으로 J은행은 A로부터 받은 예금으로 A에게 1만 달러를 대출해 준 셈이다.

장부는 곧 데이터다. 지폐는 종이 장부이고, 계좌는 디지털 장부라는 점이 다를 뿐이다. A는 J은행과 J은행을 허가해 준 정부를 믿고 계좌상의 데이터를 실제 돈이라고 생각하고 거래 상대자에게 계좌이체를 한다. '돈이 되어라'라는 주문 한마디에 데이터가 돈이 된 것이다.

현대통화이론MMT은 미국 정부는 돈을 찍어낼 수 있기 때문에 세금은 채무를 탕감하는 수단이 아니라 인플레이션을 조절하기 위한 수단이라는 새로운 관점을 제시했다. 정부는 부채 규모를 걱정할 필요 없이 재정 지출을 해도 된다는 이론이다.

비트코인은 네트워크에 참여하는 모든 노드Nod가 정부와 은행을 대신해 데이터를 공유하고 검증하는 방법으로 돈을 만든다.

A가 100BTC를 갖고 있다는 건 어떤 의미일까. A는 거래소나 개인 지갑에 100BTC를 갖고 있다고 할 때, 이건 지갑 속에 해당 비트코인을 디지털 형태로 저장하고 있는 게 아니다. A의 100BTC는 블록체인상에 공유된 여러 개의 거래 내역, 즉 미사용거래출력UXTO의 형태로 존재한다. 그 UXTO들의 데이터를 종합하면 총 100BTC가 A의 소유라는 사실을 네트워크 참여자들이 알 수 있다. 쉽게 말해 비트코인 블록체인상의 데이터로 공유돼 있다는 뜻이다. 이 UXTO

들을 사용하려면 소유자의 서명이 필요한 데 A의 지갑 속에는 서명을 할 수 있는 개인 키**Private Key**들이 보관돼 있다.

UXTO가 거래 장부라는 점에서 비트코인의 P2P 거래는 결국 거래와 관련한 장부, 즉 데이터를 주고받는 것이다.

그렇다면 비트코인이라는 데이터에 가치를 부여하는 건 도대체 무엇일까. 달러라는 데이터는 미국 정부의 부채를 세금으로 지불하는 거래를 통해 가치가 부여됐다. 이는 전적으로 정부의 신용에 기반을 두고 있다.

이 대목에서 다시 법정화폐가 아니라 금본위제가 소환된다. 역사가 정반합의 원리에 의해 진화하듯 화폐도 상품화폐에서 법정화폐로, 다시 암호화폐로 진화하는 과정에서 과거 화폐들의 우성 유전자들을 골고루 물려받은 하이브리드가 탄생했다.

금의 내재가치는 채굴에 투입된 생산 비용을 시장이 인정한 데서 기인한다. 비트코인의 내재가치가 있다는 건 금과 마찬가지로 채굴에 들어가는 막대한 전기료와 인건비, 채굴장 유지비 등을 네트워크가 인정했기 때문이다. 최소한 생산 원가 이상으로 비트코인을 사주겠다는 사용자들의 합의가 시간이 갈수록 탄탄해지고 있는 것이다.

이런 관점에서 비트코인을 전기저장장치로 보는 견해도 있다. 에너지저장장치**ESS**처럼 전기를 물리적으로 저장하는 건 아니고, 전기의 가치를 저장하는 장치라는 의미다.

경제학자이자 작가인 사이페딘 아모스**Saifedean Ammous**는 그의 저서 《비트코인 스탠더드**The Bitcoin Standard**》에서 비트코인의 채굴 비용, 특히 전기료가 비트코인의 내재가치를 결정하는 요소 중 하나라고 설명했다.

암호화폐 분석가 플랜비도 스톡투플로 모델에서 비트코인의 희소성과 전기료를 포함한 생산 비용이 비트코인 가격을 지지하는 역할을 한다고 강조했다. 온체인 데이터 분석가인 윌리 우Willy Woo도 같은 맥락의 주장을 여러 차례 밝혔었다.

중세 금본위제하에서 금값은 이 같은 생산 비용에 좌우됐다. 금의 생산 비용이 은보다 10배가량 비쌌기 때문에 금화의 가격은 은화보다 딱 그만큼 비쌌다. 이후 영국이 19세기 금본위제를 본격 시행하면서 금의 가치가 치솟아 금과 은의 가격 비율이 지금은 100배로 벌어졌다. 생산 비용이 여전히 가격을 뒷받침하는 가운데 정치적인 요인 등이 복합적으로 작용한 결과다.

THE AGE OF BITCOIN

비트코인 시대에 대응하는 기업들의 움직임

1913년 연준 설립 전 미국에는 중앙은행이 없었다. 당시에는 시중은행이 은행권을 발행했고, 기업과 개인은 믿을만한 은행권을 선택적으로 사용했다. 당시 체이스맨해튼은행이나 스탠더드차터드은행 등 금 준비자산이 많은 은행의 은행권이 주로 유통됐다. 은행권의 가치가 금으로 보장받았기 때문이다.

영국 왕실이 금화를 발행했던 중세 영국에서도 화폐는 사실상 시장이 결정했다. 왕실은 금화를 많이 발행하기 위해 금에 불순물을 섞어 주조했는데, 상인과 개인이 이를 알고 순도가 높은 금은 보관하고 불순물이 많은 돈부터 써버린 것이다.

법정화폐 시대가 되면서 화폐의 사용을 정부가 강제했다. 글로벌 시장은 미국 정부가 정해준 달러를 결제 화폐로 채택했다.

시장의 선택권이 배제된 화폐는 건전성이 악화되기 일쑤다. 2차 세계대전 이후 영국의 파운드가 그랬고, 닉슨 쇼크 이후 미국의 달러가 그랬다.

미제스나 하이에크 등 오스트리아학파의 경제학자들은 기축통화를 시장의 선택에 맡겨야 한다고 주장했다. 여러 가지 화폐 중 완전경쟁을 통해 살아남은 화폐만이 건전성을 갖게 된다는 이유에서다.

기업이 화폐를 선택할 시간이 되었다

비트코인 등 암호화폐는 지금 시장 참여자에게 달러 대신 자신을 선택할 것인지를 묻고 있다. 이 같은 물음에 응답할 주체는 기업이다. B2B 결제가 글로벌 결제에서 차지하는 비중은 80~90%에 달한다. 예를 들어 사우디아라비아의 국영 석유 기업 아람코의 1년 매출은 4000억 달러에 달한다. 미국 월마트의 1년 매출은 5000억 달러를 넘는다. 두 회사의 매출만 따져도 연간 1조 달러에 육박한다.

과거 화폐를 선택하는 데 최대 걸림돌은 미국 정부와 금융 재벌이었다. 달러를 선택하지 않은 이란과 이라크, 베네수엘라는 그로 인해 미국의 철퇴를 맞았다. 러시아는 달러 결제망SWIFT에서 배제됐다.

달러를 배제하려다 곤혹을 치른 미국 기업도 있다. 페이스북은 자체 결제 화폐 리브라를 발행하려다 세무 조사를 받았다. 결국 마크 저커버그**Mark Zuckerberg** CEO는 리브라 발행 계획을 철회했다.

추세가 바뀌었다. 미국이 비트코인을 준비금으로 비축하려는 정책을 추진 중이다. 월가 금융 재벌들이 비트코인 상장지수펀드**ETF** 전도사로서 중동 국부펀드들을 대상으로 상품 홍보에 열을 올리는 상황이다.

가장 건전한 화폐를 고르는 건 이제 기업들에 선택이 아닌 필수다. 화폐가 생산 비용을 좌우하고, 인플레이션을 헤지하는 시대가 됐기 때문이다. 늑장을 부리는 기업은 도태될 수밖에 없다.

결제 서비스 업체들의
발빠른 대응

변화는 결제 서비스 업체들에서 시작되었다. 온라인 결제 서비스 업체인 페이팔은 최근 비트코인 등 암호화폐 구매, 판매, 보유 서비스를 제공하고 있다. 이를 통해 기업이나 소비자는 암호화폐로 결제하거나 투자 목적으로 거래할 수 있다.

블록**Block**(구 스퀘어)도 자사의 앱을 통해 비트코인 결제와 거래 기능을 제공한다. 비트페이**BitPay**는 전 세계 상인들을 대상으로 암호화폐 결제 솔루션을 제공한다.

전통적인 카드 결제 플랫폼인 비자**Visa**와 마스터카드**Mastercard**도 발 빠르게 대응하고 있다. 비자는 이미 암호화폐 결제 카드를 출시

— 암호화폐 거래소인 크립토닷컴이 비자와 제휴하여 발행하는 선불카드. © crypto.com

했다. 결제 시점에 비트코인을 실시간으로 환전해 결제하는 방식이다. 마스터카드 역시 암호화폐 결제와 관련된 파일럿 프로그램을 진행 중이다. 이를 통해 블록체인 기술을 활용한 결제 처리 시스템을 테스트하고 있다.

일론 머스크의 X에서는 사용자가 자신이 좋아하는 게시물이나 계정을 지원하기 위해 비트코인 등의 암호화폐로 보상하는 팁 기능을 제공하고 있다. 일론 머스크는 X를 암호화폐 예금과 송금, 결제, 투자 등이 가능한 슈퍼 결제 앱으로 만들겠다는 구상을 밝힌 적이 있다.

이 같은 인프라가 확충되면 암호화폐에 대한 이해도가 상대적으로 높은 IT 기업들이 암호화폐 결제를 주도할 것으로 전망된다. 마이크로소프트는 2014년부터 X박스와 윈도우즈 스토어에서 디지털 콘텐츠 구매 시 비트코인 결제도 받았다. 당시 이용자들은 비트코인으로 게임, 앱, 영화 등을 구입했다. 마이크로소프트의 창업자인 빌 게이츠가 대표적 비트코인 비관론자인 것은 아이러니다.

테슬라도 한때 비트코인 결제가 가능했다. 하지만 비트코인 채굴에 막대한 전기가 필요하고, 이것이 환경오염을 일으키는 원인이 된다는 이유로 일론 머스크는 비트코인 결제를 중단시켰다.

마이크로소프트와 테슬라가 비트코인 결제를 받았던 당시는 지금보다 가격 변동성이 컸다. 이 문제가 해결되면 이들은 다시 비트코인 결제 서비스를 할 가능성이 높아 보인다.

이런 가운데 월가 금융 재벌의 대표 격인 JP모건의 암호화폐 정책이 눈길을 끈다. JP모건은 자체 개발한 달러 연동 스테이블코인인 JPM코인을 기관 간의 거래에 사용하고 있다. 일반에게 공개된 블록체인이 아니라 자체 개발한 키네시스**Kinexys**(구 오닉스)라는 플랫폼상에서 운영되며 허가된 기관만 네트워크에 참여할 수 있다.

JP모건이 이 서비스를 시작한 건 2019년으로 당시엔 제이미 다이먼 회장이 비트코인은 사기라고 할 정도로 암호화폐에 부정적 태도를 취하고 있었다. 결과적으로 JP모건은 비트코인에 대해 표리부동한 모습을 보였던 셈이다.

국내 기업의 대응 전략

국내에서는 카카오, 삼성전자 등 IT 기업과 신한은행, KB국민은행 등 금융사가 암호화폐나 블록체인 기술을 활용하는 데 비교적 발빠른 행보를 보이고 있다.

카카오 자회사인 그라운드엑스GroundX는 자체 블록체인 플랫폼인 클레이튼Klaytn을 개발해 카카오톡과 연동한 다양한 디지털 자산 및 NFT 서비스, 그리고 암호화폐 기반 금융 서비스 등을 추진하고 있다.

삼성전자는 삼성 블록체인 월렛과 같은 암호화폐 지갑 서비스를 도입하는 등 블록체인 기술을 제품 및 서비스에 접목하고자 노력하고 있다.

신한은행, KB국민은행 등 국내 주요 은행도 블록체인 기반 결제 시스템이나 국제 송금 솔루션을 도입하는 등 암호화폐 및 디지털 자산 관련 기술을 적극 검토하고 있다.

비트코인 패권국으로서
미국의 행보와 세계 질서

　트럼프 행정부 2기 미국의 비트코인 전략은 달러 패권을 유지하는 수단으로서 비트코인을 이용하는 것과 비트코인 미래 패권을 선점하는 것 등 두 가지 차원에서 분석할 수 있다. 이 같은 관점에서 주목할 점은 스테이블코인이 달러 패권을 유지하는 유용한 수단으로 부상하고 있다는 사실이다.

　반면 중국과 러시아 등 달러 패권의 상대 진영에서는 탈달러를 위한 교두보 차원에서 비트코인을 전략적으로 채택하려는 움직임을 보이고 있다. 이들은 동시에 각국의 CBDC를 연결하는 방법으로 디지털 시대의 화폐 전쟁에서 유리한 고지를 점하려 하고 있다.

　결국 향후 화폐 전쟁의 관전 포인트는 달러 패권을 지키려는 미국, 그리고 달러 패권에서 이탈하려는 중국과 러시아 사이에 비트코인을 둘러싸고 어떤 동상이몽을 전개해 나갈지가 될 것이다.

이 상황은 19세기 영국이 금본위제를 도입한 직후와 비슷하다. 독일과 프랑스 등 뒤이어 금본위제를 도입한 주변 열강은 금 보유량을 늘리기 위해 보호무역주의의 기치를 올렸고, 이는 식민지 쟁탈전을 골자로 한 근대 제국주의 시대의 막을 올리는 계기가 됐다.

트럼프 2기 행정부의 관세정책과 그린란드나 파나마 운하에 대한 지배력을 높이려는 시도를 두고 《뉴욕 타임스》가 "제국주의의 부활"이라고 언급한 건 심상치 않은 대목이다.

비트코인은
시대적 현상이다

비트코인은 단순히 블록체인이라는 신기술이 낳은 화폐의 돌연변이가 아니다. 그것은 세계사적인 변곡점에서 필연적으로 나타난 하나의 현상이라고 할 수 있다. 세계사는 자유무역과 법정화폐의 시대에서 보호무역과 상품화폐의 시대로 회귀하고 있다. 암호화폐는 21세기 신제국주의 시대에서 과거 금과 같은 상품화폐의 기능을 할 가능성이 크다.

2025년 2월 5일 데이비드 색스 미국 백악관 가상자산 차르Czar의 기자회견에 암호화폐 시장의 관심이 집중됐었다. 트럼프 행정부와 의회가 비트코인 비축자산과 준비금 전략을 동시에 추진하고 있는 상황에서 마련된 첫 기자회견이었기 때문이다.

당시 기자회견에서 데이비드 색스는 스테이블코인 전략을 설명하는 데 대부분의 시간을 할애했다. 그는 "정부의 목표는 가상자산 산업의 책임감 있는 성장 지원과 명확한 규제 체계 마련"이라며 "스테이블코인 법안의 마련 및 통과에도 힘쓸 것"이라고 했다. 이어 그는 "스테이블코인은 달러의 국제적 지배력을 보장하고 디지털 달러의 사용을 촉진할 것"이라며 "국채에 대한 수조 달러 규모의 수요도 창출해 장기 금리를 낮추는 효과도 기대할 수 있을 것"이라고도 했다.

달러 스테이블코인은 달러와 일대일로 연동된다. 예로, 1USDT는 1달러와 같다. 트럼프는 2025년 2월 '스테이블코인 혁신 및 규제 체계 강화'와 관련된 행정명령에서 모든 달러 연동 스테이블코인은 최소 110%에 해당하는 현금 및 유동자산을 준비금으로 보유토록 했다. 100USDT를 발행하려면 110달러에 해당하는 달러나 단기 국채를 준비금으로 예치해야 한다.

스테이블코인 운영사들은 실제 준비금의 50% 이상을 미국 단기 국채로 보유하고 있는 것으로 추산된다. 테더의 경우 2025년 2월 기준 700억 달러 이상의 준비금을 달러와 국채로 보유 중이다.

우크라이나 침공으로 러시아가 달러 결제망에서 퇴출당하는 것을 목격한 중국이 미국 국채 보유량을 지속적으로 줄이는 가운데 스테이블코인이 미국 국채의 새로운 판로가 되고 있는 것이다.

달러 연동 스테이블코인의 최대 소비자는 중국인이다. 중국은 자본 규제가 심해 달러 유출이 엄격하게 제한된다. 반면 국내에서 환전한 달러로 스테이블코인을 사두면 언제 어디서든 결제가 가능하다. 실제 중국 관광객들이 동대문 시장에서 USDT로 결제하는 장면은 어렵지 않게 볼 수 있다. 블록체인이 달러 반출의 통로 역할을 하는 셈이다. 이 과정에서 중국 정부가 판 미국 국채를 스테이블코인 운영사들이 준비금으로 사들이는 것이다.

트럼프가 CBDC 발행을 금지한 상황에서 달러 연동 스테이블코인은 사실상 미국의 CBDC 역할을 하게 될 것으로 보인다.

달러 패권의 보조 수단으로서 미국의 또 다른 비트코인 전략은 금을 대체하는 것이다. 중국은 탈달러 전략의 일환으로 미국 국채를 팔고 금을 적극 매입하고 있다. 2025년 2월 현재 중국 정부의 금 보유량은 2000톤에 육박하는 것으로 추산된다. 중국 국민이 보유한 금을 합하면 미국 정부가 보유한 8000톤과 맞먹을 것이라는 관측도 나온다. 글로벌 경제가 금본위제로 회귀할 경우 금 보유량 면에서 중국은 미국과 어깨를 나란히 할 만한 수준이다.

미국이 금을 팔고 비트코인을 산다면

미국이 금을 팔고 준비금을 비트코인으로 채우면 어떤 일이 벌어질까.

이에 앞서 트럼프가 금을 팔아 비트코인으로 준비금을 채운다는 시나리오가 현실화할 가능성이 있는지부터 따져보자. 결론부터 말하면 트럼프는 실제 그런 계획을 갖고 있는 것으로 보인다.

일론 머스크 정부효율부DOGE 수장이 2025년 2월 17일 엑스에 "포트 녹스Fort Knox에서 금을 찾고 있다"라는 글을 올렸다. 컴퓨터 앞에 앉은 남성이 '또 사라졌습니다'라고 말하는 그림과 함께였다. 일론 머스크는 이어 "포트 녹스의 금은 미국 국민의 재산"이라며 "저는 그것이 아직 거기에 있기를 바란다"라고 했다. 최근 금값이 치솟자 한 네티즌은 머스크에게 "금이 제대로 있는지 확인하기 위해 포트 녹스 안을 들여다봐 달라"라고 요청했고, 머스크가 이를 받아들인 것이다.

이틀 후 트럼프가 이에 맞장구라도 치듯 "우린 포트 녹스에 갈 겁니다. 금이 거기 있는지 확실히 해둬야 합니다"라고 했다. 이날 전용기에서 기자들이 "국방부도 인력 감축 대상인가"라고 물었는

— 포트 녹스의 금괴 보관소. © Cliff

데, 트럼프가 동문서답하듯 말한 것이다. 트럼프는 "포트 녹스의 모든 것이 무사하길 바라지만 그곳에 금이 없다면 매우 화가 날 것"이라고도 했다.

머스크와 트럼프가 주고받듯 포트 녹스 감사론을 제기하면서 포트 녹스의 금에 전 세계의 이목이 쏠렸다. 둘은 사전에 입을 맞춘 것으로 보인다.

포트 녹스는 켄터키주에 있는 육군기지로, 남북전쟁 때 맹활약한 헨리 녹스Henry Knox 장군의 이름을 따서 만들었다. 이 기지 옆에 미국이 보유한 금의 절반가량인 4500톤이 보관된 금고가 있는데 금고도 포트 녹스로 불린다. 두께 50센티미터 이상의 강철로 만들어져 무게만 20톤이 넘는 것으로 알려졌다. 여기에는 미국 독립선언서, 링컨 대통령의 게티즈버그 연설문Gettysburg Address 등 국가적 유물도 함께 보관돼 있다.

난공불락의 이미지 때문에 포트 녹스는 1964년 개봉한 영화 〈007 골드핑거〉의 배경이 됐다. 영화 속 영국의 금 매매업자 골드핑거는 포트 녹스 내부의 금을 폭파해 자신이 보유한 금값을 올리려는 계획을 세웠다가 본드에게 좌절당한다.

미국 정부는 보안상의 이유로 포트 녹스 금고 개방을 철저히 금하고 있다. 이 때문에 1971년 닉슨 쇼크를 전후로 금고의 금이 사라졌다거나, 미국 정부가 팔아버렸다거나, 다른 데로 옮겼을 것이라는 등 각종 음모론이 끊이질 않았다.

닉슨 쇼크 이전 금본위제하에서는 독일과 프랑스 등 무역흑자국이 달러를 포트 녹스에 저장된 금으로 인출할 수 있었다. 미국의 재정적자와 무역적자가 눈덩이처럼 불어나면서 프랑스를 중심으로 포트 녹스 등에 보관된 미국 재무부 금의 재고량을 확인해 달라는 요청이 쇄도하기도 했다.

1943년 프랭클린 D. 루스벨트Franklin D. Roosevelt 대통령이 포트 녹스를 방문한 후 이곳이 개방된 건 단 두 차례뿐이다. 1974년 금고가 비었을 것이라는 음모론을 잠재우기 위해 의회 대표단과 기자들에게 개방됐다. 이후 트럼프 1기 행정부 때인 2017년 당시 스티븐 므누신Steven Mnuchin 재무부 장관이 켄터키 주지사 및 의회 대표단과 함께 포트 녹스를 찾아 금을 확인했다.

만약 이번에 머스크의 포트 녹스 감사 결과 금 재고량이 장부상의 내용과 다를 경우 트럼프는 조 바이든 전 행정부의 재정 관리 능력을 공격할 꼬투리를 잡게 된다. 트럼프가 이 시점에서 전 정부의 금고 관리 능력에 흠집을 내려는 의도는 무엇일까.

첫째, 방만한 재정의 문제점을 부각하려는 의도라고 해석할 수 있다. 트럼프는 머스크의 DOGE를 통해 재정 지출을 줄이기 위한 다소 과격한 조치들을 밀어붙이고 있다. 현재 200만 명에 달하는 공무원 중 10%에 해당하는 20만 명을 감축하고, 신규 채용 동결과 자연 퇴직 등을 합쳐 총 16% 감축 목표를 세웠다. USAID, 에너지부, 교육부 등 주요 연방 기관에서 대규모 감축 조치가 이루어지고 있으며, 취임 이후 한 달 동안 1만여 명이 감축됐다. 연방 공무원들에게 최대 8개월 치 급여와 혜택을 보장하는 자발적 퇴직 프로그램이 시행됐고, 이 프로그램을 통해 약 7만 7000명의 직원이 자발적으로 퇴직 의사를 밝혔다.

둘째, 금 준비금 관리의 위험성을 강조하려는 조치로도 볼 수 있다. 금을 팔아 다른 데 쓰려는 의도가 있다는 것이다. 재무부가 보유한 금 8000톤을 재평가하면 막대한 시세차익이 생긴다. 금고에 보관된 금의 장부 가격은 1930년대 대공황 당시 매입 가격으로 온스당 42.22달러로 총 110억 달러 정도다. 이를 2025년 2월 시가로 계산하면 7500억 달러로 68배가 넘는다. 금값이 계속 오르는 추세여서 1조 달러를 웃돌 가능성이 크다.

포트 녹스 감사론이 불거진 무렵 트럼프는 스콧 베선트 재무장관에게 국부 펀드를 만들라고 지시했다. 당시 베선트는 "우리는 미국 국민을 위해 미국 대차대조표의 자산을 화폐화할 것"이라고 말했다. 결론적으로 포트 녹스 감사론의 목적은 여론으로 민주당을 흔들어 금 준비금을 트럼프가 원하는 곳에 활용하는 것이다.

비트코인 스탠더드가
의미하는 것

트럼프는 금을 팔아 어디에 쓰려는 것일까. 이와 관련해 신시아 루미스 공화당 상원의원이 발의한 '비트코인 매입 법안'이 떠오른다. 트럼프가 2024년 대선 유세에서 비트코인을 전략적 비축자산으로 언급한 것과 달리 루미스 의원은 비트코인을 준비금으로 매입하는 방안을 제시했다.

법안에서 루미스 의원은 재무부 금의 재평가를 재원 마련 방안으로 제안했다. 포트 녹스 등의 금을 팔아 비트코인을 100만 개까지 매입하자는 것이다. 이는 미국의 준비금이 금에서 비트코인으로 전환된다는 의미다. 실제로 그렇게 된다면 화폐 역사에서 가장 획기적인 사건으로 기록될 것이다.

켄터키가 지역구인 랜드 폴Rand Paul 상원의원도 〈폭스 뉴스Fox News〉와의 인터뷰에서 포트 녹스를 감사해 투명성을 확보해야 한다고 주문했다. 폴 의원은 "어떤 사람들은 포트 녹스를 매번 감사할 필요가 없다고 생각할 수도 있지만, 난 더 투명하게 할수록 좋다고 생각한다"라고 했다.

1971년 닉슨 쇼크 이후 금은 줄곧 미국의 견제 대상이었다. 금본위제에서 달러는 곧 금이었지만, 금 태환 중단이 선언된 이후 금은 달러 패권을 위협하는 가장 유력한 화폐였다.

미국이 달러 패권을 정치적으로 이용하자, 중국이 미국 국채를 팔아 금을 사 모으는 것도 이 같은 역사와 관련이 깊다. 중국의 탈달러 노선에서 금은 미국을 공격할 수 있는 무기가 될 수 있다. 미국이 금을 내다 팔고 비트코인을 사면 중국의 금 보유 전략은 무용지물이 되거나, 적어도 그 힘의 상당 부분을 잃게 될 것이다. 세계 경제의 30%를 차지하는 미국의 움직임은 그 자체로 막대한 파급력을 갖기 때문이다

이는 미국이 글로벌 화폐 시스템을 비트코인 스탠더드Bitcoin Standard로 전환하는 데 주도적인 역할을 하게 될 것임을 시사한다. 미국 정부의 신용을 담보하는 준비금이 금에서 비트코인으로 바뀌는 것이다.

미국으로서는 승냥이를 쫓아내려고 내 집 안방에 호랑이 한 마리를 들이는 격이다. 달러 패권을 유지하기 위한 수단으로서 비트코인을 금고에 들여놓는 것이지만, 금고에 들인 순간 비트코인은 달러가 차지하고 있는 화폐의 왕좌 자리를 위협하는 힘을 갖게 되기 때문이다.

중국과 러시아가 이에 대응하는 방법도 비트코인 스탠더드를 적극적으로 추진하는 것이다. 실제 중국과 러시아는 브릭스**BRICS** 역내 교역에서 비트코인을 결제 화폐로 채택하는 방안을 논의 중인 것으로 알려졌다.

요약하면 향후 화폐를 둘러싼 패권 전쟁은 달러 연동 스테이블코인과 중국과 러시아를 중심으로 한 CBDC 진영과의 경쟁이 한 축을 차지할 것이다. 다른 한 축은 비트코인 스탠더드를 둘러싼 주도권 싸움이다.

개인투자자가
대비해야 할 것들

비트코인 투자에 성공하는 비법은 무엇일까.

이 책을 쓰면서 가장 많이 고민했던 대목이다. 책을 많이 팔려면 뭔가 독자들이 혹하는 이야기를 해줄 필요가 있기 때문이다. 만약 비법을 안다면 나 자신의 투자에도 도움이 될 게 분명하다.

오랜 고민 끝에 내린 결론은 "이 세상 어디에도 그런 비법은 존재하지 않는다"라고 강조하는 것이다. 적어도 필자는 그런 방법을 찾지 못했다.

다행히 투자에 성공하는 보편적인 방법은 있다. '싸게 사서 비싸게 파는 것'이다. 누구나 아는 사실이라고 비웃을 수 있다. 그런데 왜 누구나 투자에 성공하지는 못하는 걸까.

나 역시 20~40대에 했던 투자 중 몇 번은 실패했다. 사실 경제신문 기자 중에서도 투자에 성공한 사례를 찾는 건 쉽지 않다. 삼성전자의 사업구조와 지배구조, 재무제표, 신규 사업, 오너 리스크 등을 샅샅이 알고 있는데 왜 삼성전자 주식으로 돈을 벌지 못했던 것일까. 엔씨소프트의 신작을 출시 전에 알 수 있는 게 기자인 데 왜 엔씨소프트 투자로 부자가 되지 못했을까.

나이가 들고 투자에 대한 직간접 경험이 쌓이면서 알게 된 사실은, 투자에 관한 정보나 원칙, 기술 등은 투자에 실패하지 않기 위해 알아야 할 기본 사항에 불과하다는 점이다.

우리의 한계를 명확하게 인식할 것

최근 50이 넘은 늦은 나이에 스키 강습을 받기 시작했다. 젊었을 때는 동료들과, 결혼 후에는 가족과 몇번 스키를 탄 적이 있다. 나에게 운동은 경험하는 과정에서 스스로 방법을 체득하는 것이지 돈을 내고 강습을 받는다는 개념이 없었다. 이런 아집 덕분에 종아리 근육이 파열되고 손목뼈가 골절되는 등의 부상을 겪고 난 후에야 강습 선생님을 찾아 A자로 타는 것부터 새로 익히고 있다.

투자도 마찬가지다. 골프에서 몸통 스윙이 중요하고, 스키에서 A자 턴이 기본이듯, 투자를 할 때도 가장 기본적인 방법부터 탄탄히 익혀야 한다.

경제학의 아버지로 불리는 애덤 스미스의 눈으로 보면, 투자의 시작은 인간이 어떤 판단을 하는 존재인지를 아는 것이다. 애덤 스미스는《국부론An Inquiry into the Nature and Causes of the Wealth of Nations》에서 인간을 '자기 이익을 추구하는 존재'로 정의했다. 즉 인간은 본질적으로 이기적인 존재라고 전제한 것이다.

인간은 사실 이보다 복잡한 존재다. 하지만 이 같은 전제를 제1원칙으로 기억하는 건 투자의 성공에 유용하다. 100% 성공을 보장하는 건 아니지만 성공 확률을 가장 높이는 방법임에는 틀림이 없다. 기업 CEO나 국가 지도자의 판단을 예측할 때 이 전제는 특히 효과를 발휘한다.

워런 버핏의 평생 동반자였던 찰리 멍거Charlie Munger는 "투자는 숫자가 아니라 인간 심리와 경쟁 환경을 이해하는 종합적인 과정"이라고 했다. 찰리 멍거는 깊은 통찰을 통해 복잡한 현상을 단순화하는 데 탁월한 능력을 보였다. 복잡한 인간 심리를 그는 어떻게 단순화했을까.

사회주의가 붕괴하고 트럼프가 우크라이나를 침공한 푸틴을 두둔하는 건, 인간은 본질적으로 이기적인 존재이기 때문이다. 인간의 안전을 위해 AI 기술 발전을 늦춰야 한다는 일리야 수츠케버Ilya Sutskever 오픈AI 전 수석 엔지니어가 주주 이익을 위해 기술 발전이 우선이라는 샘 올트먼Sam Altman CEO에게 완패를 당한 것도 이기심이 인간의 본성에 가깝다는 점을 증명한다.

칼 마르크스Karl Marx는《공산당 선언》에서 "지배계급의 집행부는 단지 전체 부르주아지의 공동 업무를 관리하는 위원회에 불과하다"라고 했다. 사회 시스템이나 국가가 본질적으로 기득권의 이익을 보호하고 실현하기 위해 존재한다는 의미다. 안토니오 그람시 Antonio Gramsci와 노엄 촘스키Noam Chomsky 같은 사회주의자들도 사회 제도와 국가 권력이 기득권의 이익을 반영한다는 주장을 펼쳤다.

이들 주장은 기득권을 깨부수자는 취지였고 사회주의 혁명으로 이어졌다. 결과적으로 이들은 기득권과 싸워 이기는 것이 사실상 불가능에 가깝다는 사실을 입증했다. 인간은 본질적으로 이기적이고, 자원을 독점한 기득권이 자신의 이기심을 지키는 데 훨씬 유리하기 때문이다.

투자는 실패가 기본값이다

투자에서 실패는 기본값이고, 성공은 예외적인 이벤트다. 개미투자자는 사회 제도가 기득권에 유리하게 만들어졌다는 사실을 우선 인정해야 한다.

국가 권력은 기득권을 지키기 위해 화폐를 끊임없이 찍어낸다. 금융 재벌과 대출을 받을 담보물이 있는 부자들이 화폐 발행으로 인한 이익의 대부분을 차지한다. 서민들은 기득권이 한판 잔치를 벌인 후 남은 것을 놓고 쟁탈전을 시작한다. 이것이 자산 투자 시장의 본질이다.

이런 게임에서 개미투자자가 스스로 승자가 될 것이라고 생각하는 건 착각이고 오만이다. 개미투자자의 목표는 실패를 최소화하는 것에 맞춰지는 게 합리적이다. 게임 상대인 기관투자자는 나보다 훨씬 똑똑하며, 국가나 외국 자본에 개미는 상대조차 되지 않는다. 개미투자는 결국 다른 개미들과의 싸움에서 출혈을 최소화하는 것이고, 그 과정에서 운이 좋으면 소수의 성공 사례에 이름을 올리는 것이다. 투자에서 실패하는 건 이 같은 사실을 몰라서가 아니라 망각하기 때문이다.

워런 버핏은 "투자의 제1원칙은 돈을 잃지 않는 것이고, 다음 원칙은 제 1의 원칙을 잊지 않는 것"이라고 했다. 제1원칙을 모르는 사람은 아마도 이 세상에 없을 것이다. 그는 "투자는 가치 있는 기업의 일부를 소유함으로써 그 기업이 만들어내는 장기 수익에 참여하는 행위"라고도 했다. 이 말은 주식뿐 아니라 모든 자산 투자에 적용할 수 있다. 투자는 그 대상이 갖는 본질적 가치의 일부를 소유함으로써 이익을 얻는 행위다.

판이 바뀌고 있다

최근 지인들로부터 "지금이라도 비트코인을 살까?"라는 질문을 많이 받는다. 이런 사람들은 앞으로 비트코인이 10배, 또는 100배가 오른다고 해도 투자를 하면 안 된다. 비트코인으로 큰돈을 번다고 해도 다음 투자에서 번 돈을 모두 잃을 가능성이 농후하기 때문이다.

비트코인에 투자하려면 우선 비트코인이라는 자산의 본질이 무엇인지 스스로 공부해야 한다. 위와 같은 질문이 공부를 시작하는 계기가 된다면 좋겠다.

비트코인의 본질은 '탈중앙화 자산'이다. 투자의 관점에서 이 말을 해석하면, 기득권의 이익에 부합하지 않는 자산이라는 의미다. 비트코인이 지난 15년간 미국 정부나 월가 금융 재벌 등 글로벌 기득권층의 거센 탄압을 받은 이유다. 기득권은 중앙화된 시스템을 만들어놓고 그 틀 안에서 수익을 구조화했다.

개미투자자들이 비트코인으로 큰돈을 벌 수 있었던 건 역설적으로 비트코인이 이처럼 기득권의 이익에는 맞지 않았기 때문이다.

하지만 이제 판이 바뀌고 있다. 슈퍼 파워 미국 정부가 비트코인의 유용성을 깨달았다. 블랙록과 JP모건 등 월가 금융 재벌이 비트코인에 대한 투자를 본격화하기 시작했다. 이들은 기득권을 지키기

— JP모건의 CEO 제이미 다이먼. 비트코인 회의론자이지만 현재 JP모건은 비트코인 현물 ETF를 보유하고 있다. © Steve Jurvetson

위해 사회 시스템을 리모델링할 것이고, 그럴 힘이 있다. 비트코인 투자에 성공하려면 비트코인을 둘러싼 거대한 변화를 읽을 수 있어야 한다.

비트코인은 수많은 자산 중 하나가 아니다. 그것은 세계화와 반세계화의 충돌이 만들어낸 필연적 결과물이다. 자유무역주의가 보호무역주의로, 법정화폐 제도가 상품화폐 시스템으로 회귀하는 과정에서 성장하게 될 역사적 산물이다. 그러니 비트코인의 미래를 들여다보려면 과거 화폐 역사를 먼저 되돌아봐야 한다. 이는 비트코인 블록체인을 기술적으로 공부하는 것보다 훨씬 중요하다.

다시 생각해 보니 비트코인 투자의 성공 비법이 분명히 존재한다. 그것은 비트코인의 본질을 꿰뚫어 보는 것이다.

'보유'가 비트코인 투자의
성공 키포인트다

비트코인은 '달러 의존적 반反달러'다. 달러의 타락이 비트코인의 탄생 배경이다. 권력은 통화 남발의 유혹을 뿌리치지 못했고, 인플레이션이 빈자의 지갑털이를 구조화했다. 사토시 나카모토는 금융 공황 때마다 금융재벌만 구제하는 정부에 분노했다.

비트코인은 이 같은 부조리의 한가운데 던져진 혁명적 코드다. 15년의 탄압 시기를 거쳐 이제 막 싹을 틔웠다. '인플레이션 헤징'이라는 내러티브가 발아의 촉매제가 됐다.

달러를 정조준한 비트코인이 성장하려면 역설적으로 달러의 타락이 지속돼야 한다. 권력이 통화 남발이란 유혹을 뿌리치고 달러가 인플레이션 걱정이 없는 건전한 화폐로 거듭나거나 달러의 타락이 가속화돼 어느 날 갑자기 사망 선고를 받는다면 비트코인은 발아 단계에서 시들어버리는 운명을 맞이할 것이다. 이 같은 딜레마가 역설적으로 개미들이 비트코인에 투자할 수 있는 이유다.

화폐 역사를 보면 화폐는 교환의 매개로 채택된 후 가치 척도의 과정을 거쳐 가치 저장 수단으로 자리매김했다. 거래처 사람이 받아주고, 회계사가 인정한 후 투자자가 관심을 갖게 되는 단계를 거쳐 비로소 화폐가 되는 것이다. 사과와 배를 모두 교환할 수 있게 되면서 금이 화폐가 됐다. 거래가 빈번해지면서 금으로 사과와 배의 가격을 표시했다. 금의 채굴량은 한정됐기 때문에 금 수요가 늘면서 금 가격이 오르고, 투자의 대상이 된 것이다.

달러가 기축통화가 된 건 석유 거래에서 결제 수단으로 쓰이면서다. 사우디아라비아의 안보를 보장해 주는 대신 달러를 석유의 유일한 교환 수단으로 채택한 것이다. 따라서 석유의 가격은 달러로만 표시됐다.

닉슨 쇼크 이후 미국이 달러를 너무 많이 찍었다. 달러 가치는 지속적으로 하락했다. 화폐가 가치 저장 기능을 할 수 없을 정도로 타락하면 화폐로 가격을 표시하는 건 더 이상 의미가 없어진다. 소련 붕괴 직전 루블화 가치가 폭락하자 사람들은 가격표를 무시하고 담배와 보드카로 거래했다. 화폐는 이렇게 붕괴된다.

비트코인이 '디지털 금'이라는 브랜드로 대중에게 각인된 건 달러의 붕괴 때문이다. 비트코인은 현재 대표적인 달러 표시 자산이다. 달러의 가치가 떨어질수록 비트코인의 가격이 오른다. 금이나 석유와 같다.

라이트닝 네트워크 기술의 발달로 교환 수단으로서 비트코인의 가능성이 시험대에 오른 상황이다. 커피값을 비트코인으로 결제할 날이 올 수도 있다. 국제통화기금IMF이 비트코인을 '비생산 비금융 자산'으로 규정하면서 기업이나 정부가 비트코인을 회계 처리할 수 있는 가이드라인이 마련됐다. 현대차가 매출 장부에 원이나 달러가 아닌 비트코인으로 회계 처리를 하고, 이마트 진열대의 로봇청소기 가격표에 'BTC'가 붙을 수도 있다. 비트코인은 전통적인 화폐와는 반대의 경로를 밟고 있는 셈이다.

개미들 입장에서는 비트코인이 가치저장 수단이라는 내러티브가 유지되는 초기에 집중해야 한다. 비트코인 투자는 달러가 사망 선고를 받기 직전까지만 유효하다. 달러가 사라지면 달러 표시 가격이 오를 것이란 기대 자체가 무의미하기 때문이다.

이 국면이 지나면 비트코인 투자가 새로운 국면을 맞이한다. 인플레이션 헤징 수단으로서가 아니라 화폐의 구매력 관점에서 비트코인 투자 여부를 판단해야 한다. 여기서부터는 개미들의 영역이 아니다. 현재 상황을 보면 이때까지 남은 시간이 그리 길지는 않을 것 같다.

요약하면, 비트코인 투자에서 성공의 관건은 '선점'이다. 남보다 먼저 사서 달러의 사망 직전까지 '보유Holding'하는 게 비트코인 투자로 돈을 버는 방법이다. 트럼프가 비트코인을 언급하면서 '보유'라는 단어를 반복적으로 강조하는 건 우연이 아니다.

이 책을 덮기 전 한 가지 생각해 볼 문제가 있다. 트럼프는 미국 경제를 해독시켜 건전한 달러를 만들려는 인물이다. 비트코인 친화적으로 각인됐지만 본질적으로 그는 달러의 수호자다. 비트코인 투자자 입장에서는 트럼프의 이 같은 행보가 가져올 손익을 예리하게 따져볼 필요가 있다.

참고문헌

J. D. 밴스(J. D. Vance), 『힐빌리의 노래』, 흐름출판, 2017.

N. 그레고리 맨큐(N. Gregory Mankiw), 『맨큐의 경제학』, 센게이지러닝, 2025.

니얼 퍼거슨(Niall Ferguson), 『금융의 지배』, 민음사, 2010.

데이비드 리카도(David Ricardo), 『정치경제학과 과세의 원리에 대하여』, 책세상, 2019.

루안총샤오(阮崇曉), 『39가지 사건으로 보는 금의 역사』, 평단, 2019.

마크 레빈슨(Marc Levinson), 『더 박스』, 청림출판, 2017.

밀턴 프리드먼(Milton Friedman), 안나 슈워츠(Anna Schwartz), 『미국 통화의 역사, 1867-1960(Monetary History of the United States, 1867‒1960)』.

사이페딘 아모스(Saifedean Ammous), 『더 피아트 스탠다드』, 다산북스, 2024.

스티브 포브스(Steve Forbes), 엘리자베스 아메스(Elizabeth Ames), 『자본주의는 어떻게 우리를 구할 것인가』, 아라크네, 2011.

쑹훙빙(宋鴻兵), 『화폐전쟁 1~5』, 알에이치코리아, 2020~2022.

애덤 스미스(Adam Smith), 『국부론 (상), (하)』, 비봉출판사, 2007.

월터 아이작슨(Walter Isaacson), 『일론 머스크』, 21세기북스, 2023.

폴 시어드(Paul Sheard), 『돈의 권력』, 다산북스, 2024,

피터 자이한(Peter Zeihan), 『붕괴하는 세계와 인구학』, 김앤김북스, 2023.

피터 자이한, 『21세기 미국의 패권과 지정학』, 김앤김북스, 2018.

피터 틸(Peter Thiel), 블레이크 매스터스(Blake Masters), 『제로 투 원』, 한국경제신문사, 2014.

필립 바구스(Philipp Bagus), 안드레아스 마르크바르트(Andreas Marquart), 『왜 그들만 부자가 되는가』, 북모먼트, 2025.

하노 벡(Hanno Beck), 우르반 바허(Urban Bacher), 마르코 헤르만(Marco Herrmann), 『인플레이션』, 다산북스, 2021.

한스 페터 마르틴(Hans-Peter Martin), 『게임 오버』, 한빛비즈, 2020.

한스 페터 마르틴, 하랄트 슈만(Harald Schumann), 『세계화의 덫』, 영림카디널, 2003.

홍익희, 『유대인 이야기』, 행성B잎새, 2013.

비트코인의 시대

초판 1쇄 발행 2025년 4월 16일
초판 2쇄 발행 2025년 5월 19일

지은이 김창익
펴낸이 김선식

부사장 김은영
콘텐츠사업2본부장 박현미
책임편집 김현아 **디자인** 마가림 **책임마케터** 박태준
콘텐츠사업5팀 마가림, 남궁은, 최현지, 여소연
마케팅1팀 박태준, 권오권, 오서영, 문서희
미디어홍보본부장 정명찬 **브랜드홍보팀** 오수미, 서가을, 김은지, 이소영, 박장미, 박주현
채널홍보팀 김민정, 정세림, 고나연, 변승주, 홍수경
영상홍보팀 이수인, 염아라, 석찬미, 김혜원, 이지연
편집관리팀 조세현, 김호주, 백설희 **저작권팀** 성민경, 이슬, 윤제희
재무관리팀 하미선, 임혜정, 이슬기, 김주영, 오지수
인사총무팀 강미숙, 이정환, 김혜진, 황종원
제작관리팀 이소현, 김소영, 김진경, 이지우, 황인우
물류관리팀 김형기, 김선진, 주정훈, 양문현, 채원석, 박재연, 이준희, 이민운

펴낸곳 다산북스 **출판등록** 2005년 12월 23일 제313-2005-00277호
주소 경기도 파주시 회동길 490 다산북스 파주사옥
전화 02-704-1724 **팩스** 02-703-2219 **이메일** dasanbooks@dasanbooks.com
홈페이지 www.dasan.group **블로그** blog.naver.com/dasan_books
용지 스마일몬스터 **인쇄** 민언프린텍(주) **코팅·후가공** 제이오엘엔피 **제본** 국일문화사

ISBN 979-11-306-6575-7(03320)

다산북스(DASANBOOKS)는 책에 관한 독자 여러분의 아이디어와 원고를 기쁜 마음으로 기다리고 있습니다.
출간을 원하는 분은 다산북스 홈페이지 '원고 투고' 항목에 출간 기획서와 원고 샘플 등을 보내주세요.
머뭇거리지 말고 문을 두드리세요.